教科専門性をはぐくむ教師教育

日本社会科教育学会 編

東信堂

まえがき

　人間を教育する教師が人間である所以は、ひとりひとりの人間が個性を
もった異なった人であり、その個々の人に対応できるのが人間であるからで
ありましょう。したがって、教師はひとりひとりの異なる人に対応できるよ
う、常に進化を遂げていかなければなりません。そこには到達点はありませ
ん。教師としての資質は、対峙する子どもたちとともに、常に進化を続けて
いけることであると考えます。そのような教師を育成する教師教育も、常に
進化を遂げていかなければなりません。教師教育にはこれで完璧といった到
達点がありませんが、かといって到達点をめざすのをあきらめるのではなく、
常に教師教育はどうすべきか問いなおしていかなくてはならないのです。
　本書は、社会科教育学という観点から、前述した教師教育を問いなおし、
考えていこうとするものです。日本社会科教育学会の出版委員会では、2018
年度から「社会科教育学と教師教育論」をテーマとする出版物の刊行準備を
はじめ、3回のシンポジウムを開催し、議論を深めてきました。こうした議
論を通して、今求められている教師教育論は何かを見極め、社会科の教師教
育に貢献できるものとして本書を刊行することになりました。
　本書は4部構成となっています。第1部は社会科の専門性を育成する教師
教育はどうすべきかといった論考です。第2部は学生や教師の観点から教師
教育をどうすべきかといったことが議論されます。第3部は教師を採用する
立場から大学での教師教育を考え、第4部では教師を育成する大学院が、教
職大学院となることへの意義や問題点を探ります。
　このように、社会科教員を育成するという教師教育の理論、学生や教師
からみた教師教育、採用という観点からみた教師教育、教職大学院の意義と
いうように、多角的な観点から社会科の教師教育を問い直し、考えるといっ
た従来にはない視点をもった書となっています。本書が、社会科教育の研究、
教育にかかわる方々だけでなく、教員を採用する方々、社会科の教員免許を

取得しようとする学生さん、また社会科に限らず他教科の教師教育の関係者にも読んでいただき、なにがしかの貢献ができれば幸いです。最後になりましたが、本書の出版にあたり、関係された方々には大変なご尽力をいただきました。厚くお礼申し上げます。

日本社会科教育学会会長

井田仁康（筑波大学）

目次／教科専門性をはぐくむ教師教育

第2部　学生・教師の実態からみた教師教育　　45

第7章　私立大学教職課程から見た社会科教員養成……… 鈴木隆弘　265
──大学全入時代と開放制原則から考えるべきこと──

教科専門性をはぐくむ教師教育

第1部
社会科の専門性と教師教育

第1章　教科の専門性と社会科教師教育

はじめに

　本稿では、社会科教師教育の課題のひとつである、教師がすすめる「変換」に関して取り上げ、教科の専門性が抱える問題を解明することにする。また、社会科の表記で地理歴史科、公民科をも含むものとする。

　教科の教師教育とその研究における課題は、"多くのことを知る教師はよく教えることができる"(バートン＆レヴスティック 2015：375)という信条を克服し、それに対抗する試みを提案することである。

　大学の初等・中等教員のための教科教育養成教育の中核は、〇〇科教育法、あるいは、初等〇〇、〇〇教材研究という科目であろう。これらの教職科目でも、その教科にかかわる"多く"の知識を獲得することが"いい"教師という考えを持つ人が多い。多くの知識＝いい教師という図式が成立している。

　この図式は根本的な問題を持ち、①教師教育の基本を知識の量とし、②それに代わる質の問題として「変換」[1]という概念を投入し、③社会科教育法などの「教科の専門性」の質改善が必要なのである。

　そこで本稿では、まず1節で教師教育研究における「教科の専門性」の捉え方、到達点と課題を明確にし、2節で教科の専門性の中核にある変換に関する3つの捉え方を紹介し、3節でこれらが持つ課題を教科教育的変換というべき組み換え＝変換が必要であることを授業事例で説明することにしたい。

1　教科の専門性の研究と課題：組み換え、変換の問題

社会科教師教育に関する研究の総括は、松尾 (2001) により、「良き社会科教師を育成するためには、学生や現職教師らに、より質の高い社会科の授業を創造する力を、すなわち、社会科授業構成能力を育成しなければならない。」(p.167) とまとめられている。この点こそ、社会科教師教育の課題である。

しかし筆者には、これだけでよいのだろうかという疑問も浮かび上がってくる。本題である「教科の専門性」が社会科授業構成能力と集約できるのか、という問題である。近年、とくにアメリカの教師教育研究の影響を受け、PCK (教授学的内容的知識) 問題として整理されている (矢野 1998, 渡部 2010, 2013, 2016, 2019a, 2019b, 渡部・井手口 2020)。確かに PCK も授業構成能力も必要であるが、それらとの連関でもう少し広く必要ではないかというのが筆者の考えである。そのために、この教科の専門性とはどのようなことか、この問題をまず取り上げ、変換問題ではないかという仮説につなげること、別言すると、量とともに質の向上も改善し実施することが必要である。

社会科教師が何らかの年間計画、単元、授業を考えるとき、多くは関連する専門科学の知識を収集し単元に関連するものに「変換」する。従来の社会科教師教育研究はこの「変換」過程を十分に明示化できていなかった。

確かにこれまで、教師教育研究一般でも臼井 (2009) や佐久間 (2013) が教師教育における教育実践力育成の重要性を指摘したり研究動向とその課題を整理・提示したり、社会科教育研究でも谷本ほか (1988)、田中 (1990)、大森・松本 (1990) に始まり、鈴木 (2008)、田口ほか (2009)、坂井 (2010、2017、2019)、谷田部 (2011)、藤本ほか (2013a,b)、村井 (2014、2015)、中島 (2014、2015)、南浦ほか (2020) と着実に社会科教師研究を発展させ、渡邊 (2017) は日米の社会科教師教育研究を整理したり、草原 (2017) が欧州委員会の事例に基づき Self-Study にもとづく「自己調整」を新たに提示したりしている。

しかしながら、実際の教師がその教科、社会科の教師や実習生がその単元に関してどのように授業準備し実施しているのかを十分に説明することができていないように、筆者には思われる。

　確かに教師、実習生は与えられた単元を学習指導要領、その解説、また、教科書とその内容、あるいは、専門科学の専門書、論文を読み、子どもたちに教える知識や内容を収集し直したり組織化したりし、年間指導計画、単元、授業を計画し実施している。これらの過程が「教科の専門性」の習得・適用・応用であり、これらの過程を説明する概念は必要ではないか。その概念こそ、「変換」であると筆者は考えている。

　ショーマンは、これらの過程を教授的推論として説明し、「理解、翻案、指導、評価、省察、新たな理解」の行為モデルで示し、この中心がtransformation、翻案であり、①準備、②表象、③教授的選択、④生徒の特性に合った最適化と仕立ての4つの要素で整理している（ショーマン 2017：433）。

　八田は、翻案を「教師が理解した内容を生徒が理解しやすい形に変形する」（2008：185）、あるいは、「生徒の特性や発達などの観点から、教育内容を構造化し、それと照らし合わせて教材を吟味し誤りを見つけて正し、教材を作成する。また教えたい概念を生徒の既有知識や経験と関連させて理解させるために、アナロジーやメタファーなどを考案する。」（2009：344）ことだとしている（八田 2010 参照）。

　これらの①から④の過程こそ、翻案である。特定の(学問)テキストを生かしながら教授者＝教師の意図のもと翻訳し、教材や教育内容に作り変える。

　transformation の過程における「変える」を強調するために本稿では、翻案ではなく、「変換」という日本語で表すことにしたい。なぜ、このようなことばを使用するのかを説明することが本稿のもうひとつの目的でもある。

2　変換の事例

(1)　基本のプロセス

　多くの社会科教師、実習生は、社会科教科書の単元にもとづき、計画を立てその指導準備を進める。その過程をテキスト、その解釈、教材研究、単元・授業づくり、実施、反省、そして、新たなものへとこのような過程が繰り返される。その過程を各部分に分解すると次のようになるだろう。

　準備過程＋実施過程＋反省過程

A　テキスト (1)　教科書の読解

B　テキスト (2)　関連論文・著書の読解

C　テキスト (1) と (2) の読解の接合

D　単元・授業の構想

E　単元計画・指導案 (本時案) の作成 (他者のアドバイスを含む)

F　単元・授業の実施

G　反省

H　新たなテキスト読解

　これらの A‐H は複数回循環したサイクル活動であり、反復とともに変形、変化、改造が繰り返し行われる。テキストから教材解釈、新たな教材づくりに至るこの過程をモデル化して提示しているのが、Deng (2007) である。

⑵　Deng の考え

　Deng (2007) は教師教育における教師がもつべき「PCK (教授学的内容的知識)」とはどのようなものであり、これまでどのように考えられて来たかを教材の翻案、変換の取り扱いに関して、ブルーナー、シュワブ、デューイの 3 人の研究者の知的ルーツにもとづき検討し、それぞれ転換 (conversion)、翻訳 (translation)、心理学化 (psychologizing) というモデルを示している。

　ブルーナーは学問の構造論の学問優位の考えにもとづき、学問学科の題材がいろいろな再現モードに転換される (convert) と考える (Deng 2007：283)。そのモードとして、行動的表現、イコン的表現、論理的シンボル的表現の 3 つを提示し、MACOS (Man: A Course of Study) に即して問いとトピック、基本アイデア、適切な形態を例示している。たとえば、社会組織というトピックに関して、親族、役割、交換、サーヴィス (職務) というアイデアにもとづき、家族をそのまま写実的あるいは表現的な形態、図式的ダイヤグラム的な表現、構成要素的シンボル的な表現へと抽象化し概念化することを挙げている。ブ

ルーナーの考えは、学問的概念を教師が用いることができる教授学的な概念に転換することだとしている（Deng 2007：283-284）。

　シュワブでは「学問学科を教育のリソースとして取り扱う」点に特徴がある（Deng 2007：285）。それは、学問学科を重視しその教材をリソースとして、また、学習者やその学びの環境として取り扱うことである（Deng 2007：285）。学問学科を「実践的」（practical）に翻訳する（translation）。そのために、学問学科を伝達したり学習者に形成したりすることが教育学の役割である。学問学科の知識を学習者に翻訳され、理解されることが教材を教室に持ちこむことだというのである。

　デューイでは「教材の心理学化」（Deng 2007：286）という点に特徴がある。デューイは『民主主義と教育』、『学校と社会』、『子どもとカリキュラム』などで2つの要素を関連づけ、「各々が属する現実を発見する」とともに、「教材と子どもの経験がともに創造的に関連すること」であるとする（Deng 2007：287）。これが「心理学的に解釈すること」である。学習する当事者が学ぶようにすること、なることをデューイはこのように表現している。

　Deng はブルーナー、シュワブ、デューイの3人を通して、教材の変換に関してそれぞれ、転換、翻訳、心理学化をその原理だとし、これらの3つのタイプが PCK の知的源泉であるというのである。

⑶　変換の意味と意義

　ブルーナー、シュワブ、デューイの3人を通して Deng が取り扱ったことは PCK と呼ばれている「教授学的内容的知識」であり、近年ではそれを発展させ、TPACK（テクノロジー的教授学的内容的知識）をどのように教師志望者、また、教師自身が習得し発展させていくのかという問題へと発展している。

　前項で検討した3人には、共通のものを見て取ることができる。第一は、教材の変換という捉え方である。Deng が取り上げたブルーナー、シュワブ、デューイがそれぞれ、転換、翻訳、心理学化を教材の変換の原理としているが、「変換」という捉え方では一致していることである。第二は、TPACK を含め、教材の変換を「知識（knowledge）」と示していることである。とくに、アメリ

カにおける教育研究に特徴的な点でもある。資質あるいは能力ではなく、広義の知識で、資質・能力を包括し、見える化(可視化)を図っている。

　しかしかれら3人は変換の個別の実相を捉え損なっている。変換(transformation)そのものを十分に把握していないことである(Miller 2007 参照)。とりわけ、変更の過程、プロセスの様相がよくわからないことである。確かに事例に即して説明されているが、その事例が一般的か、特殊的かが不明である。具体的な教材に即して、その変換の過程、教師(実習生を含む)の準備、計画、実施、結果、反省、新たな準備というスパイラルなものとして示していない。その点を、次の3で具体化して検討することにしたい。

3　教科教師教育における教科の専門性：教科教育的組み換え

　3節では社会科教育における変換を組み換えることを事例に、(1)でそのプロセスを、(2)では具体的な教材に即して構成と構造を提示したい[2]。

(1)　教科教育研究における変換から組み換え

　変換という概念を提示しても解決につながらない。それは、テキストとなる著書や論文の読解に関する手続きが明示化されないからである。

　確かに、変換とは専門科学の著書・論文を読解し、そこに示されている概念・観念を読み取り、それらを教科の学習へ変換し、組み換えることである。課題は変換の内実であり、著書・論文の読解・読み取りである。

　筆者はかつて広島大学学習システム研究センターで教科教育の「真正な実践」研究を進めた(池野・福井 2015、池野 2016、池野 2017 参照)。この研究で仮説として提示したのが次の5点である(池野・福井 2015：4)。

　　①研究者にも「学び」がある。
　　②研究者の学びは、研究論文の読解を通して、再生可能である。
　　③その再生は、1. 論文そのものの読解、2. 執筆者の使用する基本概念、
　　　理論による読解、3. その学問領域の基本概念、到達理論による読解の

　3段階として可能である。

　④研究者の学びの再生が、真正な実践を作り出す。

　⑤真正な実践は、研究者の学びを学習者の学びに変換することである

　また、読解とその要点を次の3段階に整理し、各段階の要点を示している。

1) 論文読解
- 論文の構成
- 論文の内容の構成
- 論文の問いの構成
- 論文の MQ と MA

2) 使用概念読解
- 使用中心概念の特定
- 特定概念の説明と意義
- 論文研究内容の読解
- 研究内容の MQ-MA の意義付け

3) 領域読解
- 当該領域の基礎概念・到達理論の特定
- 研究者の位置・立場
- 当該論文の位置・意義
- 当該論文の当該領域の位置と意義

⑵　教科教育的組み換えの事例

　ここでも池野(2016)に基づき、複数の著書論文の主題、構成、構造、および、その研究内容を明らかにし、これらの過程の構成と構造を比較考察する。

　池野(2016)は2つの著書(新書)を読解し、その過程において真正な学びとして取り出す。その取り出し方として各著書の主題、構成、構造、および、その研究内容(主張)を明らかにした。そののち、2つの著書の比較考察を行うという方法を採用した。つまり、テキスト読解は、主題、構成、構造、主

張の読み取りを繰り返し、これらを比較し取り出すのである。

　変換に必要なことは池野(2016)の言う①テキストの構成と構造、②問題、問いとその回答、答えの明示化とその関係、③主張の取り出しと関係づけという3ステップではないか、このことが本稿の基本主張であり明らかにする点である。

①テキストの構成と構造

　著書、論文の読解の第一は、テキストの章立て構成と構造の意識化である。いずれの著書、論文は文章だけでなく、章立て構成をもって作られている。この章立て構成を意識的に読みとることが①のテキストの構成と構造である。

　多くの著書、いくつかの論文には、その冒頭、あるいは、はじめに章立てが書き出されている。この章立てを手がかりに、その著書あるいは論文の構成と構造を読み取る。

　その読み取りは、次の4つの段階で進められる。

　　A　その著書(論文)の章立てを読み取る(書き出す)。
　　B　章のタイトルから、各章の内容を予想する。
　　C　各章の関係を予見する。
　　D　その著書、論文の名前と各章の題目から、主張を予想する。

　章立てに関してこのように事前に予想して読み取ることが、①のテキストの構成と構造の主要な課題なのである。

②問題、問いとその回答、答えの明示化とその関係

　テキストの読みは、①の章立てを読むことにつづき、②では問題、問いを作り出すことが主要な任務となる。読むことは、単に文章を読むことだけではなく、問題、問いを立て文章と応答しながら読むことである。著書や論文が伝達するものは、確かに、事実、概念・観念である。これらとともに、実は、問いが重要なのである。どのような問いを立て、考えるのかがその事象や現象をどのように考えるのかを決める。問いは思考の方向、あるいは、新たな

考えを作り出す装置である。問いを立てることで、答えを見つけ出し、新た
な考え、あるいは、別の考えを作り出す。

③主張の取り出しと関係づけ

　著書・論文を読解する中で、問いを立て、その答えを見つけ、その著書・
論文が立てている主張を見出し、これまでの考え、あるいは、教科書や副読
本と関係づける。そうして、その著書・論文の独自性、新しさを見つけ、指
導の目標に位置付けるか、あるいは一部取り入れるか、または今回は取り入
れないかを決定する。それで、単元や授業の計画を新たに立てるのである。

　これらの3つの段階で、教師による変換は進められる。

　その結果、次のような結論を出している（池野2016：11）

①価値領域（法）と知識（社会）領域に関連する主題を探究する研究者の著
　書（論文）の 読解において重要なことは、その著者や論文の文章的読解
　を越え、その領域や主題に関する研究の基本構造を取り出すことである。
②研究者によるその領域や主題の基本構造は著書の場合には、章立て構
　成によって見出すことができる。
③領域や主題の基本構造は知識（社会）領域の場合、価値（法）領域と関連
　していても、研究者は価値判断、行為決定の問題には踏み込まず、個々
　人の問題として個々人にその判断や決定を委ねている。

おわりに

　本稿ではDengの教材の翻案、変換を手かがりに、テキスト読解における
学びを再考した。その結果、著書論文の読解には、3段階があった。第1段
階の文章的読解は、各節の概要から問いを導出することで、その文章の読解
を構造読解へ架橋する。第2段階の構造的読解は、論文で使用される基本概
念にもとづき、その論文の構造を導出する。第3段階は、レトリック読解で

ある。構造に含まれる認知構造を発見する。ある見方から、新たな見方へと変更する。このように根本的な見方の変更によって、特定の問題を学問的に考察する。この3段階の読解において、学問的な考察とその特質を明らかにした。この読解の3段階こそ、変換なのである。

注

1　Miller（2007）、pp.3-15、とくに、pp.9-13、また、Deng（2007）をヒントにしている。そのうえで、ショーマン（2017）、pp.432-441、とくに、pp.435-437、八田（2010）を参照し、本稿はこれらを発展させ、展開したものである。

2　事例は学習システム促進研究センター編『学習システム研究』（広島大学付属図書館リポジトリ所収）を参照。

文　献

池野範男・福井駿（2015）：「「真正な実践」研究入門―価値（哲学）領域の読解を事例にして―」『学習システム研究』2、1-10。

池野範男（2016）：「教師のための「真正な学び」研究入門」『学習システム研究』4、1-12。

池野範男（2017）：「教師のための「真正な学び」の研究：第三年次の研究 ―教材研究のための研究論文の読解とその「真正な実践」への活用―」『学習システム研究』6、1-12。

臼井嘉一（2009）：「教師教育における教育実践力形成に関する研究動向」日本教育方法学会編『教育方法38　言語の力を育てる教育方法』図書文化、138-144。

大森正・松本敏（1990）：「開放制教師教育の理念と 社会科教師の専門性に関する問題 ―私立大学教職課程の立場から―」『社会科教育研究』63、19-33。

草原和博（2017）：「社会科教師を育てる教師教育者の専門性開発―欧州委員会の報告書を手がかりに―」原田智仁・關浩和・二井正浩編『教科教育学研究の可能性を求めて』風間書房、281-290。

坂井俊樹（2010）：「社会科教育の新たな発展と教師の専門性」東京学芸大学社会科教育学研究室編『小学校社会科教師の専門性教育 改訂版』教育出版、2-11。

坂井俊樹（2017）：「教師教育カリキュラムにおける教科（学問）教養」日本教師教育学会編『教師教育研究ハンドブック』学文社、186-189。

坂井俊樹（2019）：「社会科の変化と社会科教育―社会科における現代的課題（本質編）」大澤克美編『小学校社会科教師の専門性教育 第三版』教育出版、2-11。

佐久間亜紀（2013）：「教員養成改革の動向―「教職実践演習」の意義と課題―」日本教育方法学会編『教育方法42　教師の専門的力量と教育実践の課題』図書文化、111-124。

ショーマン、リー（渡部竜也訳）（2017）：「教えることの知識―新しい改革に向けた基礎基本」サム・ワインバーグ（渡部竜也監訳）『歴史的思考―その不自然な行為―』春風社、409-448。

ショーマン、リー＆ショーマン、ジュディス（渡部竜也訳）（2017）：「教師は何をいかに学ぶのか―視座の転換」サム・ワインバーグ（渡部竜也監訳）『歴史的思考―その不自然な行為―』春風社、449-468。

鈴木円（2008）：「小学校教員養成において育成すべき資質能力に関する考察―小学校社会科教科内容に関する基礎的知識・技能スタンダード試案の構築―」昭和女子大学『学苑　初等教育学科・子ども教育学科紀要』812、56-69。

田口紘子・溝口和宏・田宮弘宣（2009）：「実践的な力量形成を実現する教員研修モデルカリキュラムに関する研究 ―「社会科授業実践力診断カルテ」の開発を通して―」『鹿児島大学教育学部教育実践研究紀要』19、13-22。

田中史郎（1990）：「教師教育の教育課程における社会科専門性について学生の履修の実態から―」『社会科教育研究』63、1-18。

谷本美彦・原田雅登・吉田甫・菅邦男・角屋重樹・山本信也・児玉修・楠野義顕（1988）：「教師教育における授業分析能力の開発に関する基礎的研究―西米良村立村所小学校におけるカリキュラム及び授業研究を素材として―」『宮崎大学教育学部紀要社会科学』54、45-74。

中島常彦（2014）：「小学校社会科教師の力量形成過程に関する研究―岡田渉教諭の場合―」『広島大学大学院教育学研究科紀要』第二部、63、69-78。

中島常彦（2015）：「小学校社会科「エキスパート教員」の授業力形成過程とその要因―子どもを主体とした授業実践を求め続けた教師を例として―」『広島大学大学院教育学研究科紀要』第二部、64、43-52。

バートン、キース・C＆レヴスティック、リンダ・S（渡部竜也・草原和博・田口紘子・田中伸訳）（2015）：『コモン・グッドのための歴史教育―社会文化的アプローチ―』春風社。

八田幸恵（2008）：「リー・ショーマンのPCK概念に関する一考察：「教育学的推論と活動モデル」に依拠した改革プロジェクトの展開を通して」『京都大学大学院教育学研究科紀要』54、182-192。

八田幸恵（2009）：「リー・ショーマンのPCK概念に関する一考察：「教育学的推論と活動モデル」に依拠した改革プロジェクトの展開を通して」福井大学大学院教育学研究科教職開発専攻『教師教育研究』2、341-354。

八田幸恵（2010）：「リー・ショーマンにおける教師の知識と学習過程に関する理論の展開」日本教育方法学会編『教育方法学研究』35、71-81。

藤本将人・樋口達也・中村拓人・林祐史・細川遼太・池田泰弘・森田耕平・今野碧・細野歩（2013a）：「北海道東部地域における教師教育の課題とその克服（1）―社会科授業づくりの可視化と共有―」『北海道教育大学紀要　教育学編』

63 (2)、115-123。

藤本将人・樋口達也・中村拓人・林祐史・細川遼太・池田泰弘・森田耕平・今野碧・細野歩 (2013b)：「北海道東部地域における教師教育の課題とその克服 (2)─授業開発の実際─」『北海道教育大学紀要　教育学編』64 (1)、149-161。

松尾正幸 (2001)：「社会科教師とその教員養成の研究」全国社会科教育学会編『社会科教育学研究ハンドブック』明治図書、162-169。

三村和則 (2017)：「教員養成のカリキュラム (中等教育)」日本教師教育学会編『教師教育研究ハンドブック』学文社、198-201。

南浦涼介・川口広美・橋崎頼子・北山夕華 (2020)：「多様性の視点を日本の学校教員養成に取り入れるための教師教育者の戦略：ペダゴジーと制度の観点から」『東京学芸大学紀要　人文社会科学系 I』71、109-126。

村井大介 (2014)：「カリキュラム史上の出来事を教師は如何に捉えているか─高等学校社会科分化の意味と機能─」『教育社会学研究』95、67-87。

村井大介 (2015)：「教員養成におけるライフストーリーの応用可能性─社会科教師を志望する学生の教科観と教師観の形成─」『日本教師教育学会年報』24、154-164。

谷田部玲生 (2011)：『社会系教科における現職教員の授業力向上プログラム作成ための研究』国立教育政策研究所教育課程研究センター基礎研究部。

矢野博之 (1998)：「教師の教育内容知識に関する研究の動向─社会科を中心として─」『東京大学大学院教育学研究科紀要』38、287-295。

渡邉巧 (2017)：「日米における社会科教師教育研究の発展と課題─研究対象として教師教育を捉える─」全国社会科教育学会編『社会科教育論叢』50、91-100。

渡部竜也 (2010)：「カリキュラム・授業理論と教師教育論の連続的探求の必要性─教科内容専門領域改革に向けた研究方法への提言：社会科を事例として─」『社会科教育研究』110、69-81。

渡部竜也 (2013)：「我が国の社会科授業研究の特質とその意義─技術的熟達者の視点から反省的実践家の視点へ─」『日本教科教育学会誌』35 (4)、89-94。

渡部竜也 (2016)：「我が国のベテラン社会科教師の授業分析に見られるコレクトネス：教育学者・ベテラン教師 7 人の授業批評にみられる分析視点の違いから」『東京学芸大学紀要　人文社会科学系 II』67、1-33。

渡部竜也 (2019a)：『主権者教育論─学校カリキュラム・学力・教師─』春風社。

渡部竜也 (2019b)：『Doing History：歴史で私たちは何ができるか？』清水書院。

渡部竜也・井手口泰典 (2020)：『社会科授業づくりの理論と方法─本質的な問いを生かした科学的探求学習─』明治図書。

Deng, Zongyi (2007) Transforming the subject matters: Explaining the intellectual roots of pedagogical contents knowledge, *Curriculum Inquiry* 37 (3), 279-295.

Miller, John P. (2007) *The Holistic Curriculum second edition*, University of Toronto Press.

池野範男 (広島大学名誉教授)

第2章　小学校教育における社会科と教師の在り方

はじめに

　子どもたちにとって、社会科授業は楽しいものであるか。分かりやすくよく理解できて、学びがいのあるものとして受けとめられているのであろうか。経年的に実施されている調査によると、小学生が「好きな教科」として社会科をあげる順位は、国語から総合的な学習の時間までの10科目等のうち10番目である[1]。この最下位としての順位は1990年の調査結果以降変わっていない。また子どもたちが「好きな学びかた」としてあげる「グループで何かを考えたり調べたりする授業」「学校外のいろいろな場所に行ってする授業や調査」「友だちと話し合いながら進めていく授業」などいわゆるアクティブ・ラーニングも、社会科においてはさほど効果をあげていないのではないかと推測される。

　小学校教育において社会科を実践研究の対象に位置づける教師（以下、社会科教師とする）は少数派といってよい。小学校教諭は原則として全科担当の学級担任として、10以上もの各教科・領域を担いつつ、日々授業や生活指導等に臨んでいる。教師たちはピーク制の教員養成課程を経て専門教科のゼミ等に学んできたものと、必ずしも特定の専門教科をもたずに学んできたものに分かれるが、学生時代から一貫して社会科教師として学び続けてきたものは、各学校において1割に満たないであろう。

　また教師にとっての得意教科や研究教科は、学生時代の専門教科のゼミ履修や若手教師時代に出会った各教科教育研究会等への主体的参加が契機となって決まっていくことが多い。一人一人の教師が実践経験を重ねながら、

自ら得意とする教科数の幅を広げていくということが理想ではあるが、実際にはそうした線形的な発達は難しいとされる[2]。

　こうして、各学校の多くの教師たち（以下、社会科教師と区別して、小学校教師とする）は社会科をあまり得意とはしないまま、子どもたちに社会科の授業を行っていくことになる。こうした実態をふまえた上で、社会科が一人一人の子どもにとって、少しでも「楽しい授業」、「好きな教科」になっていっていくためにはどうしたらよいか、考えていかねばならない。そのためには、社会科教師のための「社会科論」だけではなく、むしろそれ以外の小学校教師たちに向けて、社会科の意義やその授業力向上を図るための校内研修の在り方などについて、積極的に伝えていく必要があるのではないか。

1　小学校教師に求められる資質とは何か

　小学校教師に求められる一般的な資質はどのようなものであろうか。外山英昭は、教師の一般的な在り方について、山崎準二による長野師範卒業生の見解を基にした報告を引用して、次のように要約しながら4つの姿に整理している[3]。

　　①主体的に学んでゆく教師　　②子どもが見える教師
　　③構想力のある教師　　　　　④正義感の強い教師

　これら「4つの教師像」について、外山の行った整理に基づき、さらに付言しながら紹介する。

　①は、「教職という職業に関わり、日常の教育実践における問題意識を基礎に、自己の内面からの学習意欲に基づき不断に研究・努力する教師」であり、「教材研究や指導法にとどまらず専門分野の研究に関しても自ら資料を探すことができ、その上教師仲間と共同研究することができる教師」とされる。

　小学校教師の場合、教員養成課程においていわゆるピーク制をとらない大学学部等で学ぶ場合もあり、必ずしも特定教科を自らの専門あるいは得意な科目として意識するとは限らない。したがって、相対的に学習指導要領や教科書及び教師用指導書等に依存する傾向が強く、「専門分野の研究」を意識

した姿勢やその具現化としての「教師仲間との共同研究」や自主的な教材開発も、すべての小学校教師にもつべき資質とすることは難しい状況にある。

　しかし、本来は学習指導要領を大綱的にとらえて、教科書等を教材事例の一つとして活用し、単元構成や授業展開に創意工夫を凝らしていくことが望まれる。こうした主体的な姿勢は、小学校教師が「学び続ける教師」として成長を遂げていくために必要不可欠なものと考える。

　②は、「一人一人の子どもの個性を見抜くことのできる教師、その個性をその家庭（成育歴）・学校・地域社会の経済的文化的環境等の凝集点ととらえることのできる教師」であり、「その前提として、子ども好きで、子どもと遊べる感性を持つとともに自分なりの子どもをとらえる視点（仮説）を持ち、しかも、現実の子どもの前では柔軟にそれを組み替えながら対応できる教師」とされる。

　ここに示されている「子ども理解」の視点は、まさにすべての教師にとって原点とすべき資質である。それは同時に、①において懸念されたピーク制を通じた経験の有無を超えて、教員養成課程においては当然修学されるものであり、小学校教師に必須とするに相応しい資質である。

　特に「現実の子どもの前では柔軟にそれを組み替えながら対応できる」という指摘は重要である。教師はクラスの子どもの実態や「気になる子ども」の存在に対しても、自らの見とりを過信せず、「教師である私が見逃しているかもしれない」という謙虚さや、「そう気にする教師（私）」自身の課題がその見かたの内に投影されているかもしれないと内省する姿勢を忘れてはならない。

　③は、「教材や授業過程の構想力に限らず教育実践のあらゆる場面で多様なアイデア、自由な発想ができる教師」であり、「柔軟な思考ができる教師」とされる。

　ここに描かれる教師のカリキュラム・アプローチは、まさに「創造的教授・学習活動」「目標にとらわれない評価」「即興を重視する」といった特徴をもつ「羅生門的接近」[4]を志向するものであり、今日求められている「主体的・対話的で深い学び」や「探究的な学び」と親和性がある。しかし同時に、羅生門的アプローチの具現化は、相当に高度化された授業を求めるものでもある。

対照的に位置づけられた「工学的接近」が、「目標に準拠した評価」「規定のコースをたどる」ことや「教材の精選、配列」に力点を置いたことと比べて、羅生門的アプローチで強調されたことは、「教員養成」の重要性とその改善であった。創造性や即興性を重視する一連の特徴を具現化させていくには、それを可能とする教員をいかに養成するかが課題とされた。

　小学校教師が担当する各教科等の授業のすべてにわたって「創造的教授・学習活動」等の具現化を図ることは理想ではあるが、現状においては相当の困難さが見込まれる。全科担当を原則とする小学校教師といえども、実際にはある程度の専門志向や得意意識をもつ教科に焦点化して、授業改善に取り組む方が現実的である。同時に、2022年度から本格的に導入される小学校高学年の教科担任制が今後どのような効果を及ぼすか、注視していく必要があろう。先行して実施されている学校からの報告では、総じて子どもたちからは授業がよく分かると肯定的な評価が得られている[5]。

　④は、「子ども集団における不正義に対する厳格さや子ども発達や生活を通してみえる世の中のひずみに対し憤りが持てる教師」とされる。

　外山はこれまで紹介した「4つの教師像」を「基本的に社会科教師としての資質にも合致する」として、次の3点に集約するかたちで社会科教師としての資質を取り上げている[6]。

　　社会科教師は何よりも、第一に教える対象たる社会事象に対する専門的知見を持つこと。そのために社会諸科学の研究成果に精通し、社会科の教科内容に対して自立した分析・検討能力を持つこと。(後略)
　　第二には、それらの教科内容に関する研究成果を一人一人子どもの主体的な学習を保障する社会科の授業内容・方法へと具体化できる教師でなくてはならない。そのような教師とは、子どもの興味・関心から学習を出発させ、子ども自ら調べ発表する学習活動を組織する能力や態度が必要である。
　　第三に、社会科教師は、民主主義社会の実現という立場から現代的課題を鋭くとらえる感覚が求められる。そのためにも、教師としてだけで

　　なく一人の市民として自らの現代感覚・人権感覚を高め、市民生活や国
　　民生活を前進させる能力や態度が必要である。

　上記の第一と第二は、社会科授業の内容と方法に即応し、まさに社会科教
師の資質として相応しいものと考えられる。しかし、これらの資質をすべて
の小学校教師が共有することは、その負担の大きさからも想定しがたい。
　一方、第三に掲げられた「民主主義社会の実現という立場から現代的課題
を鋭くとらえる感覚」や「一人の市民として自らの現代感覚・人権感覚」、「市
民生活や国民生活を前進させる能力や態度」はどうであろう。まずは社会科
教師の資質（能力や態度）とすることに異論はない。だが同時に、これらの資
質は、小学校教師はもとより、すべての教師に必須とされるものであろう。
この点においてこそ、社会科が小学校教師一人一人においても、今まで以上
に尊重されるべき正当な理由があると考えたい。

2　憲法と教育基本法に基づく授業実践の実現を

　外山が紹介した「4つの教師像」と新たに整理した社会科教師の3つの資質
の間には、十分な整合性を認めることができる。ただし、現状においてすべ
ての小学校教師に対して、社会科教師と同様にそれらの具現化を求めること
は難しい。小学校教師の現実との乖離を内包させたまま、「べき論」として
の理想を要求すれば、かえって教師間に負担感や諦め、さらには形骸化を招
くことになる。したがって、第一と第二に関しては、社会科教師には必須と
しつつも、すべての小学校教師に対しては、最適化された研修内容として位
置づけるような対処が求められる。
　しかし、外山による④の「正義感の強い教師」と第三の社会科教師として
の資質にある「民主主義社会の実現という立場から現代的課題を鋭くとらえ
る感覚」や「一人の市民として自らの現代感覚・人権感覚」、「市民生活や国
民生活を前進させる能力や態度」は、小学校教師はもとよりすべての教師一
人一人が身につけるべきものである。

その根拠となるのが日本国憲法であり、教育基本法である。

　憲法は国家の基本法であり、特に日本国憲法の「三原則」である基本的人権の尊重、平和主義、国民主権は、小学校社会科の内容としても位置づけられ、小学生から学ばれている国民の共通教養である。主権の担い手たる国民一人一人が、その意義を学び、憲法が理想としてめざす人間と社会の在り方を理解することは、国民共有の精神的基盤の形成に通じる重要な意味をもつ。いわば一人一人が憲法を学び、その理解を深めていくことを通じて、精神的に「国民となっていく」のである。

　教育基本法 (1947 年) はその前文において、「この理想の実現は、<u>根本において教育の力にまつべきものである</u>。(中略。下線は引用者による。以下同様)ここに、日本国憲法の精神に則り、教育の目的を明示して、新しい日本の教育の基本を確立するため、この法律を制定する。」として、日本国憲法の理想の実現と教育の必要性の強い関係を明記している。さらに改正教育基本法 (2006 年) においても、「我々は、日本国憲法の精神にのっとり、<u>我が国の未来を切り拓く教育</u>の基本を確立し、その振興を図るため、この法律を制定する。」とされており、日本国憲法の理想の実現は教育の力によって拓かれるという認識を維持している。

　大学においても、「日本国憲法」の授業は一般教育科目 (共通教育科目) とともに教職課程の対象科目 (教員免許状取得に必要な科目の内訳として「その他の科目」) に位置づけられている。「教育基本法」についても、一般的には「教職の意義等に関する科目」(教職の意義及び教員の役割、職務内容等) としての「教職概論」等の科目で扱われることが多い。

　日本国憲法及び教育基本法を教職課程科目において修学するということは、すべての教員免許取得希望者に、学校教育を通じて憲法の理想の実現に努め、その深い理解のもとに児童・生徒の学習・生活指導にあたることが求められているということである。それは同時に次代の主権者たる国民を育てることを意味し、学校はまさに主権者が育つ場として存在する。

　改正教育基本法は、第 1 条 (教育の目的) において、「教育は、人格の完成を目指し、<u>平和で民主的な国家及び社会の形成者として必要な資質</u>を備えた

心身ともに健康な国民の育成を期して行われなければならない。」としている。さらに第 2 条(教育の目標)で「教育は、その目的を実現するため、学問の自由を尊重しつつ、次に掲げる目標を達成するよう行われるものとする。」として、以下に 5 項を置く。

　第 1 項は、「幅広い知識と教養、真理を求める態度、豊かな情操と道徳心、健やかな身体」をあげて、広範に知徳体の養成を掲げている。第 2 項後段では、「職業及び生活との関連を重視し、勤労を重んずる態度を養うこと」とあり、その後の 3 項においても、以下の「態度を養うこと」を記している。

　　3　正義と責任、男女の平等、自他の敬愛と協力を重んずるとともに、公共の精神に基づき、主体的に社会の形成に参画し、その発展に寄与する態度

　　4　生命を尊び、自然を大切にし、環境の保全に寄与する態度

　　5　伝統と文化を尊重し、それらをはぐくんできた我が国と郷土を愛するとともに、他国を尊重し、国際社会の平和と発展に寄与する態度

　さらに教育基本法 14 条第 1 項は、「良識ある公民として必要な政治的教養は、<u>教育上尊重されなければならない。</u>」としている。このように教育基本法は、社会科の学習内容と広く重なりながら、社会科教師であるかどうかを問わず、小学校教師はもちろん、すべての教師にこれら教育の目標を示している。憲法と教育基本法に基づく授業実践を通じて、民主主義社会における政治に関する知識や批判的思考力などの政治的教養が身につく教育、次代の主権者たる国民を育てる教育の推進を求めているのである。

　しかし、実際の学校現場においては、日本国憲法や教育基本法が示す目的と目標を全校の教師が共通して意識し、授業にあたることは稀である。主権者教育をはじめ、人権尊重教育やキャリア教育、あるいは SDGs を研究テーマに掲げて授業研究に努めるような学校、社会科はもちろんのこと総合的な学習の時間などで現代的・社会的な課題を取り上げて探究的な学びを展開する学校でない限り、憲法の理想の実現を意識した積極的な授業の取組は生まれにくい。それはなぜであろうか。

　この問題に対して、磯田文雄は「良識ある公民として必要な政治的教養」

を以下の 3 点で示す。①民主政治、政党、憲法、地方自治等、現代民主政治上の各種の制度についての知識、②現実の政治の理解力、およびこれに対する公正な批判力、③民主国家の公民として必要な政治的道徳および政治的信念である。そして、次のように述べている[7]。

　　　実際の学校現場では、①の知識に限定した教育が中心として展開されており、②の現実の政治の理解力や公正な批判力を養うような授業は少ないし、ましてや、③の政治的道徳や政治的信念などはほとんど教えられていないと言われている。教育基本法で政治的教養の重要性が謳われながら、実際の学校現場ではそれが教育活動として尊重されていないのはなぜなのか。それは、教育の政治的中立の問題があるからである。

　さらに磯田は、教育 2 法の制定(1954 年)などとの関連から教育の政治的中立をめぐる問題を歴史的に振り返りながら、最後にこう述べている[8]。

　　　しかしながら、今、重要な政治課題は、少子高齢化社会において社会保障の給付と負担をどうするか、有限な地球における持続可能な社会をどのように形成するかなどであり、未来に生きる若者にかかわる課題である。若者の政治参加が強く求められる。
　　　政治的中立についてのこれまでの呪縛から教員を解き放ち、改めて政治的教養を尊重する教育と政治的中立の望ましいあり方について、教育の基本に立ち返った検討が必要である。

　まずは、教師一人一人の意識改革が望まれる。教育基本法が教育の目的として掲げる「平和で民主的な国家及び社会の形成者」の具現化を図るためには、多くの教師に内在する政治教育をタブー視する意識の克服が課題となる。
　さらに、新旧の教員構成が大きな交代期を迎えているなか、若手教師の比重が増す各学校においては、授業改善の指針とされる「主体的・対話的で深い学び」さえどこまで可能といえるか。実際の授業にはその実現を拒む実態

が随処に見られる。

　たとえば、研究授業に向けて記された学習指導案でさえ、教師が教えよう
とする指導事項ばかりが列挙され、学ぶ子ども一人一人の実態や想定される
学びの反応に基づく単元構想や指導計画までを丁寧に示すものは少ない。ま
た、授業展開も教師が板書した「まとめ」を子どもがノートやワークシート
などに写して終わる授業、教師の指導予定の順に用意された記入欄を設けた
プリント類に、提示された学習課題や教師の発問への回答にあたる言葉を教
科書や資料集から探して書き込む作業に終始する授業など、受け身に情報を
受容するばかりの展開がよく見られる。さらには、「聴型・話型」、「学びの
スタンダード」、「学びのUD化」など、教師が主導して定型化した学習活動
を子どもたちに辿らせていくだけの授業など、子どもの自己決定に基づく主
体性の保障や自他の考えを比較検討する多様性の拡充を促す授業とはほど遠
いものが多い。こうした定型化の桎梏から日々の授業は脱却できるか。

　一方、2030年を見通したこれからの教育では、「OECDラーニング・コン
パス」が強調する「生徒が教師の決まりきった指導や指示をそのまま受け入
れるのではなく、未知なる環境の中を自力で歩みを進め、意味のある、また
責任意識を伴う方法で、進むべき方向を見出す必要性」が重視されている[9]。
同じく「変革を起こす力のあるコンピテンシー」として挙げられた「新たな価
値を創造する力」、「対立やジレンマに対処する力」、「責任ある行動をとる力」
は今後どのように授業において具現化されていくか。いずれにしても、授業
は今後ますます子どもの主体性を中心に、学習内容と方法、さらに学ぶ環境
を含めて、学びの協働性と多様性が強調されながら高度化されていく。そう
した状況下において、小学校教師の資質もよりいっそうの向上が求められて
いくに違いない。

3　小学校における社会科研修の充実に向けて

---

(1)　「すぐれた」授業との出会いを共有する

　各学校における社会科研修のファシリテーターは、やはり社会科教師が

担うことを望みたい。それは必ずしも積極的に自らの授業を公開し、社会科授業の在り方を同僚や地域の学校の教師たちと検討しあうような実践的リーダーでなくともよい。若手教師であっても、同僚とともにどのような研修を行えばよいかと腐心し、構想・実行・評価・改善のサイクルを考案・実行する行為が、他の誰よりも自分自身にとって貴重な研鑽の機会となるからである。

　まずは、これまでにどのような「すぐれた」社会科授業が行われてきたか、可能な限り実践事例を収集したい。その際、特定の学校、地域、研究団体等に固定化することなく、多様に存在する実践事例との比較をふまえて、相対的にその授業に固有な特色を読み取ることが重要となる。早期に狭い視野から特定の授業事例に限定してしまうと、事例から得た学習指導過程などをパターン化して、定型的に辿るような授業を再生産していく危惧も生じやすい。

　できれば他者の授業を見ることがよい。ただし授業時間数の確保に追われる学校現場の現実は、そうした出張・研修を困難にしている。わずかな機会であっても校内外の授業を見る機会に恵まれたら、許可を得て授業を録画し、指導案と共に逐語記録を作成して、校内研修の一環に授業の実践記録の分析・検討の場を位置づけるとよい。実践記録は過去のものであってもよい。せめて一枚の板書写真でもよい。できるだけ多様な実践事例に出会い、授業者と子どもの教え学びあう姿から、自分たちの学校でめざすべき社会科授業の在り方、子ども観や指導観の共通理解を図るのである。

　校内研修を進める際に、基盤となる授業観、子ども観の吟味・検討を十分に行わないと、教師間で教材開発や授業研究に関する協働が深まりにくい。まずは同僚の間で「すぐれた」授業のイメージを共有しあいながら、子どもの姿から語りあえるようになることが必要である。

⑵　子どもが暮らす地域を探る

　子どもが暮らす地域を知り、そこにどのような問題がひそんでいるか検討する必要もある。社会科学習には、子どもの生活の中にひそむ問題が実は社会の在り方に密接に関わっていることを明らかにして、子ども一人一人の社

会認識を深めるという機能がある。たとえば、子どもの通学路沿いに流れる水路の汚れがどのような状態にあるのか。子どもの目にはどのように映るのか。駅前のアーケード街の様子にどんな変化が見られるか。子どもたちはそのことに気づいているか。教師自らの足で歩き、目で見て、さらに子どもの目線からどのように見えるかを考えてみるのである。

　そうしたフィールドワークを通じて、子どもが暮らす地域を知り、教師たちで地域の課題、問題点を協議し、子どもの生活との接点を探る。これは授業に活用可能な地域素材を教師自身がまずよく知るということであり、教材開発の第一歩ともなる。地域を知ることは社会科だけの問題ではなく、生活科や総合的な学習の時間などの探究テーマの発見、開発にも通じていく。子どもの社会事象に対する見方・考え方を教師相互で推測し検討することを通じて、子ども理解そのものが深まり、さらには生活指導上の諸問題との関連にも気づいていく場が拓かれる。

⑶　教師自らが情報活用能力を更新する

　社会科は資料を活用して事実を確かめ、複数の事実の関係性を問い直し、多角的なものの見方を働かせていく授業を重視する。今後ますますICTの活用が進むなか、授業における情報活用の必要性は増すことになる。その際、最も課題となるのは、教師自身の活用能力である。たとえば、学区のフィールドワークの結果から得た情報をファイリングして整理し、資料・教材として子どもに読み取りやすい写真、図表などに加工・表現する作業はどうであろう。こうした経験を教師自身が持っていないと、授業で子どもに資料活用を求め、読解力の向上を図ることも難しくなる。学習活動の一環として子どもに取り組ませる新聞やパンフレットなどの作品づくりの場合も同様である。

　ここで必要なことは、まずなによりも教師自身が子どもに先んじて活動を体験し、実感のともなった経験知を得ておくことである。活動の過程において、子どものつまずきやすい箇所や工夫のしどころを把握し、それらに応じた支援的指導のポイントと支援の必要な場面を推測する。こうした想定ができなければ、資料活用も作業的活動も形骸化し、指導の放任状態を作り出し

てしまうことになるからである。

⑷　授業を開きあい、子どもの学びを語りあう

　校内研修の成果は、教師の社会科観の共有と地域理解に始まり、教師自身の資料活用等の力量形成を通じて、子どもの社会事象に対する見方・考え方の理解や指導・支援のための資料・教材の開発へと進んでいく。同時に、研修の成果は日常の授業そのものの変化として反映されなければならない。そのためには、やはり教師相互に授業を開きあい、日常的に子どもの学ぶ姿で語りあうことが校内に常態化していく必要がある。

　校内の教師たちが互いに授業を見あい、その結果を子どもの姿で語り、教師の正直な思いや悩みを開陳しながら交流する。そうした研修を積み重ねるなかで、教師相互に学びあう同僚としての関係が編まれていくのである。教師間で子ども理解と実践的力量に関する相互啓発的な関係が広がり、そのこと自体が仕事の中心となっていく。日常的な授業研究が穏やかに進行する学校が生まれること、そして教師たちがそこに生きがいを感じることこそが、校内研修の最大の成果である。

　子どもの学ぶ姿に着目しあう教師たちは、授業展開ばかりでなく、授業を取り巻く学びの環境づくりにも注意を払うようになる。たとえば、手づくりした資料・教材は大切に整理・保管され、校内に資料・教材室（スペース）が構築される。図書室は学習情報センターとしての機能を果たすための条件・環境整備が進められる。子どもたちの学習成果としての多様な作品群も、必要に応じて校内各所に掲示され、いっそうの教育的効果を発揮することとなる。また、学校経営と授業実践に関する DX（デジタル技術と ICT 活用による質的な向上を生み出す変革）が進展すれば、学校環境はさらに大きく変化していくことになろう。

　社会科という教科の校内研修を通じて、授業とともに教師と学校の在り方が変わる。学校は地域と連携し、教師は同僚と子どもとのつながりを深めていく。その過程に地域の課題に正対し、政治的教養を尊重する教師が育ち、「主権者が育つ」授業と学校が更新されていくのである。

注

1 ベネッセ教育総合研究所（2015）：『第 5 回学習基本調査報告書』図 1-1-1 教科や活動の好き嫌い（小学生・中学生、経年比較）55、図 1-3-1 授業で好きな学習方法（小学生、経年比較）60。

2 小方直幸・高旗浩志・小方朋子（2018）：「大学の教育組織が教員養成に及ぼす影響と課題―小学校教員の複数教科指導に着目して―」名古屋大学高等教育研究センター『名古屋高等教育研究』18、135-153。

3 外山英昭（1991）：「社会科教師としての資質と授業づくりの力量」日本社会科教育学会『社会科教育研究』64、46-47、山崎準二（1981）：「教師としての資質に関する見解」日本教育学会教師教育に関する研究委員会『教師教育の改善に関する実践的諸方策についての研究―第 3 次報告―』20-22。

4 文部省（1975）：『カリキュラム開発の課題』49-55。

5 文部科学省初等中等教育局（2021）：「義務教育 9 年間を見通した教科担任制の在り方について（報告）」3。

6 前掲、外山（1991）：51。

7 磯田文雄（2015）：「政治的教養と政治的中立」公益財団法人明るい選挙推進協会『Voters』26、4。

8 同上、5。

9 OECD Learning Compass 2030 仮訳「OECD ラーニング・コンパス（学びの羅針盤）2030」3-6。 https://www.oecd.org/education/2030-project/teaching-and-learning/learning/learning-compass-2030/OECD_LEARNING_COMPASS_2030_Concept_note_Japanese.pdf. accessed 2021.10.31

小林宏己（早稲田大学）

第3章　中・高等学校社会科系教科の教員養成における「教科専門科目」の在り方
——教員免許法規および課程認定審査の変転とこれから——

はじめに

　戦後日本において、教科指導の裏打ちとなる学問的教科専門教養が教師の職業的専門性を支えるための不可欠なものとなった。それは、大学における教員養成の原則のもと、大学の「教職課程」に置かれる「教科専門科目」（法規としては「教科に関する科目」、2016年からは「教科に関する専門事項」の科目）で育成される。その要件は教育職員免許法および同施行規則で規定されている。

　本稿では、中学校社会科、高等学校旧社会科、高等学校地理歴史科、高等学校公民科（以下、社会科系教科）に絞り、「教科専門科目」はどうあるべきか考えるための基盤として、まず法的に示されたその科目構成や必要単位数について現在に至る足跡を把握することを課題とする。

　教免法及び施行規則は、本質的には個人が教員免許状を取得するために必要な条件を規定する法規であり、大学の「教職課程」は、第一義的には免許取得の所要資格を得るために法規上必要となる授業科目を提供する課程である。現実の「教職課程」は課程認定審査が具体的な「教職課程」の科目編成に絶対的な影響を与えており、「教職課程」を置くことが認定された大学は、教免法および施行規則に示された科目に加え、授業科目を超えた指導体制や学科の専門科目を含めて、有能な教員を「養成」すること（以下、この広義の課程を「教員養成課程」とよぶ）が求められるに至っている。

　そこで、本稿では、「教職課程」の「教科専門科目」に絞るとともに、課程認定の来歴や変転にも視点を当てることとする。

1　法規にみる「教科に関する科目」の変遷

(1)　教科が重視された1988年までの教免法と施行規則

① 1949年の教育職員免許法および施行規則

戦後の教員養成は教育刷新委員会の主張や論議、旧師範学校などを母体とする新制大学の提案や試行錯誤を経て、1949年5月31日に教育職員免許法(全二十二条)公布に辿りついた(**表1-3-1**)。「大学における教員養成」と「開放制教員養成」の原則の下、一般大学であれ教員養成大学であれ、①学士の学位を取得することと、②大学で開設される教員養成課程諸科目の最低限以上の単位を修得することの二つの要件とした。教免法は「一般教育」「教科に関する科目」「教職に関する科目」の三つのくくりで修得すべき単位を示し、各くくりに該当する具体的な科目の種類や必要単位に関しては施行規則が規定した(**表1-3-2**、**表1-3-3**)。

表1-3-1　1949年教免法　別表第一　(中一級、高二級は学士の称号を有すること)

免許状の種類		一般教育科目	大学に於ける最低修得単位数		
			教科に関するもの	教職に関するもの	合計
中学校教諭	一級普通免許状	36	甲 30 ／ 乙 18	20	甲 50 ／ 乙 38
高等学校教諭	二級普通免許状	36	甲 30 ／ 乙 18	20	甲 50 ／ 乙 38

注)「甲」とは、中学校の教諭にあっては社会、理科、技術、家庭及び職業の、高等学校の教諭にあっては社会、理科、家庭、農業、工業、商業、水産及び商船の各教科。
　「乙」とは、中学校および高等学校の国語、数学、音楽、美術、保健体育、保健、職業指導、外国語及び宗教、高等学校の工芸、書道の各教科。(教免法別表第一 備考三)

「一般教育」も教職課程に設置することが規定された。山田昇によれば、広範な高級なリベラルアーツの教育を進め、その上で特別のコースを踏むというCIEの主張の反映が見られる[1]。また、山崎奈々繪によれば、1946年に発足した教育刷新委員会には「一般教養を重視し師範タイプを克服するという理念」[2]があったが実質を伴わず、再出発した大学の間でも「小・中学校両

表1-3-2　中学校・高等学校の社会科に関する教科専門科目（施行規則第一章）

	分科科目	
第三条 中学校 社会	「法律学、政治学、社会学、経済学」 「日本史、外国史」 「人文地理学、地誌学」 「哲学、倫理学」 公衆衛生学	分科科目の三分の二以上の科目について、各二単位を最低必修単位とする。
第四条 高等学校 社会	日本史及び外国史 地理学（地誌を含む。） 「法律学、政治学」 「社会学、経済学」 「哲学、倫理学、宗教学、心理学」	およそ中学校に準ずる。

筆者注：「　」のある区分ではその半数以上の分野の科目を修得すれば良い。また 同一の科目の取得単位を中学校、高等学校に両方に充当できた。

表1-3-3　一般教育（施行規則第一条）

	人文科学に関する科目	自然科学に関する科目	社会科学に関する科目	計
中学校教諭一級普通免許状 高等学校教諭二級普通免許状	12	12	12	36

方の免許状や複数教科にわたる免許状をあわせて取得できるような効率的な養成を可能にするためや、四年制大学における小学校教員養成を可能にするため」といった傾向により一般教養を中心に置く案が練られた時期があった。しかし「旧制大学のアカデミズムに対する批判」に立って「幅広い学修の重要性が強調され」、それは「一般教育ではなく教科専門教育に求めるようになっていった」という[3]。一般教育は、学問的教養を広げるためのものであり、教科専門教養を直接培うための科目ではなかったといえよう。

　一般教育科目は、各大学の学則に委ねられ、科目は大学の自由であった。

　「教科に関する科目」に示された学問区分はその後、学習指導要領の改定に応じて若干の手直しがなされたが、現在に至るまで、同じ形で継承されている。発足時、「教科に関する科目」の質は大学の見識に任され、免許状取得の最低要件が満たせるように科目を開設すればよかった。

②教科専門科目を増強した1954年の教免法改正

　1954年の教免法改正は、教諭仮免許状と校長・教育長・指導主事の免許状廃止が課題の焦点であったが、中学校・高等学校普通免許状に関しては「教職に関する専門科目」を減らして「教科に関する専門科目」を拡充するものであった。なお「教職に関する専門科目」には「一般的包括的内容」の科目を置くことが求められた。1954年の改定では**表1-3-4**のように規定された。

　教員免許状を取得しやすくしたこの改定では、教員供給増が図られた一方で、教科専門科目の履修が拡充され、教科教養の養成に力が入れられた。

　その後の1956年に制定された旧大学設置基準（文部省令28 昭和31年10月22日）では、一般教育科目の修得を卒業要件として規定した。教免法の一般教育科目必修は、見かけでは屋上屋を重ねる形になった。

表1-3-4　1954年教免法 別表第一にみる規程　（　）内は従来の最低単位数

免許状の種類	一般教育科目	最低修得単位数		
		教科に関するもの	教職に関するもの	合計
中学校教諭 一級普通免許状	36	甲 40 (← 30)	14 (← 20)	54
高等学校教諭 二級普通免許状	36	甲 40 (← 30)	14 (← 20)	54

大学設置基準
第二十条
2　大学は、次の各号に掲げる一般教育科目に関する授業科目のうち、各号の系列についてそれぞれ三科目以上、全体として十二科目以上の授業科目を開設するものとする。
　一　人文科学系　哲学、倫理学、歴史、文学、音楽、美術
　二　社会科学系　法学、社会学、政治学、経済学
　三　自然科学系　数学、物理学、化学、生物学、地学
第二十五条　一　一般教育科目は、原則として四単位とする。

1958 年には特設道徳の創設、1960 年の高等学校社会科「倫理・社会」の創設があった。「教科に関する科目」においては、中学校社会科では「哲学、倫理学」に「宗教学」が、高校社会科では「哲学、倫理学」に「宗教学、心理学」が付け加えられている。

③教科専門重視のピークを迎えた 1988 年教免法改定

1966 年には一般教育科目を除外し、甲乙別を廃止し教科に関する科目を中学校免許状で 46 単位、高校では 48 単位に増やし、教育実習を 5 週間程度に延長する改正案が上程されたが、結局廃案になり、長らく大きな教免法改正はなかった。しかし、1980 年代半に臨時教育審議会の「実践的指導力の向上」を求める提言があり、改正教免法が、1988 年 12 月 28 日に公布された（**表1-3-5**）。小中高を通じて学士の免許種を「一種」に統一したほか、大学設置基準と重複する形となっていた「一般教育」を教職課程から切り離した。「教職に関する科目」は新規科目の増設で単位数が増えた。「教科に関する科目」では甲教科と乙教科の区別を廃止し、32 単位だった乙科目を甲教科と同じ 40単位に引き上げた。施行規則雑則 66 条の四に規定した「日本国憲法」及び「体育」の計 4 単位を含めた最低必要修得単位数は、63 単位となった。

高校社会科にあっては、1989 年 3 月の地理歴史科と公民科の発足に対応して、1989 年 12 月 22 日の教免法改正で免許状が分離され、1990 年 3 月 13の施行規則改正で「教科に関する科目」も振り分けられた（**表1-3-6**）。

表1-3-5　1988 年教免法 別表第一

	教科に関する科目	教職に関する科目	合計
中学校教諭 一種	40	19	59
高等学校教諭 一種	40	19	59

表 1-3-6　教科に関する科目（1990.3.13 地理歴史、公民発足による施行規則改正）

第一欄	第二欄	第三欄	注
第三条 中学校 社会	日本史及び外国史	6	「　」のある区分では、「　」内の半数以上の専門分野について教科専門科目を置けば良い
	地理学（地誌を含む。）	6	
	「法律学、政治学」	2	
	「社会学、経済学」	2	
	「哲学、倫理学、宗教学」	4	
		計 20	
第四条 高等学校 地理歴史	日本史	6 又は 4	
	外国史	6 又は 4	
	人文地理学及び自然地理学	8 又は 6	
	地誌	4 又は 2	
		計 20	
第四条 高等学校 公民	「法律学（国際法を含む。）、政治学（国際政治を含む。）」	6	
	「社会学、経済学（国際経済を含む。）」	6	
	「哲学、倫理学、宗教学、心理学」	8	
		計 20	

⑵　1998 年改定以降の教免法

①「教科に関する科目」縮減に転じた 1998 年教免法

1998 年の教免法改正は、「教科に関する科目」重視から「教職に関する科目」重視へ転換する画期となる改正であった（**表 1-3-7**）。

教免法別表第一の必要単位数合計は 59 単位に据え置いたが、「教科に関する科目」は学問区分ごとの最低履修単位指定を廃し、最低合計単位数を 20 単位に半減させた。減少分は「教職に関する科目」と新設の「教科または教職に関する科目」枠に振り分けられた。

ただ、社会科教育法の必要単位数は、前倒しの課程認定では 4 単位で認定されたが、1999 年の課程認定では 6 単位とされたため、大学側は大変に苦慮する事態となった。

「教科に関する科目」の最低単位数は規定上半減となったが、その裏には一般大学の専門学科であれば卒業プログラムに置かれている専門科目で教

科専門教養は十二分に培われ、低下することはないという計算があった（**表 1-3-8**）。

表 1-3-7　1998 年教免法 別表第一　（筆者注：（ ）内は旧法比）

	教科に関する科目	教職に関する科目	教科又は教職に関する科目	合計
中一種	20	31	8（＋ 8）	59（＋ 16）
高一種	20	23（＋ 4）	16	59（＋ 16）

表 1-3-8　教科に関する科目 (施行規則)　第三欄廃止

第一欄 （免許教科）	第二欄	最低合計	注
第三条 中学校 社会	日本史及び外国史 地理学 (地誌を含む。) 「法律学、政治学」 「社会学、経済学」 「哲学、倫理学、宗教学」	20	「 」区分では、「 」内の半数以上の専門分野について教科専門科目を置けば良い
第四条 高等学校 地理歴史	日本史 外国史 人文地理学及び自然地理学 地誌	20	
第四条 高等学校 公民	「法律学 (国際法を含む。)、政治学 (国際政治を含む。)」 「社会学、経済学 (国際経済を含む。)」 「哲学、倫理学、宗教学、心理学」	20	

②「大くくり」の形を導入した 2016 年免許法改正

2008 年の施行規則改正では「教職実践演習」を導入したが「総合演習」廃止によってその単位を振り替えたもので、「教科に関する科目」は従前のままであった。

2015 年 12 月 21 日の中教審答申第 184 号「これからの学校教育を担う教員の資質向上について」に応じて、2016 年 11 月 28 日に教免法が、2017 年 11 月 17 日に施行規則が改定された（**表 1-3-9**）。従来の「教科に関する科目」「教職に関する科目」「教科又は教職に関する科目」を全統合して「教科及び教職

に関する科目」枠に「大くくり」化する大改定であった。また答申が「教科に
関する科目」と「教科の指導法」の連携強化を求めた点に応じて、「教科及び
教科の指導法に関する科目」という枠を設け、「複合科目」の'自主的'創設
に道をつけた (**表 1-3-10**)。教科専門科目の最低総単位数は、認定基準で示し
た「教科の指導法」の単位数を差し引くと、中高とも 20 単位で据置きであっ
た (**表 1-3-11**)。

表 1-3-9　2016 年教免法 別表第一

第一欄	第二欄	第三欄
		大学において修得することを必要とする最低単位数
免許状の種類	基礎資格	教科及び教職に関する科目
中学校教諭一種免許状	学士の学位を有すること	59
高等学校教諭一種免許状	学士の学位を有すること	59

表 1-3-10　「教科又は教職に関する科目」の五分類と各最低必要単位数

第一欄	最低修得単位数					
	第二欄		第三欄	第四欄	第五欄	第六欄
教科又は教職に関する科目	教科及び教科の指導法に関する科目		教育の基礎理解に関する科目	道徳、総合的な学習の時間の指導法及び生徒指導、教育相談に関する科目	教育実践に関する科目	大学が独自に設定する科目
	教科に関する専門的事項	各教科の指導法 (情報機器及び教材の活用を含む。)				
第四条　中学校一種	28		10	10	7	4
第五条　高等学校一種	24		10	8	5	12

表1-3-11　「教科に関する専門事項に関する科目」施行規則

第四条、第五条 各備考一「それぞれ1単位以上修得するものとする」		第四条 備考四「」で示された事項は当該事項の一以上にわたって行うものとする（第五条も同様）
第四条 備考一 ロ 社会	日本史・外国史、 地理学（地誌を含む。） 「法律学、政治学」 「社会学、経済学」、 「哲学、倫理学、宗教学」	
第五条 備考一 ロ 地理歴史	地理、 歴史、 日本史、 外国史、 人文地理学・自然地理学、 地誌	
第五条 備考一 ハ 公民	「法律学（国際法を含む。）、 政治学（国際政治を含む。）」、 「社会学、経済学（国際経済を含む。）」、 「哲学、倫理学、宗教学、心理学」	

筆者注：教科の指導法の最低単位数を差し引くと、「教科に関する専門事項に関する科目」は各教科とも最低20単位が必要になり、旧規則と変わらない。

2　課程認定による規制強化と規制緩和の交錯の実態

⑴　課程認定審査の始まり

　教免法制定直後の大学の教員養成課程設置は、「直接に規定する法律は教育職員免許法だけであり、それとても、直接的には免許状取得のための基礎資格を規定したもので、個別大学における教職教育について規定したものではなかった」[4]。すでに触れたように教免法発足時には教職課程科目の認定審査はなく、各大学は大学設置時に認められた範囲内であるなら、自主的判断で教員養成課程を開設でき、いわば「自由開放制」の状況であった。当時の状況を寺崎は「多人数教育による教育学・教育心理学等の講義がくり返される一方、教科に関する専門教育についていえば、単位のふりかえによる安易な単位充足を制度的に認める傾向を生み出した」[5]と伝えている。

　1949年7月5日に政令が整って、「教職員養成審議会」（筆者注：教育職員ではない）が、次いで1950年3月27日に教免法の在り方を審議する「教育職員

免許等審議会」が設置された。その中に「教育職員養成及び免許分科会」が設けられた。ただし新免許状への移行・切り替えが焦眉の重要課題であった。

　7月7日に「大学において教員養成課程を置く場合の審査について」(通達)が発出されたが、教職課程科目の内容を審査するものではなかった。

　1952年6月6日には政令で「教育職員免許等審議会」を「教員職員養成審議会」(以下、教養審)に改称し、内部に委員会を置けるようにした。

　1953年の教免法改正の際に、別表第一の備考に一の二として「この表の専門科目の単位は、文部大臣が教育職員養成審議会に諮問して、免許状授与の所要資格を得させるための課程として適当と認める課程において修得しなければならない。」を追加した。ここに課程認定審査が法規的根拠をもって始まることとなった。1954年1月の教養審総会で「大学(短期大学を含む。)において教員養成の課程をおく場合の審査基準」および「審査内規」が決定され、1954年の教免法大改正に伴う認定審査で、課程認定制度が始動した。

　課程認定開始後も、大学としては教員養成に対する熱意が低く、教員養成課程も形ばかりであるケースが目だったようで、1958年7月28日の第16回中教審答申「教員養成制度の改善方策について」は、「開放制に由来する免許基準の低下」をあげ、「単に資格を、得るために最低限度の所要単位を形式的に修得するという傾向が著しく、(中略)教員に必要な学力、指導力すら十分に育成され得ない実情にある。」と指摘した。また、今後の中学校教員の専門性について、教員養成大学を基本としつつも、「担当教科のうちの一分野について高度の学力をもつ教員も要求されるので、これは主として一般の大学で育成されるものとする。」とするとともに、高等学校教員においては、「特に担当教科、科目に対する高度の学力を必要とする。よって高等学校教員の養成を目的とする大学は必要であるが、現状では主として一般の大学で育成されるものとする。」とした。

　1964年7月には、教養審は「教員養成のための教育課程の基準案」で、1954年の方向を引き継ぎ「教科に関する科目」には学科専門科目のうち「基本的、一般的な内容を包含する」科目を必修科目に置く方針を示した。しかし、その後も包括的なものでない各論でも認められていた。1970年代に社

会科免許状を授与された筆者個人の事例で恐縮であるが、哲学は「教育哲学」、日本史は「日本教育史」、外国史は「西洋教育史」、心理学は「教育心理学」で充当できた。

「一般教育」枠を廃止した 1988 年教免法改正の際は 当然ながら、教科専門科目は一般教育科目ではなく学科の専門科目を充てることが求められた。

「大学設置基準の大綱化」によって一般教育枠が撤廃された後においても、1991 年 6 月 20 日に「教職の専門性の維持の観点から」、「教科に関する科目」は「従来の一般教育科目等で代替することは認めない」という助成局長通達が出された。

⑵　課程認定の規制緩和と審査強化

1998 年免許法改正の直後になるが、再課程認定の申請に先がけて、6 月 25 日に「認定基準」「審査内規」「確認事項」の三つの規程が改定された。

1998 年 7 月 11 日の再課程認定説明会では「教員に求められる専門的な知識を担保していれば」という留保付きの念を押したうえで「一般教養的なものであってもよい」とする新方針を示した。

また、1998 年の教免法改正にともなう認定審査のなかで、困った問題に直面することになる。

1991 年の大学設置基準の大綱化以降認可された新学科では、教科との関係性が判然としない学科名の事例がでるようになったことである。現実に社会科系免許では、「ビジネス法」「マネジメント総合」「福祉臨床」「シティライフ」「アーツ・サイエンス」といった名称の学科が認定を受けている。

もう一つは、「教科に関する科目」に最低の 20 単位はおくだけで、学科の学位プログラムには「教科に関する科目」に該当する専門科目がほとんど見られない学科からの課程認定申請が現れたというものである。'学科開設の目的・性格と免許状との相当関係' に改めて目が向けられる。

また、2005 年 1 月 28 日の中教審答申「我が国の高等教育の将来像」の提言に発した抑制方針撤廃により、小学校課程の認定申請が急増したことは、教員養成課程の充実度について不安を抱かせることになる。

　2006 年の中教審答申「今後の教員養成・免許制度の在り方について」で「教職課程に係る事後審査機能や認定審査の充実」が提起され、審査強化が進むことになる。2009 年 2 月 27 日の「学科等の目的・性格と免許状との相当関係について」は、「今年度の課程認定申請において、経営学系の学科や心理学系の学科における保健体育の課程認定の申請が目立ったところ（申請時点で 10 大学）。これらの学科においては、すでに中学校社会や高等学校公民等の課程認定を受けており、それに加えて、保健体育の認定の申請を行うものである。」と申請状況を問題視している。

　現実に筆者自身もこの当時、非常勤講師を依頼され、誓約書を入れた都内某国立大学の新設「言語文化学科」が、「公民科」との相当関係が薄いとされて認定申請取り下げとなり、依頼が消滅した経験がある。

　2012 年 3 月、規制強化の総まとめともいえる「課程認定に係る留意事項」（情報）が配信された。「学科等の目的・性格と免許状との間の相当関係」について「小学校や中学校等における教育は、国語、数学等の基礎・基本を教えるものであることから、各教科を確実に教授できるための知識・技能を修めることができる専門教科が整えられている学科等において教員養成を行うことが必要。」とし、「教科に関する科目」の 20 単位の科目に加えて、「教科の専門教養を底支えする専門科目」が学科の学位プログラムに 30 単位以上置かれていることが申請要件になることに留意させた。さらに、「教職に関する科目」の科目名称を規制すること、「教科に関する科目」が学習指導要領の内容を踏まえた内容編成にする必要があることも通知した。「教科に関する科目」に、「文科省の指示する内容を盛り込むよう迫りはじめた」[6]。

　教養審メンバーの一人は、「教員養成についての理解もなく、単に資格取得の観点からのみ教職課程を置く大学も少なくない」と嘆き、「国家基準」がなければ各大学には「安易な姿勢も生まれてくる余地があった」と基準の必要性を強調している[7]。

　2016 年の教免法改正による再課程認定審査では、学科の学位プログラムに位置付いていれば、全学教養カリキュラムの中の科目も教科専門科目として許容された。なお、「教科に関する専門事項」科目に関しては英語を除いて、

教職課程コアカリキュラムがなく、照合表作成は求められなかった。ただし、2017 年 4 月から「教員の養成・採用・研修の一体的改革推進事業」において指導法を主とする「教科教育コアカリキュラムの研究」が公募され採択されている。今後の動きを注視せざるを得ない。

おわりに

中教審の教員養成部会は 2021 年 8 月 4 日に認定基準改正を決定し、他学科との共通開設の容認態様を示した。社会科系教科免許課程の「教科に関する専門事項」の科目は、他学部の学科の専門科目をも自学科開設扱いが可能になったほか、「専門的事項に関する科目の半数か自学科開設合計以内までか選択して設置できる」となった。ただ、マンモス授業になってしまえばマイナスになる。文科省は共通開設容認拡大について「他学科等で開設する授業科目をあてることが、教職課程の科目内容の水準維持・向上に資する場合がある。」(下線、筆者)[8] という自信なき見通しを示している。横須賀薫氏は「教職専門科目は各大学とも経済効果が優先され、大人数でてっとり早く済まされることが最優先にされる傾向である」[9] と嘆くが、共通開設拡大によってどこかでこの傾向が教科専門科目の授業にも生じないか、危惧はぬぐえない。

2020 年から、"複合科目"との仮称のもとに、「教科に関する専門的事項」と「教科の指導法」を統合した科目、教科の内容及び構成に関する授業科目の創設が容認された。これにより、教科専門教養の内容が、表面的にカレント・トピックをなぞるものに矮小化される恐れがないとはいえない。

教科専門と教科教育法の結合について、一般大学で社会科と公民科の教育法を担当した筆者は、定番教材で学科の専門研究者の力を借りる試みをした。模擬授業のテーマ選択にあたり、助言をもらえる専門学科の専任の先生の心当たりがいることを条件にしたのである。ほとんどの学生が専門学科教員の研究室を訪ね、掘り下げた解説も訊くことができたとのことであった。忙しいにもかかわらず丁寧に説明してくださった先生方が少なくなかった。

最後に一般教育に言及したい。かつて必修だった「一般教育」科目は教職

課程から消えてしまった。しかし、2002年2月の中教審「新しい時代における教養教育の在り方について」(答申)は、成長段階ごとに教養を身に付ける必要を訴えた。町田健一もかねてから「全人教育」をめざし、「教科専門と教職専門」科目で行うICUのリベラルアーツ教育を紹介し、教職課程の柱とすることを主張している[10]。共感するところが多いが、筆者は、「一般教育」の一つの分野で良いから、科学的思考の基盤・学問的批判精神といった素養を培うものとして「教科専門科目」とは別に置くことを儚くも期待する。「教科専門科目」では「原論的な総論」とともに、定番教材の理解を掘り下げられる「各論」の二種の学びを修めることが、社会科系教科の内容研究・教材研究をより深いものにすることになると考える。大学での教員養成という理念は、とくに「教科専門科目」の部面でしっかり発揮され、活かされるべきものであろう。

　教員養成課程でどのような「教科専門教養」のアウトカムを期待するのか、学問性・専門性を保ちつつ「教科専門科目」はどのような構成にするのが最適か、根本的な問いから再検討することが必要であろう。すでに、学生の学びの有りようはかなりの変化を示している。「教科に関する科目」の改善が不可避なことであるという指摘[11]は、10年経っても未解決の課題である。教科専門科目を正面から見直す重要性はさらに増している。

文　献

1　山田昇(1971):「第3章学科課程の改革」海後宗臣編『教員養成』東京大学出版会、172。

2　山崎奈々繪(2017):『戦後教員養成改革と「教養教育」』六花出版、241。

3　同上、244。

4　寺崎昌男(1971):「第2章第4節一般大学における教員養成」海後宗臣編『教員養成』東京大学出版会、128。

5　同上、126-127。

6　木内剛(2013):「近年の課程認定施策と大学の自主性・自律性」『日本教師教育学会年報』22、34。

7　八尾坂修(2013):「教職課程認定・実地視察の機能」『日本教育経営学会紀要』55、28。

8　文科省総合教育政策局教育人材政策課（2020）：「令和 2 年度教職課程認定等に関する事務担当者説明会資料 3 教職課程認定基準等について　12 月 18 日」、7。

9　横須賀薫（2021）：「教師教育五十年」『SYNAPSE』78、ジダイ社、24。

10　町田健一（2012）：「今日の教員養成・免許制度改革「案」に対する問題提起」『国際基督教大学学報 I-A 教育研究』54、国際基督教大学教育研究所、1-11。

11　坂井俊樹（2011）：「教科教育と教員養成」岩田康之・三石初雄編『現代の教育改革と教師』東京学芸大学出版会、135。

木内　剛（成蹊大学）

第2部
学生・教師の実態からみた教師教育

第1章　学習者の視点に立った省察を行える
　　　教師を育てる
──「対話型模擬授業検討会」の取り組みを手がかりに──

はじめに

　一般的に、ある教科の教師を育成しようとする場合、その教科の教師を目指す者を集めて、その集団を対象にその教科に特化したトレーニングを行うのが合理的であるように思われる。そのほうが、共通した問題関心や基盤をもつ者同士で切磋琢磨がしやすいし、指導のための体制も取りやすいからだ。実際これまで、教育系の大学（学部）や大学院では多くの場合、教科ごとにコースを分けて養成が行われてきた。

　一方、2008年度から全国に創設された教職大学院では、当初、教科ごとにコースを分けることは原則として行われず、各教科に特化した内容の科目はカリキュラムのなかで低い比重にとどめられた。これは、教職大学院制度の創設を謳った2006年の中央教育審議会答申「今後の教員養成・免許制度の在り方について」において、カリキュラムのあり方として、従来の修士課程が「特定の分野について得意分野を持った教員を養成する」ことを想定していたのに対し、教職大学院では、「学校教育が直面する諸課題の構造的・総合的な理解に立って幅広く指導性を発揮できる教員（スクールリーダー）」や「学校現場における職務についての広い理解を前提として、自ら学校における諸課題に積極的に取り組む資質能力を有する」「新人教員」の養成を目指すことが求められたためである。

　もっとも、生徒指導や学校組織のマネジメントならともかく、授業実践について学ぶうえでは、こうした制度的条件はただ不利なものと捉えられかねない。学生たちの取得免許の校種や教科が混在するなか、どのようにして、

実践的な授業づくりについて学んでいけるのだろうか。あるいは、そうした条件がむしろ強みとなるような教師教育の取り組みはあるのだろうか。

　筆者が所属する東京学芸大学教職大学院の総合教育実践プログラム（以下、「総合P」、なお2019年度の大学院改組より前は「カリキュラムデザイン・授業研究コース」）では、まさにそうした条件のもと、新人教員の養成を行ってきた。特に焦点を合わせてきたのは、授業（および教育活動一般）を改善するための土台となる、実践に対する省察の深め方およびそのための対話の仕方である。それらについて、「対話型模擬授業検討会」を軸とした取り組みを通して、育成を図ってきた。

　以下では、そうした一連の取り組みを事例に、学習者の視点に立った省察に重きを置く教師教育の一形態について述べる。

1　対話型模擬授業検討会とは何か

⑴　省察と模擬授業

　ショーンによる「省察的実践家（reflective practitioner）」（ショーン2007）の概念の提起以降、教員養成においても、「省察（reflection）」に力点を置くことが意識されるようになっている。けれども、教員養成において行われている取り組みのなかには、むしろ、ショーンがいう「技術的合理性」に該当するもの、つまり、体系化された知識や技能の適用が適切に行えているかどうかをチェックして改善につなげようとすることを「省察」と呼んでしまっているものも見受けられる。

　教員養成課程で幅広く取り組まれている模擬授業についても同様である。模擬授業後の検討会では、授業時に学習者役を務めていた学生らが、既定のチェック項目（話し方、教材の使い方など）や評価基準に従って評価を行ったり、良い点や改善点を指摘したりする、というスタイルをとるものが少なくない。けれども、こうしたスタイルでは、原理上、各人が元々持っている枠組みを超えた発想が出てきにくく、表面的な指摘にとどまりがちになるという限界がある（渡辺・岩瀬2017）。

東京学芸大学教職大学院の総合Pで取り組んできた対話型模擬授業検討会は、そうした模擬授業像を塗り替え、むしろ、実践に対する省察の深め方やそのための対話の仕方のトレーニングのために、模擬授業と検討会を活用するものである。

⑵　評価・助言型の検討会と対話型の検討会

対話型模擬授業検討会において、参加者は基本的に、授業者に対して、従来の検討会でよく見られたような「○○がよかった／よくなかった」といった評価や「○○すればよい」といった助言は言い合わない。そうではなく、自身が模擬授業を体験しているときに一人の学習者としてどのように感じたり頭を働かせたりしたかを出し合う。そして、それらをもとに対話を行って問題を掘りさげ、授業者にも他の参加者にも新たな気づきがもたらされることを目指す。

したがって、例えば評価・助言型の検討会では、参加者が「あそこの部分、○○とつながっていないので、もっとこうしたほうがいい」といった言い方になるところを、対話型の検討会では、「あそこの部分で、私、○○を思い浮かべちゃって、だからその後○○に話が進んだときに、『えっ！？』ってなった」といった言い方で発言することになる。

これらの発言は同じ点に言及している。けれども、次の2つの違いをもたらす。

1つめは、言われた側（授業者側）の受け止め方である。評価・助言型におけるような評価的・助言的な言い方は、授業者がその箇所についての問題意識を共有している場合、あるいは、授業者が発言者に対して（「師匠」的存在として）全幅の信頼を置いている場合には、有効に機能しうる。しかし、そうではない場合には、むしろ、「いや、これは○○のほうがよいのだ」「これは○○だからこうしたのであって」という（しばしば無意識のうちの）反発的な態度を招きがちである。これによって生じるのは、持論の優位性の主張のし合いであり、それは双方に、自身の既有の枠組みの強化をもたらすことになる。一方、対話型におけるような「私はこう感じた／考えた」といった一学習者

としての受け止め方の述懐は、授業者にとって、「そんなふうに感じたり考えたりした学習者がいたのか」と、より受け入れやすい（あるいは、受け入れるしかない）ものになる。

　2つめは、後に続くやりとりのタイプである。評価・助言型のほうでは、今述べたように、「○○のほうがよい」という持論のぶつけ合いが続きやすい。一方、対話型のほうでは、最初の発言に触発されて、「私はあそこ、○○を想像した」「僕はすんなり次に入れた」といったように、他の参加者らの一学習者としての受け止め方が連鎖的に引き出されるということが起こりやすい。こうして参加者らのさまざまな受け止め方が引き出されると、次に、授業者側がどう考えていたのかが自然に気になって、「授業者はあそこで学習者にどんなふうに考えてほしかったの？」といった発言が出される。それに呼応する形で、授業者側から、そこでの意図や実際に起きた学習者側の反応に対する受け止め方が語られることになる。

⑶　対話型模擬授業検討会における省察の深まり

　そうしたやりとりは省察を深めるうえでどんな意味があるのだろうか。
　ここで、教師教育学者コルトハーヘンの議論が手がかりになる。コルト

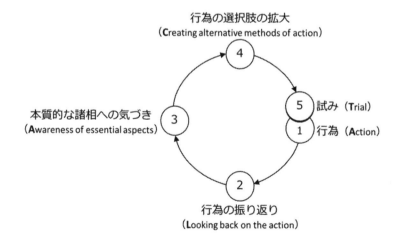

図2-1-1　ALACT モデル

※コルトハーヘン 2010、p.54

表2-1-1 第3局面へと進むための手がかりとなる問い

文脈はどのようなものだったか		
	教師	学習者
Want	教師が何を望んでいたか	学習者が何を望んでいたか
Do	教師が何を行ったか	学習者が何を行ったか
Think	教師が何を考えていたか	学習者が何を考えていたか
Feel	教師が何を感じていたか	学習者が何を感じていたか

※コルトハーヘン 2010、p.136 をもとに加筆修正

ハーヘンは、理想的な省察が進むプロセスを ALACT モデルで模式的に表した (図2-1-1)。

ALACT モデルの鍵となるのは、3「本質的な諸相への気づき」である。行為およびそこで起きた出来事の振り返りから一足飛びに「ではどんなやり方があるか」(4「行為の選択肢の拡大」) に向かうのではなく、問題を一段掘り下げて「本質的な諸相」を浮かびあがらせるのである。

さらに、コルトハーヘンは、この2から3へと進むための手がかりとして、**表2-1-1** のような9つの問いを示した。実践の文脈をふまえたうえで、教師と学習者それぞれの側から、その実践において、望んだこと、行ったこと、考えたこと、感じたことを浮かびあがらせ、そこに見られるズレ (例えば、「教師が望んでいたのは○○だったが、学習者が実際に行っていたのは△△で、そこで学習者らは□□と感じていた」といったもの) に着目することによって、問題を掘り下げやすくなるというのである。

こうしたコルトハーヘンの議論と照らし合わせると、なぜ対話型模擬授業検討会によって省察が促進されるのか、また、なぜこの形態が省察の仕方のトレーニングのうえで有効なのかが見えてくる。

対話型模擬授業検討会では、先に示したように、学習者がどのように感じたり考えたりしたのか、つまり、表2-1-1 の右側の「学習者」の列の項目が、当人らから直接、口々に語られる。同時に、左側の「教師」の列の項目もあわせて語られる。これらは、4「行為の選択肢の拡大」へと進む前に3「本質的な諸相への気づき」を経るための手がかりとなる。

写真 2-1-1　対話型模擬授業検討会の様子

　しかも、「学習者」の列の項目（特に、Want, Think, Feel）は、実際の子どもを対象にした授業の振り返りの場合には、通例、観察した事実をもとにした推測に頼らなければならない部分である。これを自身の体験として直接出し合って対話することによって、学習者の視点を活かして省察を深める感覚が身に付けやすくなる。

　なお、コルトハーヘンが示した9つの問いの枠組みは、対話型模擬授業検討会の実施時にも実際に活用している。ホワイトボードに枠を書いておき、出てきた発言を各欄に記入して話し合いの過程を可視化し、それを一緒に眺めながら、検討会を進めている（**写真 2-1-1**）。

　評価・助言型の模擬授業検討会と対話型の模擬授業検討会との違いを表にまとめたものが**表 2-1-2**である。

　対話型においては、子ども役は、模擬授業のプロセス（授業者とのやりとりや学習活動など）を逐次、自分の感覚と思考を働かせて経験していくことが求められる。そのときに、知識の水準をその学年相当に合わせるために、自分

表 2-1-2　評価・助言型の模擬授業検討会と対話型の模擬授業検討会との違い

	評価・助言型	対話型
授業時の各メンバーの役割	授業者役は用意してきた計画を効果的に遂行してみせる、学習者役はその良し悪しを評価する	授業者役、学習者役としてそこで生じる出来事を経験する
検討会時の授業者役と学習者役との関係性	授業者役は教わる、学習者役は評価したり助言したりするという非対称な関係	それぞれの立場から感じたことや考えたことを出し合うフラットな関係
気付きの性質	既有の枠組みの中での気付き	既有の枠組みを超えた気付き
学ぶもの	授業の手順や指導技術	授業を行ううえでの考え方

※渡辺・岩瀬（2017：138）を一部修正

が現在もっている知識や経験をいったん保留することが必要になる。その知識が自分にとって当たり前のものになってしまっている場合（例えば、小学校の算数の基礎的な内容など）、それがしばしば難しい。「模擬授業なんて子どものふりをするだけでしょ。それに何の意味があるの」といった批判は、その点を問題視するものである。

　けれども、だからといって、そうした形での模擬授業の経験が無意味であることにはならない。なぜなら、ある内容を未習得の子どもの視点に立ってその子がどう頭を働かせるかを考えながら自分の授業を吟味するというのは、授業づくりの必須の過程であり（学習指導案において「予想される子どもの反応」の記入が一般的に求められるのもそのためである）、そのように子どもの頭の中を想像するうえで、自分の身を実際に子どもの立場に置いてみることは助けになるからである。子どもの「ふり」をするのではなく、内側から子どもの思考や感覚を捉えようとするのである。このように、対話型では、子ども役として模擬授業に参加する側もまた、学習者の視点から授業を捉えられるようになるためのトレーニングを行うことになる。

2　対話型模擬授業検討会の実際とそれによって培われる省察の仕方

(1)　複合図形の求積を扱う模擬授業と検討会

　東京学芸大学教職大学院の総合Ｐでは、対話型模擬授業検討会を、「カリ

キュラムデザイン・授業研究」(通称「カリ授」)の一連の科目、つまり、1 年次前期の必修科目であるカリ授 I II、1 年次後期の準必修科目であるカリ授III IV、2 年次前期の選択科目であるカリ授Vのなかに位置付けて、学卒院生ら(1 学年全体でおよそ 20 〜 30 名、校種は小中高、教科も混在)を対象に行っている。カリ授では、実践からの学び方を学ぶということをコンセプトにしており、学校フィールドワークや関連文献の読み合わせなどさまざまな学習活動を行う。そのなかで、各学期全 15 回のうちの 3 〜 4 回分を充てて一つの柱になっているのが、対話型模擬授業検討会である。各学期、全員が一度は授業者の立場を経験する。なお、カリ授の科目群は、いずれも教員が複数名で担当しており、対話型模擬授業検討会の実施時には、学生らが 2 〜 3 つの教室に分かれて、それぞれに 1 〜 2 名の教員がつく形で活動している。

　実際の模擬授業および検討会の例を、2019 年度のカリ授III IVでの実施例から見てみることにしよう。小学校 4 年生の算数。参加者は、授業者を含め 8 名。模擬授業 20 分、検討会 30 分で実施した。内容は、複合図形の求積。**図 2-1-2** のような図形の面積を求めるというものである。

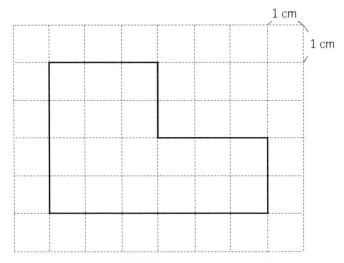

図 2-1-2　模擬授業で用いられた複合図形

　授業者が考えたねらいは、「面積を求めるためのさまざまな方法を児童の間で議論することで生み出させる」というもの。授業は、①各自いろいろなやり方で面積を求める、②ペアで解き方を見せ合う、③自分の求め方に作戦名をつける、④ミニホワイトボードを用いて全体で考えを共有する、という流れで進んだ。子ども役から出てきた考えは、「たてにわける作戦」（縦に切って2つの長方形に分けてそれぞれの面積を求めて足す）、「つけたして引く作戦」（右上のくぼんだ部分に長方形を付け加え、大きな長方形からその部分を引く）、「アメリカ国旗作戦」（「つけたして引く作戦」と考え方や式は同じ）、「テトリス作戦」（同じ図形を180度回転させたものを引っ付けて大きな長方形にして、その面積を2で割る）などだった。

　検討会では、まず、作戦名をつけて交流する活動に対するさまざまな受け止め方が、学習者側から語られた。

　　A：作戦名を面白くつけたいなと思った。
　　B：「作戦名」って聞くとわくわくした。
　　C：私は逆で、作戦名にした瞬間に、それぞれの考え方が見えなくなっちゃって、ややこしくなった。式にしたら一緒のはずなのに、作戦名になったらぐちゃぐちゃしちゃって、式ならもっと楽なのになって思った。

　こうした一連のやりとりの後、授業者の側から、学習者側の意識が「作戦名」に集中していたのが自分の想定とは違ったことが語られる。

　　H（授業者）：今回、「作戦名」に（子ども側の思考が）かなり引っ張られてる気がする。
　　A：引っ張られると思うよ。
　　D：ぶっちゃけメインだった。
　　H（授業者）：かなりずれてると思う。（中略）「作戦名を立てよう」が目当てになっちゃうな…。

　これらを受けて、参加者らの間で、そもそもこの活動はなぜ必要なのかという疑問が生まれた。

　　C：はたして作戦名をつけることは必要だったのか。
　　A：何のためにつけるのかっていうことだよね。

　このあと主に掘りさげられたのは、今回の学習における、作戦名をつける活動の位置付けについてである。子ども役を務めていた学生らからは、「他の人に伝えるときに、この方法はこういうやり方ですよっていうのを分かりやすく伝えて、『こういうやり方でやってるんだよ、おれは』っていうのを分かるようにしましょう、っていう意図があるんだとしたらいいのかなって」、「『作戦』って言われると、それとそれはなんか一緒じゃね？って意識できるかも」、授業者からは、「（「5種類考え方がある」というときの）『種類』が直接作戦名にあてはまると思ってた」といった発言があった。それらを通して、作戦名をつけるというのは、本来、個々バラバラな求め方を、考え方のタイプごとに一般化して捉えられるようになるための手だてとなるべきものという共通理解が、検討会参加者らの間で生まれていった。授業者は、検討会終了後、「作戦名をつけることを通して、求積の方法を一般化してほしい」というのが自分が本来願っていたこと（教師 want）だったが、子ども役には、見かけの形に注目して面白さに走った作戦名を出させることになってしまった（学習者 do, think）のが、「本当のズレ」だったと語っている。

　参加者らが得たこうした気づきは興味深いものである。作戦名をつけること、つまり、自分（たち）が用いる解答方略に名前をつけることは、算数科においてしばしば行われる学習活動である（また、実際、こうした一般化は、算数科における重要な学習内容でもある）。そのため、今回の授業者も、それを授業に組み込んだのだろう。けれども、今回の授業者は、こうした学習活動がなぜ有意義なのか、そのためにはどのような流れで行う必要があるのか、十分に理解していたわけではなかった。むしろ、模擬授業を行い、そこで起きた

ことをもとに対話することを通して、この活動の意義を、参加学生たちで共に認識していったのである。「作戦名を付けるときに面白さに走らないように注意しておけばよかった」のような単純な「○○すればよい」の出し合いではなく、そもそもの意義を考えるところまで掘り起こしている点で、一種の「本質的な諸相への気づき」にあたるものだろう。

　授業検討会、特に、教科教育学の基盤をもたない教育学者が行う授業検討会に対しては、授業技術をめぐる話し合いに終始し、そもそもの授業のねらいや構造を問い直すことにつながらないものという批判が向けられることがある（渡部 2013 など）。けれども、それは決して、対話型模擬授業検討会が目指す姿ではない。むしろ、対話型模擬授業検討会は、学習者としての感覚を起点とすることでそうした部分にまで迫ろうとするものである。

　ここで、検討会に同席する大学教員の役割についても述べておこう。

　対話型模擬授業検討会では、学生たちが進行を担う。大学教員の役割は、基本的には、その過程を見守ること、また、検討会を終えてから、議論になっていた部分を整理して示したり、関連する知見を提示したり、話し合いの仕方そのものへのフィードバックを行ったりすることである。

　ただし、（トレーニングの初期段階では特に）検討会の最中に介入して、どのようにして深められるか実際にモデルを示してサポートすることもある。もっとも、その際に行うのは、新たな論点を持ち込むことではない。むしろ、学生らの話し合いのなかで出ていたものの十分に発展させられることなく流れていた、深まりの「タネ」の部分に、再度注意を促すことである。

　例えば、先述の授業の検討会時には、立ち会っていた大学教員（筆者）は、「5種類考え方がある」という授業者の言葉をめぐる学生らのやりとりをふまえて、検討会の終盤に、「『5種類』について『なんで5なの？』っていう話は出てたけど、ここでいう『種類』って何？」とか、「作戦名の話と種類の話ってまだつながってないように思うけど、そこにはつながりがある？」といった問いかけを行い、授業者が目指していたことの明確化を図っていた。

⑵　実際の授業における省察への拡張

　前項で示したような検討会での省察の深め方は、学生たちが最初からできるわけではない。最初のうちは、事前にこの検討会の発想ややり方について説明を受けたり上の学年の院生の検討会を見学したりしていても、いざ自分たちが行うときには、結論を伴うような「まとまりのある発言」をしてしまう。それが、回数を重ねるうちに、結論を伴わない短い発言を集中的に出し合って、そこから問いを浮かび上がらせて深めていくような話し合い方ができるようになっていく（渡辺 2019）。

　総合Ｐにおいて、学生たちは、1年次9月から実習を開始し、10日間の集中実習を行ったあと、10月以降は週1回のペースで実習を続ける。対話型模擬授業検討会は、この実習とも結びつけている。

　1年次後期のカリ授ⅢⅣでは、原則として、実習校で自分が担当する授業に先立って、それと結びつけた形で模擬授業と対話型検討会を行い、その後そこから発展させた授業を実習校で行い、さらにその実践報告と検討会を大学院の授業のなかで行うという流れをとっている。授業者以外の学生らにとっては、自分が子ども役として体験した授業（の発展版）が学校でどのように実施され何が起こったかを聞くことになる。そして、実際の子どもたちの反応をもとに話し合って、授業についてさらに省察を深める。

　例えば、先の複合図形の求積の授業に関しても、その後、授業者は、作戦名をつけることではなく、同じ考えのものを見つけてグルーピングすることに重点を置いた流れの授業に組み換えて、それを実習校で行った。そうした改訂の経緯や実際の授業で起きたことを、授業者が、元の模擬授業を経験したメンバーらに対して、子どもの記述例などを見せながら報告し、話し合った。子どもからは、授業者が想定していなかった、過剰に分割するような求積方法も出てきており、そこに見られる子どもの発想について考えたり、授業者が示した課題「公式を使って早く求める方法を考えよう」の「早く」が何を意味するのか、ここで追求したい価値をこのように表現するのが妥当なのかなどの議論へと発展したりした。

　このようにして、学生らは、対話型模擬授業検討会で培った省察の深め方

を、実際の子どもを対象にした授業にも拡張していく。学生たちは自分も子ども役として授業を経験しているわけなので、「実際の子どもたちはどのように感じたのか、考えたのか」ということに意識が向きやすくなる。

こうした省察に関するトレーニングが自身の実習での日々の日誌の書き方に与えた影響を、ある学生は、次のように振り返っている。「(日誌において)『生徒にとってどうなのか』と生徒が主語となる振り返りが増えた。『ダメだった』と思うことがあっても、その要因を多面的に考えることができるようになった」。また、別の学生は、授業の振り返りそのものに関して、自身の次のような変化を挙げている。「自分は(あるべき)授業像と照らして、それと合っているかどうかで、授業を見てきた。今日1時間どういう現象が起きたかという見方は、対話型模擬授業検討会で培われてきた」。

3　異校種・異教科混在が果たす役割

ここまで見てきたような取り組みにおいて、校種や教科が異なる学生が混在していることは、どのような役割を果たすのだろうか。

強みとしてまず挙げられるのは、学習者として感じたり考えたりしたことを率直に交わし合うようなやりとりの行いやすさである。多くの場合、その教科の専門ではない学生が子ども役に入っているほうが、学習者としてどんなふうに考えたり感じたりしたのかを、検討会時に出し合いやすい。

これは、一つには、その授業が対象とする子どもと、感覚が(場合によっては知識レベルも)近いためである。実際の子どもたちのなかには、○○科が好き／得意な子もいれば嫌い／苦手な子もいる。また、そもそも子どもたちは一日中○○科の学習を行っているわけではない。そうした実際の環境に近い形で、参加者らは模擬授業を経験する。そのため、検討会時にも、学習者側からの率直な受け止め方を出し合いやすい。また、もう一つには、同じ教科の者同士で、知識や経験を張り合わなくてすむためである。専門が近い者がかたまると、どうしても、「自分のほうがよく知っている」というのを示したくなる。そうなると、自分がもっている知識をいったん保留して、自身の

学び手としての感覚を働かせて模擬授業を経験したり、そこで感じたり考えたりしたことを素朴な形で発言したりすることが難しくなる。

　これらのことは、次の強み、つまり、検討会における、教科の「常識」の問い直しの行いやすさにもつながる。

　教師はつい、自分が現在もっている知識を前提にしてしまって、それをまだ学んでいたときの感覚を、忘れてしまう。専門的素養を持てば持つほど、かえって見えなくなるものがある。ウィギンズ＆マクタイ (2012) が「専門家の盲点」と呼んだものである。校種・教科が混在するなかで模擬授業と検討会を行うことで、その教科を専門とする学生が「常識」としがちな部分を浮かび上がらせ、学習者の側からはそれがどう捉えられるのか、そこにどんな問題があるのかが考えやすくなる。

　例えば、小3の音楽、初めて楽譜のことを扱う授業において、「音符や記号等について理解する」という目標のもと、音符の長さや書き方を正確に理解させるべく、それを黒板に図示することなどに力を入れて模擬授業を行った学生がいた。音楽教育を専門に学んできた（また、自身が幼い頃から楽譜にも楽器演奏にも慣れ親しんできた）その学生にとって、そこからスタートすることは自然なことだったのだろう。けれども、この模擬授業のときには、五線のない場所の音符に対して付ける線（加線）を、五線のなかの音符に対してもすべて記入する子ども役の学生が出てきた。授業者が、加線がある音符（「真ん中のド」）のみを例として提示していたために、音楽が苦手なその学生は、自然な思考の結果としてそうしてしまったようである。こうした反応は、授業者にとって衝撃的だったらしい。けれども、実際、こうした思考に至る子どもは必ずいるはずである。このときの検討会では、ではそもそも初めて楽譜について学ぶときに学ぶべきことは何なのか、自分たちが歌っているものと紙の上の線やおたまじゃくしとの対応そのものへの気づきが必要になるのではないかなどの議論が行われた。

　社会科の例も紹介しておこう。中学校社会科の歴史分野において、ある学生が「ヨーロッパ人との出会い」の単元を扱い、模擬授業を行った。その学生は、南蛮人の渡来を資料で示したうえで、次のような投げかけをした。「流

れ着いた南蛮人に対して、あなたはどうしていきますか。どんなふうにふる
まいますか」。その学生の頭の中には、交易を発展させていくといったこと
が想定されていたようである。けれども、ある学習者のつぶやきは、「いき
なり目の前に自分たちとは違うようなのが現れたら、まず攻撃するよな…」
といったものであった。南蛮貿易や宣教といった今後の展開を前提に考えて
しまう授業者の側には浮かびにくい発想である。けれども、歴史的に見ても、
そうした出来事が起こっていた可能性はあるのであり、大事な視点になるだ
ろう。

　なお、検討会での率直なやりとりのしやすさ、教科の「常識」の問い直し
やすさといった異校種・異教科混在の強みは、対話型の検討会だからこそ発
揮されるものである点に留意しておく必要がある。評価・助言型の検討会で
は、より多くの知識や経験をもつ者のほうが、発言がしやすい。逆に言うと、
それらをもたない異校種や異教科の者は、発言がしにくくなる。けれども、
これは、もったいない話である。より学習者の感覚に近いところから、その
教科の「常識」の問い直しにつながるような考えを出しやすい者を、みすみ
す周辺に追いやってしまうからである。対話型の検討会は、そうした者がも
つ本来的な可能性を活かそうとするものである。

　一方、異校種・異教科混在による弱みも、当然ながらある。

　まずは、模擬授業で扱う内容が高度なものになった際に、授業に参加する
ための前提知識を子ども役の側がもてていないということが起こりうること
である。特に、高2や高3での理科や数学の内容で生じやすい。

　次に、より本質的な問題になるが、教科の「常識」の問い直しを行いやす
い一方で、教科教育学の知見の活用が弱くなりがちということである。
ALACTモデルを進めるうえで、とりわけ3「本質的な諸相への気づき」から
4「行為の選択肢の拡大」に進むときには、各教科の教科教育学において蓄積
されてきた理論や教材や手法は、強力な助けとなるはずである。その教科に
高い専門性をもった大学教員が検討会に立ち会っている場合には、大学教員
が、教科教育学の知見を用いて検討会での議論を整理して示したり（例えば、
国語科教育、特に古典文学を中心に行ってきた大学教員が、「古文」と「古典」という

概念の対比をもとに、検討会での論点を明確にするなど)、参考になる関連文献を
紹介したりしている。けれども、それには限界があるし、そうした大学教員
が立ち会えているとも限らない。また、その大学教員が、検討会での議論を
ふまえず、自分が理想とする授業展開を押し付けるようなかかわり方をして
しまっては、逆効果になる。省察や対話を重視した教師教育の発想を土台と
して共有しておく必要がある。学習者視点に立った省察の仕方と教科教育学
の知見との橋渡しをどのようにして行うかは、重要な課題である。

おわりに

　東京学芸大学教職大学院総合Ｐでの対話型模擬授業検討を軸とした取
り組みをもとに、省察の深め方やそのための対話の仕方のトレーニングにつ
いて見てきた。そこでは、異校種や異教科が混在する条件が活用されていた。
　最後に 2 点断っておこう。
　まず、授業実践に関するすべてのトレーニングを、対話型模擬授業検討会
を通して行えるということでは、もちろんない。コルトハーヘンが示す、教
師教育プログラムにおいて育てることが必要な「始めるための力」と「成長し
続ける力」(コルトハーヘン 2010：59) のうち、この検討会は、「成長し続ける
力」のほうに焦点を合わせるものである。授業の構成や教材のさまざまな「型」
を知ること、技術的トレーニングを行うことは、それはそれで必要であり、
総合Ｐのカリ授においても別途行おうとしてきた。
　次に、今回は、異校種や異教科が混在する条件を活用した教師教育の取り
組みについて述べたが、これは、ある教科に特化した環境での教師教育と比
べての優位性を説こうとするものではない。私見では、いずれのタイプの教
師教育も必要であると考えている。大事なのは、そこでの目的と、そのため
の体制やカリキュラムが一致しているかどうか、持ち味を活かすことができ
ているかどうかである。そして、教科教育学的要素が薄まることの弱み、教
科の「常識」を強化して学習者視点から遠ざかりかねない弱みをそれぞれが
認識し、そこをカバーする方策を考えておくことが重要となるだろう。

文　献

ウィギンズ、G.＆マクタイ、J. 著、西岡加名恵訳（2012）：『理解をもたらすカリ
　　　キュラム設計　―「逆向き設計」の理論と方法―』日本標準。

コルトハーヘン、フレット著、武田信子監訳（2010）：『教師教育学』学文社。

ショーン、ドナルド・A. 著、柳沢昌一・三輪健二監訳（2007）：『省察的実践とは
　　　何か』鳳書房。

渡辺貴裕、岩瀬直樹（2017）：「より深い省察の促進を目指す対話型模擬授業検討
　　　会を軸とした教師教育の取り組み」『日本教師教育学会年報』26、136-146。

渡辺貴裕（2019）：「協働的でより深い省察を伴う授業検討会に向けての話し合い
　　　の様相の変容　―教職大学院における模擬授業検討会の取り組みの事例
　　　を手がかりに―」『日本教師教育学会年報』28、96-106。

渡部竜也（2013）：「我が国の社会科授業研究の特質とその意義　―技術的熟達者
　　　の視点から反省的実践家の視点へ―」『日本教科教育学会誌』35（4）、89-94。

渡辺貴裕（東京学芸大学）

第2章　学生の実態から社会科教員養成を考える

はじめに

　本稿執筆時点において、社会科教員養成は大学(学士課程)の4年間しか存在しない。高等学校卒業後、最短で4年後には社会科の教師として教壇に立つのである。学生が「子ども」から「教師」へと転換を図る機会がこの4年間しか存在しないということは、この4年間で大学の教員養成担当者はそのための教育やカリキュラムを準備することが求められることを意味する。はたして、長い教職のキャリアにおいて、最初の、たった4年間の教員養成期とは、社会科の教師を目指す学生(教師志望学生)にとってどのような、あるいはどれほどの意味を持つものなのだろうか。大学に所属する研究者であり、教師教育者である社会科教育関係者は、たった4年間の教員養成カリキュラムの中で、学生の葛藤やつまずきをどのように見取り、どのように成長を支援することができるのだろうか。

　そのヒントとなるのが、米国における教師志望学生を対象とした実証的な研究の成果である。たとえば、歴史教育の領域では、多くの教育実習生が、歴史的知識は解釈するよりも受け取るだけという客観主義的な認識論にもとづく講義・伝達型の歴史授業を受けた経験があることが確認され(Sleker 1998など)、高等学校までの歴史教育と大学の歴史学との間にある「ディシプリン・ギャップ」を架橋する取り組みが進められている[1]。このように、米国では実証的な研究によって、社会科教師志望学生ならではの特質、課題、葛藤を見出し、教員養成の改善に示唆を得ようとする取り組みが功を奏しつつある。

　そこで本稿では、日本において、社会科教師志望学生の実態を調査・分析

することで教員養成の改善に資する示唆を得るという、実証的なアプローチ
をとることの有効性を検討したい。そのために、これまでの社会科教育研究
における論文の動向を概観した上で、筆者の研究成果にもとづく仮説的な提
案を行うこととする。

1　国内における研究の蓄積

　まず、日本の社会科教員養成の文脈において、学生の実態(すなわち教師
志望学生に対する実証的な調査・分析)をもとに何らかの示唆を提言する研究が
どの程度蓄積されてきたのかを概観したい。筆者(大坂2021)は、過去に刊行
された論文や書籍のうち、社会科教師志望学生に対して、何らかの方法で
(学生の反応、成果物、記録等の収集によって)質的・量的なデータの収集を行っ
ており、そのデータに対して何らかの分析・考察を加えて示唆を引き出し
ている研究を広く検討し、以下の基準に基づいて27報を選定した[2](**表2-
2-1**)。

表 2-2-1　社会科教師志望学生に関する実証研究の選定基準

- これらは、日本の教員養成カリキュラムに在学中の、学部の、初等・中等社
  会系教科の、教師志望学生を対象とした研究である。
- これらは、CiNii等の学術データベースに登録されており、出典が明確で、学術
  雑誌や大学紀要論文等として刊行あるいはWebで公開されている研究である。
- これらは、少なくとも研究の一部において、教師志望学生を対象とした実証
  的なアプローチが採用された研究である。
- これらは、何らかの形で教師志望学生の実態を解明している研究である。

(大坂2021より引用)

　27報が扱うテーマを精査したところ、「社会科授業の構成・構想に関わる
力量の研究」「社会科教育に関する思想・信念の研究」「社会科に関する被教
育経験の研究」「その他の研究」という4つのカテゴリーに分類された。また、
多くの研究は、自身が担当している教科の指導法科目などにおいて、形成で
きる教師としての資質や専門性を規定し、その達成の可否を検証しようとす

る「開発・検証型」のアプローチを採用していることが見いだされた。

　これらの研究は、21 世紀以降になされたものが大半を占め、2010 年代後半以降その数は特に顕著に増加していることが確認できた。しかしながら、実証的研究として手続きやデータの提示方法に不備があるといった理由で考察の対象から除外せざるを得ない研究も多く、この領域の研究自体が未だ発展途上であることが示唆された。そのため、研究成果を「日本の社会科教師志望学生の特質と課題」のように体系的に整理することは現時点では困難であると言わざるを得ない。

　よってこれ以降は、筆者がこれまで行ってきた研究の成果をもとに、社会科教師志望学生の教科に対する思想・信念（教科観）や授業づくりの力量形成の特質を「仮説」という形で提示したい。また、そこから浮かび上がってきた教員養成への示唆を提起することで、本稿の目的にこたえてみたい。

2　仮説①：学生は授業づくりの技術だけ取り入れて教科観は更新しない、「面従腹背」の戦略を採用している

⑴　仮説の基盤となる研究の概要

　大坂（2016a）の研究は、教員養成の導入段階において、「生徒」から「教師」への移行期にある学部 1 年次の社会科教員志望学生が、どのように社会科観や授業構成力を形成することができるのかを、被教育経験や大学カリキュラムの影響に注目して、ある国立大学の学部 1 年次生に対する調査の分析を通して検証したものである。

　教員養成における社会科の授業づくりでは、学習指導案の構成、板書計画の工夫、教材研究の質、授業評価の視点といった観点が、授業構成の力量として評価されることが多い。調査の結果、教師志望学生は 4 年間を通して順調にこれらの力量を向上させていた。一方で、教科観、すなわち望ましい社会科授業や社会科教師についての信念は、教育実習などの公的カリキュラムや、アルバイト・教員採用試験などの非公的なカリキュラムを通して、4 年間の間に何度も入学当初の（暗記重視・教養主義・講義形式の、つまり自分が学ん

だような)イメージへと"揺り戻し"を繰り返していた。

⑵　具体的事例

　1年次から2年次にかけて追跡したA氏[3]のケースを紹介したい。筆者はこの調査において、A氏に対して1年次に中学校社会科歴史的分野の「日清戦争」を題材として、自由に授業プランを構想するよう依頼した。また、2年次には任意で1年目に作成した授業プランを修正するように提案したところ、A氏は修正に応じた。それぞれの年次に作成した授業プランの概要は、**表2-2-2**と**表2-2-3**の通りである。

　1年次のA氏の授業プランは、日清戦争前後の歴史事象の推移に注目し、国際的な視座をとり入れる構成となっていた。教科書記述の意図する教育内容・授業展開に準拠しつつ、歴史的事実の展開とその結果もたらされた影響を理解させることを意図していた。展開は、導入部と2つの展開部、そして終結部の4パートから構成され、前半部が日清戦争の経緯と結果を、後半部が日清戦争後の国内と周辺諸国の情勢を確認する内容となっていた。これは、筆者が参考資料として提供したある教科書会社の教科書の構成に準拠していた。筆者が設定した授業プランの評価基準に基づいて評価を行った結果、6観点のうち3観点がB水準(十分ではないがプランには反映されている状態)だった。

表2-2-2　A氏が1年次に作成した授業プランの概要

	指示・発問等	子どもに習得させたい知識(省略)
導入	○日清戦争前の朝鮮半島の情勢はどうだったか。(前時の復習) ○日本にとって朝鮮半島はどのような位置づけであったのか。	
展開①	○日清戦争はどのようにして始まったのか。 ○日清戦争に勝利した日本は下関条約で何を得たか。 ○教科書p163の「パイを切り分ける列強」の風刺画から何がわかるか。	
展開②	○教科書p162の「魚つりの会」の風刺画から何がわかるか。 ○南下政策をとるロシアは、日清戦争の結果にどのように対応したか。 ○三国干渉後、日本国内の反応はどうだったか。	
終結	◎日清戦争を経て、日本と周辺諸国の情勢はどのように変化したか。	

(大坂2016aより引用、一部改変)

表 2-2-3 A 氏が 2 年次に作成した授業プランの概要

	指示・発問等	子どもに習得させたい知識（省略）
導入	MQ　日本は近代産業の発展を推し進めた時期に、なぜ経済的にリスクの高い戦争へと踏み切ったのだろうか。	
展開①	SQ1　当時の政府はなぜ参戦を決めたのだろうか。 ・藩閥政府は、人々からの批判をどのようにかわそうとしていたか。	
展開②	SQ2　朝鮮をめぐって、日本は他国とどのように対立していたか。 ・日本は清国との対立を経て、国益のために何が必要と考えたか。	
展開③	SQ3　日本は、なぜ日清戦争前に英国と同盟を結ぶことができたのか。 ・英国はどのような思惑で日本と同盟を組むことにしたのか。	
終結	MQ　日清戦争はなぜ起きたといえるか。国内情勢、朝鮮半島情勢、英露対立の 3 つの視点をふまえて考えてみよう。	

（大坂 2016a より引用、一部改変）

　2 年次の授業プランは、教科書記述の示唆する解釈を部分的にアレンジし、3 つの視点から日清戦争の発生した要因を探求させる構成へと修正されていた。展開は、導入部と 3 つの展開部、そして終結部の 5 つのパートから構成され、展開部は、日本政府の政策を国内の政情、朝鮮半島をめぐる利権対立、英露の対立という視点から分析し、戦争発生の要因を考察させる内容となっていた。さらに、A 氏はワークシートの導入、各展開の視点の明確化、観点別の目標設定、発問の構造化など、大学の教科の指導法科目などを通して学んだ視点を、積極的に授業プランに取り入れていた。授業プランの評価基準に基づく評価では、6 観点のうち 3 観点が A 水準（望ましい形でプランに反映されている状態）、2 観点が B 水準だった。A 氏の授業づくりの力量は、大学カリキュラムの期待する方向で明確に向上していたといえる。

　ところが、授業づくりとあわせて実施した教科観を質問するインタビューを行った結果、A 氏の教科観は授業づくりの力量ほどの明確な変容は確認できなかった。A 氏は 1 年次のインタビューで、理想とする社会科／歴史授業のイメージについて、高校の世界史教師の「頭に入りやすい、聞きやすい」「インパクト」のある授業に衝撃を受けた経験を語った。そこから、ストーリーを持たせた語りと展開を通して重要な語句を理解する授業を理想と考えている様子がうかがえた。2 年次のインタビューでは、自身の社会科／歴史授業

のイメージに影響を与えた出来事について、直前に実施した同じ学科の先輩が附属学校で行う教育実習の様子を観察する行事の影響を語った。先輩が教育実習生として苦労して授業をしている中、「この先生分かりやすいね」「声小さいね」などと生徒が評価している様子を見て、自分が目の前の子どもに向かって授業をするという姿を具体的に意識するようになったという。このような語りを分析した結果、筆者はA氏が大学の前半2年間での学びを経て、"ストーリー"と"インパクト"を重視する教養主義的な教科観を維持・強化するようになったと結論づけた。これは、大学のカリキュラムが期待する「進歩主義的な」教科観への転換とは異なる教科観の形成であり、旧来の教科観を維持したまま授業づくりの力量を向上させることが起こりうることを、A氏の事例は示しているといえる。

⑶　教員養成への示唆

　教員養成カリキュラムでは、学習指導案づくりや模擬授業といった実践的な力量の形成を重視する指導に力を入れていることが多い。その取り組みは成功していると言えるが、一方で学生の授業イメージは入学当初の(社会科教育学的にはよくないとされる)イメージに立ち返っているとすれば、教員養成課程では言われた通りに授業プランは作ってみせるが、教育実習や入職後はそれを捨て去って元の授業に回帰するという事態になりかねない。教員養成カリキュラムでは、教科観の形成についても測定・評価して、新たな教科観の形成がなされているかを注意深く観察しながら指導する必要があるのではないだろうか。

3　仮説②：学生は自らが「得意だ」「専門だ」と思っている領域ほど、大学カリキュラムが提示する新しい授業のあり方を受け入れようとしない

⑴　仮説の基盤となる研究の概要

　大学の教員養成課程で学生に「よい授業」のあり方を主体的に探求させる

には、大学での授業と高校までに受けてきた授業との「ギャップ」を解消し、被教育体験の中で無意識に形づくられた「こだわり」を「解きほぐす」必要があるのではないか。このような研究仮説を検証するために、大坂ほか (2015) は教科の指導法科目において、自分がこれまで支持してきた授業づくりの方法論とは異なる方法論を受け入れて質の高い授業プランを作成できた学生に注目し、なぜ学生が授業づくりの力量を向上させることができたのかについて調査・分析を実施した。

　筆者がティーチング・アシスタントとして参加した中学校社会科の指導法科目では、複数の社会科の授業づくりの「理論」に基づき、歴史的分野と地理的分野の複数の授業プランを提案する課題が課せられた。受講した教師志望学生の協力を得て調査を行った結果、大学受験の科目として日本史を選択した学生は、歴史的分野において教員が要求する「理論」に基づく授業プランを構想する課題に苦労した一方で、地理的分野において教員が要求する「理論」に基づく授業プランを構想する課題には柔軟に対応することができていた。それを裏付けるように、学生へのインタビューでは、「(高校時代に履修していない) 地理のほうが課題に合わせた授業を作りやすかった」という趣旨の回答をする学生が複数見られたのである。

⑵　具体的事例

　論文で取り上げた 2 年生の香川氏 (仮名) の事例を紹介する。当該の指導法科目では、まず社会諸科学の概念形成や科学的な探求を志向する授業づくりの方法論を学習した上で、モンゴル帝国の襲来を題材とした歴史的分野の授業プランを提出する課題が課された。その後、公共問題の議論や課題解決のための行動を志向する授業づくりの方法論を学習した上で、アメリカ合衆国の生活や文化を題材とした地理的分野の授業プランを提出する課題が課された。いずれの課題も、授業プランの目標や展開の概要の説明とともに、授業の展開や構成が想定できる具体物として板書計画ないし授業用プリントを作成することが要求された。香川氏の提出した授業プランの一部を、**図 2-2-1** と**図 2-2-2** に示した。香川氏は自らの判断で、歴史的分野については授業

用プリントを、地理的分野については板書計画を具体物として提出した。

　香川氏は、歴史的分野では、モンゴル帝国の襲来に関わる一連の出来事を、年表形式で整理したプリントを作成した。高等学校の日本史の授業でよく見られるような、記憶すべき重要な箇所を空白にしたものであり、本人いわく板書もこのとおりに書くということを想定しているということだった。教科書記述等を参考にして、重要だと思われる事項の列挙と解説を繰り返す単調な構成であり、教員から提示された方法論を活用した授業構成となっているとは言い難いプランであった。本人もインタビューでは、授業のつくり方がよくわからなかった、内容の精選の仕方がわからない、という趣旨の悩みを語っていた。

　続く地理的分野では、香川氏は効率を重視した大量生産型大規模農業を題材にして、米国の農業が直面する課題を手がかりに日本の農業政策を議論させる展開を想定した板書計画を作成した。米国の学習でありながら日本の公共的な論争問題と関わりのある題材を選択し、他国のケーススタディをもと

ワークシート例

1. ☆（モンゴル帝国）の成立
　◎1206　（チンギス＝ハン）が建国
　◎1268　（フビライ＝ハン）が首都を
　　　　　大都［今の北京］に移す
　　　　　⇒☆（元）を建国

2. ☆（元寇）
　(1) 原因
　　○フビライ、日本支配のため特使派遣
　　　　　　←執権（北条時宗）が拒否
　(2) 経過
　　◎1274　（文永の役）
　　　幕府、元軍の集団戦法や「てつはう」に苦戦する。
　　◎1281　（弘安の役）
　　　幕府、日本海岸に（石塁）をつくり防戦する。

　(3) 結果
　　①元軍が撤退。
　　②幕府軍、多額の出費、恩賞不足
　→御家人、勝っても恩賞もらえず。生活苦に。
　⇒幕府への不満高まる。

3. 鎌倉幕府の滅亡
　◎1297　☆（永仁の徳政令）→失敗
　○倒幕勢力が結集…（足利尊氏）、新田義貞
　　　＋（後醍醐天皇）、（悪党（楠木正成ら））
　　　　　　　↓
　◎1333　鎌倉幕府滅亡

図 2-2-1　香川氏の歴史的分野の授業プランの一部

（大坂ほか（2015）より抜粋、一部改変）

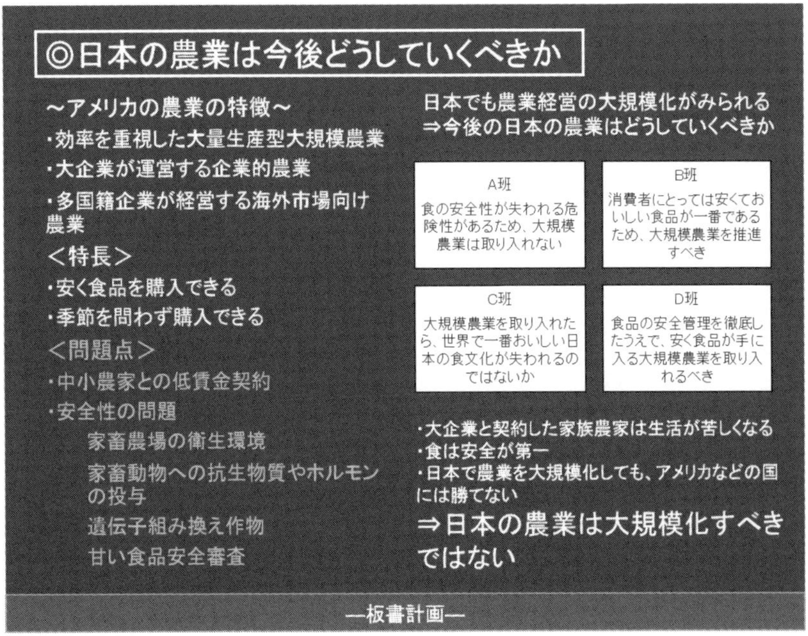

図 2-2-2　香川氏の地理的分野の授業プランの一部

（大坂ほか（2015）より抜粋、一部改変）

に自国の政策の是非を判断・主張できる資質の育成を目指した授業プランは、教員から提示された方法論を適用した授業構成となっていた。インタビューでは、香川氏は「モンゴルの方は、言いたい事を全部書いていて、柔軟性がなかった。アメリカの方は、焦点を当てたいところが決まっていたので、学習活動のためにサラッとやれるところはそうした内容を考えた。」と語っていた。

　筆者は香川氏と同様に、日本史に自信を持ちながらも歴史の授業プランづくりに苦戦し、反対に高校時代に地理を履修していないにも関わらず地理の授業プランづくりに成功した学生にインタビューを実施した。すると学生たちは、「歴史の学習はいろんな解釈があって、どれを教えるのか正解か分からない（ので無難な展開にせざるを得なかった）」とか「（歴史で想定していた展開は）教科書の太字を読むだけになっており、もし自分がこの授業を受けたらつま

らないだろうと感じ、変えようと思った」などと語った。なまじ知識や学習体験がある歴史の授業よりも、"こだわり"のない地理の授業のほうが柔軟な発想で授業づくりに取り組むことができていたのである。

⑶　教員養成への示唆

　教師志望学生は、高等学校までの被教育経験期に膨大な時間の"観察実習"を行い、それによって無意識に教職や授業に対するイメージを形成していくとされる (Lortie 1975)。特に中等社会科教師志望学生の場合、直前の高等学校時代の影響は大きく、受験勉強に注いだ努力や苦労にもポジティブな価値を見出す学生が多いのではないか。とりわけ、自分自身が「得意だった」「努力して学んだ」と自負している科目ほど、その授業イメージは強固になり、たとえ頭では理解していても、自身が学んできた授業とは別の授業のあり方を構想・実践することを困難にさせている可能性がある。それらの強固な授業イメージを解きほぐし、新しい授業理論や教育論の受容を促すには、「得意な」科目ではなく、むしろ当人にとって偏見やこだわりのない科目に焦点を当て、全く想像していなかった新しい社会科の可能性に気づかせるようなアプローチが有効なのではないだろうか。

4　仮説③：新しい教育のあり方を受容・模索する「構え」の基盤の有無は、学生の被教育経験期の経験に大きく左右される

⑴　仮説の基盤となる研究の概要

　筆者は、とある国立大学の教育学部に所属する教師志望学生および教員に協力を得て、1 年生から 4 年生までの学生がいつ・どのように教科観を形成・変容させていくのかを描き出すことを試みた (大坂 2016b, 2017)。そのために、教職課程前半期 (1 年次〜 2 年次) の学生 3 名と後半期 (3 年次〜 4 年次) の学生 3 名に対し、2 年間にわたる継続的なインタビュー調査を実施した。分析の際には、Marcia (1966) の「アイデンティティ・ステイタス」モデルを援用し、教科観の変容を迫る「危機」の経験の有無と、それに対する振る舞い (積極的関与)

を軸として、教科観の状態（ステイタス）を 4 つの位相で捉えることとした。

　分析の結果、継続的に大学で学んだ教育理論を受容し教科観を変容させていった学生は、いずれも被教育経験期に「自分の受けてきた社会科の授業は本当によい授業だったのか？」という、自己の教科観の省察を迫るような「危機」を経験していたことが示唆されたのである。

⑵　具体的事例

　教職課程前半期の学生の事例として C 氏を、後半期の学生の事例として D 氏を取り上げる。

　C 氏は、1 年次の調査では大学の教科の指導法科目等で触れた「よりよい主権者の育成」という社会科教育の目標に共感しつつも、自己が抱いてきた「他者に努力の程度を評価される際の指標とされる」という社会科の負の側面も肯定せざるを得ず、両者の間で葛藤する心境を語っていた。調査した前半期学生 3 名のうち、1 年生の段階で教科観に葛藤・変容が生じていたのは C 氏のみであった。理由を掘り下げていくと、C 氏は受験した大学の AO 入試制度が受験生の学んできたことや特別な経験・特技についての自己アピールを要求していたために、「（高校時代から）授業の中でもそういう（自己アピールに活用できる）面がないだろうかっていうのを探してたっていうのもあるかもしれない」というのである。ここから、C 氏が受験対策を通して、自身が受けてきた授業の意味や意義について高等学校時代から見つめ直す機会を得ていたことがうかがえた。

　D 氏は、3 年次から 4 年次にかけて、「社会諸科学の概念を活用して歴史的な事象を分析し、現代社会の諸課題を照らし出す」という、自身が支持する教科観（歴史教育観）を明確に説明できるようになった。D 氏によれば、このような教科観を明確に意識するようになったのは大学入学後であるが、その萌芽は高校時代にあったと振り返る。志望する大学への合格が決まり、恩師である日本史教師に感謝とお礼の報告に向かった際、「受験ばっかりの日本史だったから、やってて面白くなかっただろ」と謝罪されてしまう。D 氏はその出来事に衝撃を受け、「歴史の好きな先生が面白くなくならせるよう

な原因とか、そういう構造ってなんなのかな」と考えるようになったという。このように、好きだった恩師の授業を恩師自身から否定されるという経験が、大学入学する以前からの自身の教科観の模索につながっていることが示唆された。

⑶　教員養成への示唆

　教員養成担当者は誰しも、大学カリキュラムを通して教師志望学生に望ましい教育観や授業のあり方、教師としての振る舞い方を獲得・形成させようと試みる。その際、学生の被教育経験に基づいて形成されてきた素朴な教育のあり方と、受け取ってほしい新たな教育のあり方との間のギャップをどのように橋渡しするのかについて、多くの教員は悩んでいることだろう。社会科教育の担当教員であれば、その橋渡しの機会は通常1年次や2年次の教科の指導法科目で訪れることになる。しかし、新しい教育のあり方を受容・模索するための「構え」が学生に構築されていなければ、提示される教育のあり方は「机上の空論」などとして受け止めてもらえず、学生は自身の素朴で伝統的な教育観を強化し続けてしまうおそれがある。被教育経験期に「構え」を構築する機会を得た幸運な学生の数が限られているとするならば、社会科教育の担当教員は、教科の指導法科目以外の（より初期・早期の時点での）場面において、「構え」を構築する経験（＝危機）をカリキュラムの中に意図的に準備する必要があるのではないだろうか。

おわりに

　近年の地方自治体主催の「教師塾」などの台頭に見られるように、教員養成のあり方に大学の外側からプレッシャーをかけるような動きが顕著になっている。学校ベース、現場ベースの教員養成の台頭は、社会科教師志望学生に従来の教育観を省察・変革する新たな「危機」となりうる一方で、学生が被教育経験に基づいて形成してきた暗記主義・教養主義などの保守的な教育観を再生産する素地として機能する可能性も否定できない。大学の外側から

要求される教員養成への期待にこたえつつ、自主的自律的に教員養成を行っていくためにも、大学自らが学生の実態を見取り、必要な支援のあり方、カリキュラムの見直しを行っていく必要があるのではないだろうか。

　筆者の研究はあくまでも少数のケースを事例とした質的研究であり、本稿で論じた社会科教師志望学生の実態に関する仮説は文字通り仮説に過ぎない。今後、研究や実践の蓄積を通して、これらの成果が批判的に検証されることを期待するとともに、社会科教育全体を通して、実証的な研究の蓄積が増加し、教員養成が変わっていくことを期待したい。

注

1　「ディシプリン・ギャップ」についての研究は、川上（2018）に詳しい。

2　注意が必要なのは、本稿が掲載された『社会科教育論叢』51 の編纂趣旨の都合上、別途分析がなされた社会科の教育実習生に対する実証的な研究はこの 27 報から除外されている点である。当該の領域の研究の蓄積については、栗谷（2021）を参照して頂きたい。

3　大坂（2016a）と大坂（2016b）の 2 つの論文に登場する A 氏は、同一人物である。

文　献

栗谷好子（2021）：「教育実習の実践と研究」『社会科教育論叢』51、23-32。

大坂遊・渡邉巧・金鍾成・草原和博（2015）：「社会科教師志望学生の授業プランニング能力はいかにして学習されるのか―大学入学後の能力向上の要因と支援策―」『学習システム研究』1、30-46。

大坂遊（2016a）：「教職課程入門期における社会科教員志望学生の社会科観・授業構成力の形成過程とその特質―被教育体験と大学カリキュラムの関係に注目して―」『社会科研究』85、49-60。

大坂遊（2016b）：「大学生の社会科観・授業構成力の変容に差が生じる理由―同一の教員養成カリキュラムで学ぶ教職課程前半期の学生に着目して―」『広島大学大学院教育学研究科紀要 第二部 文化教育開発関連領域』65、53-62。

大坂遊（2017）：「教職課程後半期における教員志望学生の社会科観・授業構成力の形成過程―「洗い流し」はいつどのように起こるのか、あるいは回避されるのか―」『学習システム研究』5、81-102。

大坂遊（2021）：「教員養成カリキュラムで学ぶ社会科教師志望学生に関する研究の動向と特質」『社会科教育論叢』51、15-22。

川上具美 (2018)：『思考する歴史教育への挑戦―暗記型か、思考型か、揺れるアメリカ』九州大学出版会。

Lortie, D. C.（1975）*Schoolteacher: A sociological study, second edition*. University of Chicago Press.（ダン・ローティ・佐藤学監訳・織田泰幸・黒田有紀・佐藤仁・榎景子・西野倫世訳 (2021)『スクールティーチャー―教職の社会学的考察』学文社。）

Marcia, J. E.（1966）Development and validation of ego-identity status. *Journal of Personality & Social Psychology*, 3: 551-558.

Slekar, T. D.（1998）Epistemological entanglements: Preservice elementary school teachers' "apprenticeship of observation" and the teaching of history. *Theory & Research in Social Education*, 26（4）: 485-507.

大坂　遊（周南公立大学）

第3章　組織的に行う教師の育成
──総合的な探究の時間と社会科教育の接続を事例として──

はじめに

　教職員の年齢構成が歪になっている。ベテラン世代が大量に退職し、それを補うべく若手の大量採用も続いている。一方で、学校の中核を担う 30 〜 40 代のミドルリーダー世代は希少で、退職を目前に控える大量のベテラン、希少なミドル、大量の若手というようにワイングラス型の教員構成となっている学校が増えている。そのような状況下で、大量に採用した若手の育成は喫緊の課題であるが、ベテランと若手を繋ぐミドル層が薄く、OJT (on the job training) が機能していない。昨今の働き方改革の影響を受けて、各県の教育委員会も研修を精選する動きがあり、初任者には法定研修があるものの、学校外での学習機会も減少している。こうした若手を育てにくい環境の中で各学校現場はいかに若手を支え、育てていくかが問われている。本稿では筆者が以前勤務していた島根県立隠岐島前高等学校 (以下島前高校) を事例に、総合的な探究の時間 (以下総探) や社会科教育の新たな取り組みに適応していく教員をいかにして育成していったのか概観する。

　同校における総探や社会科教育は地域社会に数多ある課題に対応し続けながら、その地域社会を担う主体者を育成することを共通の目的とする。しかし、カリキュラムにおいて教科や科目ごとにセクショナリズムが働き、異なる教育観で各授業が運営されていくと、カリキュラムを通して達成したい資質・能力の育成はおぼつかない。同校において、それぞれの教科・科目の学びをいかに接続し、カリキュラムを担う教員の教育観をすり合わせていったかを示したい。

1　学校概要

　島前高校は本土から 60 キロ離れた日本海に浮かぶ隠岐郡島前地域に位置する。本土からはフェリーでおよそ 3 時間の距離である。島前高校は平成 20 年度から教育魅力化に着手し、地域連携型のキャリア教育を推進するなどして、子どもたちが行きたくなる学校、保護者が子どもに行かせたくなる学校、地域が大切にしたいと願う学校の実現を目指した。紆余曲折を経てカリキュラムを整備していき、現在は全国から入学生が集まる学校となっている。ただ、配属される教員のほとんどは島の出身者ではなく、自ら希望して赴任する教員も少ないために全教員のおよそ半数が経験年数の浅い講師である。また、教諭が配置されたとしても、生活の本拠地を本土に置いていることから 3 〜 4 年程度で異動してしまう。このように教員の流動性が極めて高い状況の学校である。

　魅力的なカリキュラム作りのためにまずは学校のヴィジョンづくりから始まった。OB・OG、保護者、地域住民、学校教職員、役場の職員など多様なステークホルダーが集まって実現したい学校の姿や育てたい力について議論し、生徒自身にも身に着けたい資質について聞き取りをしたうえで、「地域起業家精神」「多文化協働力」「社会人基礎力」などの育成を目指すことが決まった。これらの力を育むために総合的な探究の時間（以下総探）に地域課題解決型の探究学習が導入された。

2　総合的な探究の時間で実践する地域課題解決学習

(1)　地域課題解決学習の原理

　まず、地域課題解決学習で達成を目指す教育目標である。島前高校が掲げたヴィジョンは「魅力化構想」としてまとめられ、育てたい資質やその学び方が示された。「地域起業家精神」は地域の課題に当事者意識をもって取り組んでいく姿勢と位置づけた。「社会人基礎力」は社会で自立していくために必要な基礎力として主体性、課題発見解決力、柔軟性、ストレスコントロー

ル力、コミュニケーション能力などと位置付けた。最後に「多文化協働力」は自他の文化に敬意と関心を持ち、理解・共生・協働する態度と位置付けた。

　次に地域課題解決学習で取り組む内容と方法である。上述した資質・能力を育むために、総探では地域社会をフィールドとして、実際に地域に横たわる課題を解決する実践的な学びが採用された。実際に足を運べる範囲にある地域課題に関わり、解決に向けて取り組んだり、地域で課題に取り組んでいる人と協働することを通して、地域課題に対する当事者意識を育んでいくことが期待されたりしたからである。

　総探では地域課題に対する解決提案で終わるのではなく、小さくても良いから実践をすることを生徒に求めた。実際に課題の解決に向けて、地域課題の背景に横たわる問題を生み出している構造を明らかにし、問題に対する解決策を立案してチームで協働的に実現するプロセスの中で、社会人基礎力や多文化協働力に位置付けられる多様な資質・能力を育むことが出来ると考えたためである。

⑵　地域課題と生徒の接続

　島前地域は課題先進地域と言われており、医療問題、雇用問題、少子高齢化など、あらゆる課題を有している。そのため、生徒たちは足元に実在する本物の課題に直接取り組むことが出来る。地域に山積する多様な課題は貴重な教育資源なのである。

　伝統文化の継承問題に取り組んだチームのことを例に挙げる。そのチームは島内生3人、島外生1人で構成されたチームで、海士町内にあるA地区の祭りに関わる問題を解決したい課題として設定した。A地区は高齢化率が6割、空き家率が5割を超える地区で、神輿の担い手が足りないことから、祭りで神輿を台車の上に載せて引っ張るなどして祭りを維持しようとしていた。高校生チームはこの地域の祭りを活性化させるにはどうしたら良いのかと考え、他地域の祭りを調査した上で、若者が多く集まり活気ある祭りにするための提案をまとめ、A地区の区長さんのもとにプレゼンをしに行った。プレゼンに対する反応は芳しくなく、区長さんの怒りすらかってしまっ

た。生徒は勿論良かれと思って提案しているが、提案の内容は若者を呼び寄せるために花火をあげたり、屋台を出してはどうかという内容で、区長さん側からすると、伝統ある祭りを冒涜されたかのように感じられたのである。この後、チームについていた伴走者(コーディネーター)の支援もあり、生徒たちは取り組む課題を変えようとはせずに、壊れてしまった人間関係の修復に動き出し、再び区長さんから次回の祭りについて話し合う場への参加を認められた。初回は自分たちの思いなどを一方的に伝える場としてしまったが、2回目は、区長さんや地域住民の方々の話に耳を傾け、どのような思いで祭りをするのか、祭りは地域にとってどんなものなのか、など丁寧に聞き取った上で、A地区住民の願う祭りの在り方を実現するためにどのような協働体制が取れそうか、話し合いが進んだ。最終的に、生徒たちは太鼓や笛の演奏者や神輿の担ぎ手として祭りに参加することとなり、楽器の演奏のために何度もA地区に足を運んで練習をしていた。祭りが無事に執り行われ、生徒たちの課題解決の取り組みは終わった。

　しかし、話はここで終わらなかった。生徒たちは課題解決の授業が終わった翌年もA地区に足を運び、祭りに参画した。更に、自分たちの卒業後にA地区の祭りが元に戻ってしまうことを憂い、地域活動系の部活動とA地区を結び付け、A地区の祭りが持続可能となるように、自分たちに出来ることを考え、行動してから卒業した。

　生徒たちは地域の住民と関わり、協働する中で地域課題への当事者意識を高め、自分たちに何が出来るのかを考え行動するなど社会参画の意識が高まっている。また、地域の祭りについて成り立ちや歴史を調べたり、祭りに込められた住民の思いに関心を寄せるなど、「祭り」という社会事象に対する関心も高まっている。おそらく、地域の課題解決に取り組むまで、祭りとはそもそも何なのかなど考えたことも調べようとしたことも無かったと思われる。しかし、課題に取り組み、その課題が自分にとってリアリティのあるものになったことで「祭り」という学習対象に対する意欲も高まっているのである。

⑶　カリキュラムの理念と教員の教育観のズレ

　総探では生徒が地域課題解決に取り組む実践的な学びを想定してプログラム開発を行った。しかし、開発した授業が意図していた通りに動いていくかは別問題である。教員はカリキュラムのゲートキーパーとしての役割を持っており（スティーブン・J・ソーントン 2012）、カリキュラムの理念が体現され、目標が達成されるかどうかは、カリキュラムを運用する教員の教育観に依るところが大きい。総探の理念では、生徒が主体的に探究活動することで多様な人と協働する力や課題を発見・解決していく力の育成を目指していた。一方で、赴任してくる教員は自身の被教育経験や大規模進学校などでの勤務を通して培ってきた、「教員が教え導く」教育観を持っていることが多く、カリキュラムと教員の教育観がズレていたことが多々あった。また、上述したように、島前高校は教員の流動性が高い学校で、毎年 3 分の 1 が入れ替わる状況であったことから、誰が担当することになっても総探の理念を大切にしながら授業運営ができる仕組みを整える必要があった。

　2016 年度以降は地域課題解決学習を学年団全員で推進することになった。1 年生、2 年生の全教職員が関わることとなり、教員間で理念を共有してチームを形成する必要がこれまで以上に強くなった。しかし、複数の教員が総探で求められる伴走的な役割とはそもそもどのようなものか分からず困惑し、生徒主体の学びと聞いて、生徒に関わることが出来なくなり、生徒のチーム活動が停滞していても「放置」状態となっているケースも見られた。生徒が地域に出て活動した際に、地域住民から活動の手順やマナーなどのことで批判されることが時々あった。批判の連絡をされると、教員集団の中には生徒が自由に地域に出ていくことに違和感を覚え、「外出届」のようなものを作成して、チームで地域に行く際には複数教員による活動目的などの確認と許可を事前にとるべきであると主張するものもいた。生徒が積極的に地域に出ていくことは喜ばしいことである反面、ある程度の管理・統制も必要であるとする考えであった。

　指導をするべきなのか、支援をすべきなのかという葛藤や、生徒が自分たちで考え、判断して自由に行動することを尊重すべきか、それともある程度の管理と統制をすべきなのかという考えは、一方が正しく、もう一方が誤っ

た考えというわけではないため、矛盾する教育観の狭間に身を置くことで教
員の中にはわだかまりを抱える者もいた。

⑷　チームを形成し、教員を育成する対話の場

　上述のような課題を抱えていたため、島前高校では週に1コマ（50分）、総
探の打ち合わせを学年団全員でする時間を設け、時間割の中に埋め込んだ。
毎回の会議では、①生徒たちの状況共有、②次回の授業の目的と内容の決定、
③生徒の状況に応じた支援方法などについて話し合った。授業のたたき台は
シラバスをもとに学年の探究学習担当者が作成し、全員でそれについて議論
した。その中で、そもそも何のために次回の授業を実施するのかという目的
や、目的を達成するためにどのように支援すべきなのかを議論し、互いの認
識を擦り合わせていった。新しく赴任したばかりの「新人」は、年度当初は
周辺的な参画の仕方になるが、自分の考えを述べて採用されたり、授業にお
ける役割を担ったりする中で徐々に中核的な参画の仕方になっていった。毎
週の打ち合わせは、各教員に正統的周辺参加（ジーン・レーヴほか 1993）を促
していたと考えられる。

　毎週の打ち合わせは大きく3つの意義を持っていた。1つは教育観のすり
合わせによる教師の学びなおしである。互いの考えをテーブルに出し、支
援方法を考えていく中で「指導と支援はどう違うのか」「生徒主体と放置はど
う違うのか」「ファシリテーターとしてチームの活動を支援する適切なタイ
ミングや方法とは何か」などの問について学年団全員で考え、対話すること
で各自の教育観を揺さぶり、カリキュラムの理念を理解し受け入れていっ
た。打ち合わせの場で議論が終わらない時は昼食の時間や職員室での日常的
な対話の中でも互いの疑問点や気になっていることを共有し、確認していっ
た。互いの矛盾する教育観を共有しつつ、どちらか一方を排除するのではな
く、総探の目的に合致している考え方や支援方法を探っていった。

　2つ目は教師の「学びなおし」である。

　　　「授業がうまくいかない」とか言ってはいけないと思っていた。数学

科だったら数学科で社会とか関係なくどう教えるかとか話し合ってた
じゃないですか。だから、私も聞けばいいんだ！と思うようになった。
総探でも「ここは何のためにするのか」とかみんな突っ込んで聞いてた
じゃないですか。

と述べた教員もおり、その教員に島前高校に勤めた 3 年間で変化したことを
聞くと、

　　「何のためにするのか、など考えられるようになった。これをすると
　　どうなるのかとか。それが出来るようになった。（一般企業に勤めていた
　　時には）仕事の目的とか考えなかったですね。言われたことをするだけ
　　でした。」

と述べていた。打ち合わせのたびに授業の目的を確認することが継続する中
で、教育活動に対する疑問や迷いを口に出すことが出来るようになったり、
教育活動について目的を考えるようになったりしたと述べている。

　3 つ目は教育活動の持続可能性向上である。島前高校では毎年およそ 3 分
の 1 の教員が入れ替わった。このような状況では、1 人 2 人の教員とコミュ
ニケーションを密にとって理念を共有し、実践を重ねたとしても、キーパー
ソンに成長した教員が異動することで瓦解してしまう。しかし、対話の時間
を時間割に組み込み、学年団単位で巻き込む仕組みと、キャリア教育部が組
織的に関わる体制をしくことで、学校の教職員の 3 分の 2 が地域課題解決学
習に関わり、探究学習を支える教員が時間をかけて育つようになっていった。

3　地域課題解決学習と社会科の接続

(1)　課題の真正性

　上述した地域課題解決学習のように、行動して課題に取り組むことで対象
に対する学習意欲が喚起され、課題に対する学習が深まっていくというよう

に、行動と学びが往還することが PBL である。生徒たちは地域の課題に対する当事者意識の高まりや地域のニーズにこたえようという社会性の成長を促されていた。上述した地域の祭りの持続可能性に取り組んだチームのように、主体的に地域課題解決学習に取り組むことが出来たチームもあれば、そうでないチームもあった。両者の違いは何だったのか。地域課題解決学習が生徒にとって意欲的に取り組める課題であるかどうかは、生徒にとってリアリティのある課題であるかどうかに大きく依存する。キース・C・バートンら (2015) も指摘するように、「どこかの誰かが困っているらしい」という他人事の問題ではなく、実際にその問題が自分の周囲で起きており、自分の周囲の地域住民たちの間でも議論されているような課題であるときに、「自分に関わるリアリティのある課題」となるのである。

⑵　グローカルヒストリーの開発

　島前高校では、地域、社会、世界に主体的に関わろうという生徒たちを育てるために「グローカルヒストリー」という新科目を開発した[1]。グローカルヒストリーでは日本史と世界史を「異なる歴史」として学ぶのではなく、諸国や人々が交流し関わりあいながら現代社会が形成されてきていることへの理解が目指された。また、日本史や世界史を問わず、歴史事象と自分の周囲の地域社会の課題を紐づけて学ぶことで、時間的・空間的に距離のある歴史事象を生徒にとって身近なものにしようという工夫がなされた (詳しくは中村ら 2020)。

　グローカルヒストリーの実施にあたっては、生徒たちが社会課題に取り組む力を育むために 2 つのことを意識した。1 つは「社会的事象を時期、推移などに着目して捉え、類似や差異などを明確にしたり事象同士を因果関係などで関連付けたりして働かせる」(文部科学省 2018) ような見方・考え方を育むこと。2 つ目は他者と協働して主体的に問題解決にあたるような資質・能力を発揮できる授業設計にすることである。

　1 つ目の見方・考え方の育成は課題解決学習に取り組む多くの学校で求められていることである。島前高校の課題解決学習では、生徒の社会課題に対する主体的な関わりなどの成果を出す一方で課題も抱えていた。問題の背景

にある社会構造を分析し、適切な打ち手を考えるような論理的思考力の不足である。祭りの問題に取り組んだチームにしても、なぜ当該地区の高齢化率が他の地区に比べても高いのか、空き家率が高くなっているのかというその地域ならではの問題を生み出す構造を分析しなければ本質的な問題解決には至らず、表層的な実践で終わってしまう。そもそも総合的な探究とは各教科で習得した見方・考え方を総合的に駆使して学ぶものである。社会科で社会課題の背景や構造をとらえるような見方・考え方を育成することは課題解決学習の精度を高めるためにも必須である。

　2つ目はカリキュラムにおける整合性を持たせるためである。総探の地域課題解決学習では生徒が自ら課題を発見し、自分で考え判断して行動することを求められているのにも関わらず、教科学習では従来型の講義型の授業をして生徒に受動的な学び手になるように強要していたのでは、カリキュラム上で教育観の不一致が起こり、生徒が混乱してしまう。実はこのような現象は多くの学校で起きている。授業担当者や教科によって生徒に求める姿が異なっているために、生徒は教員に合わせて振舞うようになり、主体的な学習者になりづらくなってしまうのである。総探で生徒に問題解決を求めるのと同様に、グローカルヒストリーの授業でも問題解決型の授業設計にし、学校の教育目標で育てたいと考えている資質・能力をどちらの科目でも発揮できるようにしたのである。

　これら2つのことを意識して授業開発をしたため、毎回の授業では教員が課題を提示し、生徒たちが与えられた課題に協働的に取り組む設計とした（図2-3-1）。

ペリーが来航した目的は捕鯨で日本近海まで来た際に薪水の補給をするためや、中国進出を目指す際に途中寄港地とするためであった。何故クジラを乱獲し大量の灯油を手に入れる必要があったのか。次の資料1～3を見て説明せよ。

・資料1：教科書や資料集の記述

資料2：米英戦争前の工場

資料3：19世後半の工場

図2-3-1　グローカルヒストリー　ワークシート例

4. 社会科教員の育成

　グローカルヒストリーというこれまでに取り組んだことのない科目に
チームとして対応するために、毎週の教科会を活用して教材研究をチームで
行うこととした。年度最初の教科会では、グローカルヒストリーのシラバス
について、担当する教員3人で読み合わせを行い、教科の目的や授業計画の
確認をした。その上で毎週の教科会の進め方は以下のようにした。

　　①単元の目標確認

　　②生徒の状況共有

　　③問の開発、授業の構成相談

　　④次週までに各自で開発してくる教材などの確認

　まず、教科の冒頭で次に扱う単元では、修得すべき知識は何か、何を
学べばこの単元を学んだことになるのか、この単元を通して身に着けたい見
方・考え方や資質・能力は何か、という単元の目標を議論して確認した。そ
の際、「学習内容は現代社会とどう関わるか」「学習内容は生徒の生活や地域
社会の暮らしや課題といかに関わるか」を議論の視点とした。生徒の状況共
有では、協働的に開発した教材を授業で使用した際、生徒の取り組み状況が
どうであったのか、時間内に課題を達成できたのかなど互いのクラスでの実
践状況を報告しあって次の教材開発のヒントとした。

　問いの開発や授業構成の相談では、「修得すべき内容に到達できる問か」「生
徒の知的好奇心をくすぐる問か」「どのように学べば目標を達成できるのか」な
どの視点を共有しつつ議論を重ねた。グローカルヒストリーは日本史と世界史
を融合させて学ぶ科目であるため、日本史専門の教員と世界史専門の教員が互
いの強みを出し合う中で共通教材を開発した。例えば、「仏教でつながるアジア」
という単元では、仏教が誕生してからアジア各地に伝搬していくプロセスや日
本に伝来してから本地垂迹説が形成されて今日にどのような影響を与えている
のかを3人の教員で確認した。アジアに伝搬したプロセスと日本で広まったプ
ロセスの共通点や相違点などについては、世界史や日本史を別々に教えている

状況では、各教員とも意識したことがあまりないテーマであり、交易などによって繋がる中で、文化がどのように伝搬され、互いの国々の共通点と相違点を形成していったのかを教師自身も学びなおす機会となった。また、教材開発においては対話的な学びが触発されるように視覚資料も積極的に採用し、図 2-3-1 で示したように文字資料や視覚資料を併用しながら考えられるよう工夫した。

　最後に、教科会の終わりでは次回の教科会までの課題をそれぞれが確認して持ち帰った。教科会は毎週の時間割に組み込まれており、わずか 50 分しかない。目標の共有、生徒の状況共有、問いの開発などをしていると、とても時間内に収まらなかった。そのため、毎回最後は問づくりや授業構成を各自が宿題として持ち帰り、次週に各自が作ってきたものを検討して授業で使用する教材に落とし込んでいった。

　このように、毎週の教科会を教員育成のプラットフォームと位置づけ、対話的、探究的に授業設計の在り方を議論することで互いに学びあう場とした。では、対話的で探究的な教科会は各教員にとってどのような時間と受け止められており、どのような影響を与えたのか。筆者が島前高校から転任して 3 年後（2021 年度）に半構造的なインタビューを実施した。インタビュー対象者の S 先生はグローカルヒストリーを担当した当時、30 代後半で教員経験 13 年目、島前高校に赴任して 1 年目、T 先生は 30 代前半で教員経験 6 年目、島前高校に赴任して 3 年目であった。T 先生はグローカルヒストリーの構想を筆者とともに考えた当事者の 1 人であったが、S 先生はすでに作られた未経験の科目に参加する形であった。

　まず、「毎週のグローカルヒストリーの打ち合わせはあなたにとってどのような時間でしたか」という問いに対しては次のように回答された。

S 先生
　　問いを作るとか、生みの苦しみは相当あったと思う。でもそれも含めて今思えば、必要な時間だったと思う。けど、当時の感覚では、来た 1 年目は負担感が強かった。やらなければならない課題も多くあるし、負担感も強かった。公民などやらねばならないことがとても多い中で、負

担感が強かった。けどそれは来ていきなりそういう環境に置かれたから
だと思う。今同じことをしても自分の中ではそこまではない。

　（今思えば必要な時間だったと思うのはなぜですか？）これから歴史総合が
本格的に始まるときに、専門というものを超えて、みんなで授業を作っ
ていかないといけないから、みんなで本質を問うみたいなことを考えな
きゃいけない時間が特に新課程が始まる初年度、2 年目あたりは増えて
くるはず。

T 先生

　僕は楽しかったです。楽しいところもあったけど、もうちょっと時間
が欲しかった。でも総じて楽しかったです。

　（何が楽しかったですか？）日本史の教科書は読むけど、世界史の教科書
を読む機会はこれまでなかった。経験的に、教科の先生と対話すること
がこれまでなかったんですよね。話していると、同じことを考えている
のだと分かって良かった。仲間意識が芽生えたというのがあります。

　S 先生は歴史総合への準備として複数の教師が専門を超えて本質を問いあ
うような時間を経験出来たことに意義を感じているが、負担感が強かったこ
とも繰り返し述べている。これについては、赴任早々巻き込まれたことや離
島中山間地域の学校でよくあるように、1 人が世界史、日本史、現代社会な
ど複数科目を持たねばならない環境もあったようである。一方、構想段階か
ら関わっていた T 先生は教科会を前向きにとらえており、同じ教科を担当
している教員同士の対話がこれまでにない経験で同僚との繋がりを感じる機
会になったと述べている。高校の教科の専門性に基づくセクショナリズムは
かねてより指摘され続けているが、島前高校の教科会における対話的な教材
研究の時間が教員の個業化を防ぐ役割を果たしていたと言える。

　次に「打ち合わせの中で自分に起きた変化はありましたか？」という問い
に対しては以下のように回答された。

S先生

　今まで、授業は個人作業だと思っていた。ここにきて変わった。みんなで作ろうとか、他教科にも意見を求めるようになった。色んな人に意見を求めるようになった。

　（なぜ自分を開くようになったのですか？）自分の持っている知識は私が持っている歴史の知識。同じ歴史でも先生によって歴史の認識や捉えが異なる。相手が歴史に対してどう考えているのか、日々の打ち合わせの中で知りたいと思うようになった。

T先生

　自分の考えていることを人に聞いてもらうことが大事だと思うようになりました。僕は自分に自信がなくて、自分の内容理解が正しいのかどうか確認することが出来るようになりました。自分はこう繋がっていると思うとか、解釈とかを話して、確認して。で、説明したことに対して逆に質問されたのが良かった。「それどういうことですか？」とか。アウトプットすることで自分の教科理解も深まった。

　（なぜ自分を開けるようになったのですか？）自分の考えを伝えた時に、質問してもらうことで、説明しなおすことになり、自分の中で考え言語化することが出来ました。また、反応があることが嬉しかったですね。自分の自信になったと思います。否定される人ならそうならなかったかも。あとは、教科横断的な視点を持つようになった。地理の先生も混じって授業を作ればもっと面白かったと思う。

　S先生は授業準備は個人でするものだと思っていたと述べており、長年の教員経験で形成されてきた固定概念が変容し、周囲と対話的に授業づくりをするようになったことを述べている。そして、その理由として、歴史の授業担当者同士で歴史認識が異なることを自覚し、他者の持つ歴史観に興味を抱くようになったことを挙げている。

　T先生は自身の歴史に対する内容理解に不安を抱えており、自身の歴史理

解について問われて言語化することで自信を得たと述べている。そして自身の考えを述べ合うためには否定をしないような安心安全な場づくりの必要性を指摘している。

　このように両教員ともに毎週の教科会について意義を感じているが、毎週教材研究を一年間し続けることについて、負担感やストレスはなかったのか。「毎週の打ち合わせに対する負担感やストレスはあったか」を問うた。

S先生

　　かなりあった。でも言わなかった。自分が与えられた仕事に対して文句のようなことは言いたくなかったから。これは僕にとってポリシーみたいなもの。学校は進んでいるわけだから、そこで自分のワガママはいいたくない。やらねばならないことだから。どっちかって言うと、グローカルヒストリーに対する最大の負担感は生徒がグロヒスに対して理解してないこと。日本史と世界史をするんでしょという意識しかない。その認識のズレを埋めることの方がストレスだった。

　　打ち合わせのストレス・負担感より、授業が上手くいくかどうかの方がよほど大きい。会議そのものに対してはあまりない。ただ、答えがないことを考え続けることは苦しかった。問を考えるのは、生みの苦しみがあった。ただ、それも含めてやって良かった。良い問いを作ろうという意識をするようになった。グロヒスだけの影響かは分からないけど。

T先生

　　あの時って結構忙しい時期で、2年生はグロヒスだけど、3年生は世界史も日本史もあるみたいな時期で、3人とも20数コマ担当してましたよね。授業時数が多くてきつかったです。ただ、教科会は全く苦痛でなかったです。教科会で話し合ってたのって、明治時代以降についてとか、結構先のことまででしたよね。先に考えてたことを授業に反映させる方が、ギリギリになって考えるよりいいかなって思ってたんで。

　両先生とも、物理的な負担感については認めているものの、教科会が毎週実施されること自体にはストレスなどはなく、試行錯誤しながらグローカルヒストリーという新しい科目の授業をし続けることや、教員の持っている教科目的と生徒の認識のズレに対してストレスを抱いていたということだった。S先生は授業づくりにおいて良い問いを作ることを意識するようになったと述べており、指導感にも影響を与えている。

　T先生は負担感が少なかった理由の1つとして、次週の教材作成に追われるような教科会ではなく、かなり先の内容についてまで、先んじて検討する会であったことを述べている。ここで注目したいのはS先生のストレスの原因であった、教科目的と生徒の認識のズレである。ここにストレスを感じるということは、S先生の中では、グローカルヒストリーという科目の目的を日々意識しながら授業にあたっていたということである。赴任して早々に担当した科目であるにも関わらず、言われたとおりにこなすだけの授業にせず、何をどのように学び、そのことでどのような資質を育むのかを意識して授業に臨んでいたと考えられる。これは、毎回の教科会で単元の目的などを確認しながら教材研究をしていたことが影響しているのではないだろうか。

　インタビューの最後に、「現在はどのように教科指導力を高めようとしているのか」を聞いた。

　S先生

　　昔は知識を深めれば良いと思っていた。教科書以上に論文や本を読むなどして。自分自身の歴史のイメージを作ることだった。今は、それも必要だと思うけど、伝え方、どうすれば伝わるのか。話して伝えるのか、図に落とし込むのか、みんなで話し合うのかなど、引き出しを増やさないといけない。（それを深めるために今何をしていますか？）ICTを使っている。今年度入学生から1人1端末をもってるんですよ。

　T先生

　　正直、それが出来ていたのは島前高校だけですね。（次に赴任した）K

高ではベテランで柔軟な方がいて、テスト問題などは共通テストに寄せて大きく変えました。ただ、一緒に授業を作ることはなかったです。この3年間は本を読んだりしています。読んで学んだことを実践して振り返ることの繰り返し。今の教科会はよくある普通の教科会です、情報伝達みたいな。

　S先生は、かつては指導力を高める方法は論文や書籍を読んで、歴史の内容理解を深めることであったが、現在は授業方法の探究をしており、積極的にICTを使用するようになったとのことであった。一方のT先生は島前高校から移動後は、もとの教材研究のスタイルに戻り、書籍を読むなどして得たアイディアを授業実戦で試しているという。両先生の話から分かるのは、教員にとって指導力を高めるための方策は、書籍や論文を読むなどして歴史内容についての理解を深めることや、教授法に関する書籍を読んで、自分の授業実戦に取り入れることである。教材研究などは、いわば独学独創の営みである。一方で、グローカルヒストリーを運営するために当時島前高校が採用していた方法は共学共創といえるものであり、両教員にとっては、その当時のみ体験できた特別な学びであった。

おわりに

　筆者は現在教職大学院に勤めている。教育学部生と対話した際、「正直、今まで私たちが受けてきた教育を否定する先生には良い感情を持てません。私は今の学校が好きだから教育学部に来たんです」「(主体的、対話的で深い学びの実践とか) 教育実習で指導されてもその場だけでやり過ごします。次は気をつけますみたいな」と述べる学生たちと出会った。一方で、「先生、私たち浮いているんです。周りと価値観が合わないっていうか……。私は生徒中心の学びが大事だと思うんですけど、周りは自分が主役の授業がつくりたいみたいで、話が合わないというか。私は高校までの教育に疑問や違和感を持っていたから教育学部に来たんですけど」。と述べていた学生もいた。世間一

般ではベテラン世代が保守的で若手教員の新たな挑戦の芽を摘んでいるような指摘がなされているが、学生たちの中には非常に保守的で従来型の教育を守ろうというものも複数いる。大学教員からの指導を「その場だけやり過ごす」と述べているものもおり、教育学部で最新の教育理論などを学んでも学校現場にそれを届けられる教員に育っているかは別問題である。教員志望者や教員の教育観を揺さぶるような働きかけがなされるかどうかがカギになるのである。

　教員の意識変容を促すために重要な要素となるのは、授業の目的、内容、方法の繋がりに対する同僚同士の不断の対話であった。昨今の多忙を極める教育現場では、同僚同士でゆっくりと対話をしあうことは難しいかもしれない。だからこそ、時間割に埋め込まれた教科会を活用して対話の時間とすることは現実的かつ、効果的な手法と考えられる。対話をしようという意志ある個人に任せるのではなく、仕組み化することで、教員に新たな負担感を与えることなく、互いに学びあえる時間を生み出すことが出来るのである。

注
1　現在はカリキュラム改善の中でグローカルヒストリーという科目はなくなっている。

文　献
キース・C・バートン、リンダ・S・レヴスティク、渡部竜也・草原和博・田口紘子・田中伸訳（2015）:『コモングッドのための歴史教育』春風社。
ジーン・レーヴ、エティエンヌ・ウェンガー（1993）:『状況に埋め込まれた学習　正統的周辺参加』産業図書。
スティーブン・J・ソーントン、渡部竜也・山田秀和・田中伸訳（2012）:『教員のゲートキーピング』春風社。
中村怜詞・松尾奈美（2020）:「地域の現代的課題の探究との接続による歴史授業の改善：隠岐島前高等学校のグローカルヒストリー「島前地域に人が集まるのはなぜか」を中心に」『社会科研究』93、13-24。
文部科学省（2018）:『高等学校学習指導要領解説　地理歴史編』。

中村怜詞（島根大学教職大学院）

第4章　教科の変容と社会科教師教育
——教師の文化資本・社会関係資本に着目して——

はじめに——社会科の教科文化と教師のライフストーリー

　本稿の目的は、既存の社会科教師に関する研究を手がかりにしながら、文化資本・社会関係資本といった側面から現在の学生・教師の置かれている状況を明らかにし、社会科教師教育の方向性と実践例を提起することである。

　グッドソン (2001：27) は、「教師の成長、およびカリキュラムの進展を理解し、それをうまく結びつけるためにもっとも必要なことは、教師が重要だと考えていることをよく知るということである」と論じている。日本でも、教師へのインタビューや質問紙調査によって、教師の人生の物語、すなわち、ライフストーリーに着目し、力量形成を明らかにする研究が行われてきた。

　例えば、山﨑 (2016) は、三つの異なる世代の教師のライフコースを分析している。一つ目の世代は、1970年前後に教職についた「団塊の世代」に属する「学園紛争世代」である。この世代の特徴として、自主的教育研究会をはじめとする「手づくりによる学び」を展開し、生涯にわたる人間関係 (コンボイ) と教師としての信念を獲得していったことをあげている。しかし、「手づくりによる学び」は、地区教育研究会や学校共同研究活動の普及という制度化の過程で、生涯研修体系の枠外に追いやられ、本来有していた発達を支え促していく機能は形骸化・歪曲化していったと指摘している。

　二つ目の世代は、1990年頃に教職についた「共通一次試験世代」である。この世代の初任期は、子どもへの管理的体制や、いじめ、不登校が顕在化し、リアリティ・ショックの連続の中、「教室・授業」「学校・職場」「家庭・地域・社会」で、「つまずきからの学び」に取り組んできたと特徴づけている。

　三つ目は、教師教育の制度化が進む 2010 年代に教職についた「学校参加体験活動世代」である。この世代は、養成段階から実践的事柄を指導する授業や学校現場参加体験を行い、教職就任後も制度化された初任者指導教員の下で研修を受けている。この世代の課題として、山﨑 (2016：183) は、「自分なりの個性的な授業や教師像の構築までに向かい・繋がり・膨らんでいく〈制度化の外へ向かう学び〉を包容し援助していく」必要があると提起している。

　以上の山﨑 (2016) の論は、時代の推移とともに、養成段階及び就任後の教師の学ぶ環境が世代ごとに大きく変化したことを明らかにしている。このことは主に社会系教科を担当してきた教師にも当てはまる。「学園紛争世代」は、民間教育研究団体の活動や刊行物によって、社会科の授業実践を広く発信し、共有し、蓄積してきた。すなわち、この世代の「手づくりによる学び」は、教師の力量形成だけでなく、社会科の授業実践を誰もがアクセスできる公共のものとし、教科文化の形成を実現してきたと捉えることができる。

　しかし、教科文化を形成してきた民間教育研究団体の活動をはじめとする「手づくりによる学び」も、山﨑 (2016) の指摘するように、岐路に差し掛かっている。教員研修の「制度化」が進むとともに、教職が多忙化し、「手づくりによる学び」に参加することが困難になってきている。さらに、教員の世代構成も影響している。文部科学省が 2019 年度に実施した学校教員統計調査では、社会科の一種免許状を取得している中学校教員の世代別構成は、20 代は 16％、30 代は 25％、40 代は 20％、50 代は 32％、60 代は 7％であり、50 代に次いで 30 代が多くなっている。この背景には、50 代・60 代の教員が学卒時に大量に採用された一方で、少子化が加速し、現在の 40 代の学卒時に採用数が減少していたことがある。「手づくりによる学び」を支えてきた 50 代・60 代から 20 代・30 代へと世代交代が行われる中で、「手づくりによる学び」をどのように継承していくのかといった課題が浮上しているといえる。

　以上のように、教師の力量形成の問題は、一個人の成長という問題に還元されずに、どのように教科教育、さらには教科を取り巻く教科文化を発展させていくのか、という大きな課題とも直結しているのである。山﨑 (2016) は、

教育改革や学校文化の変容の視点から主に論じており、特定の教科を念頭に置いて分析している訳ではない。そのため、本稿では、教育課程の変容との関連も踏まえながら、社会科教師教育の課題と展望を検討する。

1　分析の視点としての教師の文化資本・社会関係資本

　本稿では、分析の視点として、教師の文化資本・社会関係資本に着目する。『社会学小辞典』では文化資本を「個人または集団がそれぞれの社会的活動の場（学校教育、職業生活、社交、文化・芸術活動等々）において有する文化的有利さの大小をさす。家族その他の社会的環境のもとで伝達される文化的財・知識・言語能力、その他種々のハビトゥス等によって構成される」（濱嶋他編1997：547）と説明している。ブルデュー（1986a：20）は文化資本の三様態（身体化された様態、客体化された様態、制度化された様態）を次のように論じている。

　　ひとつは、身体化された様態において。すなわち、持続的に身体を使うことによって蓄積される形式。ついで文化財という形式のもとに、客体化された様態で。たとえば絵画、書物、辞典、道具、機械などであるが、それらは、もろもろの理論や、そうした理論への批判、問題意識などの、形跡ないしは現実化にほかならない。そして第三に、制度化された様態において。それは、第二のものとは別途に考えるべき客体化の形式である。なぜなら、学歴資格の例をとってみればわかるように、この形式のもとに保証されているとみなされる文化資本は、まったく独自の特性を付与されているからである。

　また、社会資本（社会関係資本）を、ブルデュー（1986b：31）は、「相互認識（知りあい）と相互承認（認めあい）とからなる、多少なりとも制度化されたもろもろの持続的な関係ネットワークを所有していることと密接にむすびついている、現実的ないしは潜在的資力の総体である」と説明している。
　ブルデュー（1990）の代表作の書名にもなっている「ディスタンクシオン」

とは、他者と自己を区別すること、さらには、自己の卓越化を意味する言葉である。文化資本や社会関係資本の差異が、社会空間に個人を位置づけ、他者と自己を区別し、ある個人を卓越化させる。本稿では、ブルデュー（1990）が明らかにしたような、文化資本、社会関係資本が相続され、家庭教育や学校教育で文化的慣習行動を形成し、階級構造を再生産するようなメカニズムを読み解く訳では決してない。そのため、本稿での文化資本、社会関係資本の取り上げ方は、必ずしもブルデューの意に沿ったものではないかもしれない。しかし、文化資本や社会関係資本を視点にすることは、「ある人物を社会科教師としているものは何か」、「ある教師を他の教師よりも優れた社会科教師として卓越化させているものは何か」を考えることにつながるだろう。

　教員文化を三つの文化資本及び社会関係資本から捉えると、身体化された文化資本は教員のエートスや習慣、客体化された文化資本は教員の所有・使用する物品、制度化された文化資本は教育職員免許状や学歴、社会関係資本は同僚性をはじめとした人間関係、に着目することになる。これらの視点は、社会科教師の置かれている教員文化の変化を捉え、社会科教師を志望する学生や教師の置かれている現状を明らかにすることにつながると考えられる。

　そこで次節以降では、身体化された文化資本（2 節）、客体化された文化資本（3 節）、制度化された文化資本（4 節）、社会関係資本（5 節）を視点にして、現在の学生・教師の置かれている状況を明らかにし、社会科教師教育の方向性と実践例を提起する。各節では、既存の社会科教師に関する調査結果も参照しながら、近年の教育政策や教育課程の改訂が与えた影響と直面している危機について言及する。その上で、筆者自身が国立大学の教員養成学部で実践している事例も適宜取り上げ、考えられる方向性を提起する。

2　教育課程の改訂に教師教育は追いつくか──身体化された文化資本の視点

　身体化された文化資本の視点では、知識や技能をはじめ、教師が時間をかけて身につけてきたものに着目することになる。身体化された文化資本には、ハビトゥスがある。ハビトゥスとは、「もともと態度、習慣などと近い意味

をもっているラテン語で、社会化過程のなかで習得され、身に着いた一定の
ものの見方・感じ方・振舞い方などを持続的に生み出していく性向」（濱嶋他
編 1997：505）のことである。ハビトゥスは、エートス（倫理的性向）や趣味（美
的性向）、身体的ヘクシス（身体的性向）、言語的ヘクシス（言語的性向）を組織し、
慣習行動を方向づけるものと捉えられる（石井 1993：133）。例えば、教師の信
念と教育行為での表出を探究した黒羽（1999）や、教育の抱える問題の背後に
ある教員のからだとことばを考察した竹内（1999）は、エートスや、身体的・
言語的ヘクシスから教員のハビトゥスに迫ったものであるといえるだろう。

　社会科に関する研究では、教科観に着目した研究がエートスの一端を明ら
かにしてきた。例えば、中学校社会科教師のライフストーリーを分析した岡
島（2018）は、教科の研究に本格的にかかわった経験のある教師の教科観には、
社会科の固有性に重点をおく「将来なってほしい市民像」の視点があるのに、
こうした経験のない教師にはみられなかったことを明らかにしている。

　また、ハビトゥスのように無自覚化しているわけではないが、教師が何か
しらの実践習慣を身につけている場合もある。例えば、有田（2015）は、「逆
思考の訓練をせよ」（固定観念を捨てるために逆のことを考える）、「常に複数の
テーマを追究せよ」「現地主義をつらぬけ」「本や新聞の読み方を工夫せよ」「一
人の子どもを思い浮かべよ」「見る目とセンスをみがけ」「すべてのものを「師」
にせよ」といった、自ら身体化してきた習慣を紹介している。

　筆者は、現在、科学研究費（課題番号 18K13155）の助成を受けて社会的な課
題を教材化してきた教師の授業実践に関するライフストーリーを分析してい
る。社会的な課題を教材化してきた複数の教師の事例では、社会あるいは児
童生徒に対して実現したい願いをもつとともに、社会問題を教材化する上で
各自が固有の実践知を形成していた。原子力発電所の問題を扱ったある教師
は、中心部・周辺部の不公正という視点を転移させて米軍基地の問題を取り
上げていた。別の教師は、死刑問題や労働問題など取り上げる問題は多様で
あるが、当事者と関わりの深い人と生徒が対話する場面を設けて授業を実践
していた。このように社会問題を選定する見方や社会問題と生徒との出会わ
せ方の知を転移させ、様々な社会問題を取り上げ、実践を発展させていた。

　以上の例からも明らかなように、社会科授業を実践する上で、公民的資質の捉え方も含めて社会科を教える意義についてのエートスや、実践習慣、社会の捉え方、授業化する実践知を身につけることは重要であると考えられる。

　社会系教科の教育課程の改訂に着目すると、2017・18年に告示された学習指導要領では、社会的な見方・考え方を働かせながら資質・能力を育成する内容へと変化した。こうした改訂の動向は、社会の課題を探究し社会を構想する授業につながるものであり、社会系教科の授業のあり方を大きく変える可能性がある。実際に中学校学習指導要領「社会」本文中の語句の出現回数を2008年改訂版と2017年改訂版で比べると、「理解」は64から76、「考察（考える）」は19から69、「表現」は7から59、「解決」は4から42へと変化している。このことから、社会系教科が、コンテンツの理解だけでなく、コンピテンシーの育成も重視した教科へと変化しつつあることがうかがえる。

　こうした変化の一方で、改訂の成否を左右するような根本的な問題として、社会的な見方・考え方を働かせる授業を実践できる教師の養成をどのように実現するのかという問題が不問にふされてきたことがあげられる。カリキュラムのゲートキーパー（主体的な調節者）である教師の重要性を説くソーントン(2012：36)は、「教師のゲートキーピングとの歩調が合わないとき、実際的なカリキュラムの変革は起こらない」ことを指摘している。教育行政の提起する「意図されたカリキュラム」を、教室で「実施されたカリキュラム」、さらには児童生徒によって「達成されたカリキュラム」へとつなげていく必要がある。そのためにも、まずは教師自身が、より自覚的に、日常生活の中で社会的な見方・考え方を働かせながら社会を捉えて、教材化していく実践習慣を形成することが大切になるのではないだろうか。

　こうした問題意識から筆者は担当する「社会科教育法（公民）」で、「現代社会の見方・考え方」や「人間と社会の在り方についての見方・考え方」を働かせながら、新聞のニュースを自由に読み解き、授業で活用できないかを考えさせる実践を行った(村井2019)。学習指導要領上の社会的な見方・考え方の理解に留まらず、社会的な見方・考え方を日常生活の中で働かせながら教材を考えていけるような実践習慣を形成していくことを目指している。

また、エートスという点では、公民的資質とは何か、社会科の授業を通して何を実現していきたいのか、について、目の前にいる児童生徒の実態を踏まえながら、教師自身が自分の言葉をもつことが重要になる。ソーントン（2012：68）は、「教育のねらいについて議論すること（aim talk）が教室の教師を含めて、あらゆるレベルの全ての教育者にとって必要不可欠である」ことを指摘し、「三つのレベルの教育目標の連携（教育のねらい―教科課程の目標―単元や授業の目標）」の重要性に言及している。希望学を提唱した玄田（2010：48）は、「社会的な希望（social hope）とは、他の誰か（others）と、希望を共有しようとすること。他者と共有する何かを一緒に行動して実現しようとすること」と論じている。児童生徒が社会に対する希望や社会的有効性感覚を形成できるようにするためにも、教育のねらいを意識し、公民的資質を育成する社会科の授業において、児童生徒と何を実現したいのかについて、教師自身が問い続け、自分の考えをもつことが大切になるだろう。

3 ICT時代に専門職としての教師は必要か──客体化された文化資本の視点

客体化された文化資本という視点では、社会科教師の所有・使用する物に着目することになる。有田（2014：12-13）では、写真と共に有田の使用していた仕事道具を紹介している。例えば、メジャーは、「気になるものを見つけたら長さを測るため、メジャーを持ち歩くのは学級担任時代からの習慣。朝顔のつるなど、たくさんのものを測る姿を子どもたちに見せてきた」、また、方位磁石は、「外で興味深いものを見つけたら、方位磁石で方位を確認する。洗濯物をどの方角に向けて干すのかを調べに、シンガポールまで行ったことがあるそうだ」との説明が記されている。このように使用する道具は、社会科教師として卓越した授業実践を創造することにつながることがある。

授業をつくる際に社会科教師が使用しているメディアについては、「東京都小学校教員の授業に関する調査研究」（研究代表：坂井俊樹）がその一端を明らかにしている。この調査では、小学校の教員に社会科の授業に対する準備として普段行っていることを尋ねている。「いつも行っている」「しばしば

行っている」「時々行っている」の回答を肯定群として捉えると（括弧内は「い
つも行っている」）、「新聞・雑誌の切り抜き」は 54.4 ％（3.2％）、「テレビ番組の
録画」は 44.6 ％（3.2％）、「新書を読む」は 62.7 ％（8.1％）、「社会諸科学の専門
図書を読む」は 40.4 ％（4.6％）、「心理・教育の専門図書を読む」は 32.1 ％（4.1％）、
「教育専門雑誌を読む」は 53.4 ％（6.9％）であるのに対し、「指導書を読む」は
92.8 ％（38.7％）となっている。このように授業づくりでは、指導書が重視さ
れている。

　近年の学校教育の動向を考慮すると、教師の使用する客体化された文化資
本として、ICT 機器の重要性が増している。実際に、2021 年に、教育職員
免許法施行規則の見直しにより、各教科の指導法が「各教科の指導法（情報通
信技術の活用を含む。）」になり、必修科目として「情報通信技術を活用した教
育の理論及び方法」が設置されることになった。電子教科書や児童生徒用の
タブレットが、授業そのもののあり方へも影響を与えつつある。

　こうした指導書が優位な状況や ICT 機器の無批判な導入は、専門職と
しての教師の必要性が問われている危機であるとみることができる。佐藤
（1996：144）は、「反省的実践家」としての教師文化が求められる背景として、
「授業の効率性を高める科学的な技術や理論の浸透が、皮肉なことに、教師
たちの職人的な技法（craft）や実践的な見識や文化・学問的な感化力を「無能
化」する」という、ティーチャー・プルーフ・カリキュラム（耐教師性のある
教材）の問題に言及している。具体的にはアップルの論を参照しながら、「教
育技術のレパートリーとして「耐教師性（teacher proof＝ どんな教師にも有効であ
ること）」を保証された教材が、学校現場に普及すればするほど、教育内容は
ファーストフードのように安直な内容となり、授業の技術は「レシピ（料理マ
ニュアル）」へと転落して、教師が「無能化」される作用を持つ」（p.144）と指摘
している。指導書のみに依存したり、ICT 機器で学習者が各自で個別に学習
を進める授業を前提にしたりすると、教師が「無能化」してしまうだけでなく、
専門職としての教師は不要とみなされてしまう危険性がある。

　客体化された文化資本に着目すると、何を用いて授業をつくり、実践を
するのかという点と共に、道具の使い方も重要になる。ICT 機器については、

授業で活用できるようにするだけでなく、社会科固有の使用方法を確立して
いく必要がある。例えば、Todd S. Hawley (2017) は、社会科教師を養成する
米国の大学授業で、「民主主義を記録する (Documenting Democracy)」という短
編映像を作成する授業を実践している。この授業では、文献を通して民主主
義の定義や社会科教育の目的を考えた上で、インタビューなどを行いながら、
グループで10分前後の映像を作成している。筆者も、大学の演習の授業で、
学生が映像を作成し、「憲法動画コンテスト」や「SDGs クリエイティブアワー
ド」へ応募する実践を行ったことがある。社会科では、固有の ICT 機器の活
用方法として、メディアをつくり、民主的な社会や持続可能な社会の実現に
むけて情報を発信できるようにしていくことが重要になると考えられる。

4 大学で教員養成を担う必然性は何か──制度化された文化資本の視点

制度化された文化資本という視点では、社会科教師の免許状や取得学位に
着目することになる。例えば、公民科教師のライフストーリーをインタビュー
調査した村井 (2014) は、高等学校社会科の免許状が地理歴史科と公民科に分
化した事象が教科アイデンティティの形成に影響を与えていることや、教科
観の形成に出身学部が関係していることを明らかにしている。このように制
度化された文化資本は、教科観やアイデンティティの確立とも関連する。

制度化された文化資本の変化に着目すると、世代間で大きな相違となる一
つの転機として、1998年の教育職員免許法施行規則の改訂をあげることが
できる。この改訂により、中学校、高等学校の免許状を取得する際に必要に
なる教科専門科目の修得単位数が40単位から20単位へと半減した。その一
方で、教職に関する科目は増加した。このことは、同じ免許状を取得してい
ても、世代によってその内実が異なることを示している。教科専門をはじめ
とする教育学以外の諸学問領域が軽視される傾向は、教職大学院化の動きに
も通じる点である。日本の戦後教員養成は、「大学における教員養成」と「免
許状授与の開放制」という制度原理のもとで「免許状主義」という理念を具体
化してきた。しかしながら、特別免許状を是認し教科専門を軽視する近年の

動向は、高等教育機関である大学が教員養成を担う必然性が問われている危機であり、諸学問の必要性が問われている社会的な危機とみることができる。

　こうした制度化された文化資本の変化は、二つの問題を提起している。一つは教職の専門職性にもかかわる原理的な問題である。教育職員免許法の草案作成に関与した玖村（1949：22）は，「現職教育の尊重」について述べる上で次のように論じている。

> 　教えんがために学問する、いわゆる教材研究的勉学は、ともすれば教育職員をひくいせまい実用主義者にし、その学問の態度に純ならざるものを蔵する。大学の課程は教材研究的な性質のものではなく、常に自らを人間として高め、専門家として深く学芸の中につきこんで行こうとする。このような態度そのものが人間としての教育職員の生命を更新し、またその学び得た学芸の内容がいつもより高く広い見地から自分の教えている教科を見させ、教科内容をゆたかにさせる。

　「実践的指導力」が重視される中で、教員養成や現職教育が実用主義に陥っていることが危惧される。「いつもより高く広い見地から自分の教えている教科を見させ」るとは、根拠をもちながら自己の教育行為を省察することと捉えられる。秋田（1996：459-460）は、バン・マネンの省察の三分類、すなわち、目的達成の手段としての効率・有効性に関わる「技術的省察」、目標も検証される「実践的省察」、自分のおかれている文脈やすでに当然とされている実践に対する社会的な制約やそのイデオロギーに気づく「批判的省察」（熟考）を取り上げ、特に「批判的省察」の重要性を論じている。その上で、「教師教育においては、教師の働く文脈に関する批判的な態度と教材のもつ学問的拡がりの理解を大学において身につけたうえで、現実の授業の課題に向かうべきだ」（p.461）と論じている。

　もう一つの問題は、社会的に要請されているカリキュラムとの矛盾である。白井（2020：112）は、OECD の Education2030 プロジェクトにおいて、エピステミックな知識、すなわち、「各学問分野の専門的知見を有する実践家

が、どのように仕事をしたり、思考したりするのかということについての理解」が重視されていると述べている。その上で、エピステミックな知識の意義を、「生徒が、学習した知識を実生活上の課題と結びつけて考えられるようになることであり、「真正の学び(authentic learning)」を作り出す」(pp.113-114)と論じている。「真正の学び」を実現する上で学問的な知は重要になる。

　教職課程の制度や学問領域に対して大学の一教員としてできることは限られている。その中でも、大学で修得した学問知や、批判的省察の重要性を学生と共有する必要がある。筆者は、3年生の演習の授業で、教育実習の前後に哲学対話を実践する機会を設けている。実習前には実習中に着目したいこと、実習後には実習を通して疑問に感じたことやこれから意識していきたいことなどについて、自由に問いを立てて議論している。筆者も参加し議論に加わり、大学で学習したことの意義を学生に問いかけている。「学び続ける教員」が重視されるが、学び続ける前提として、問い続けることが大切になる。批判的な視点ももちつつ、問い続け、誰かと共に考え続ける実践的な習慣を形成することが、自律的な専門家になる上で大切なのではないだろうか。

5　どうすれば人とのつながりを形成できるのか——社会関係資本の視点

　社会関係資本という視点では、社会科教師の人とのつながりに着目することになる。これまでの社会科教師のライフストーリーに関する研究では、同僚性の重要性が指摘されてきた。久保田(2007)の事例では初任期の同僚との出会いが、高橋・坂井(2019)の研究した事例では同僚の指摘が、転機となるような影響を及ぼしていた。また、五十嵐(2011)は同僚性のなかでも、自発的な協同関係のある教師(協同遂行的同僚性)が「意味ある他者」になることを明らかにしている。300名へのアンケート結果を分析した渡部・川﨑(2013：58)は、「研究教科を社会科とする教師や在学時に社会科を専門とした教師は、社会科授業の実態に、急速に、そして多様な側面での変化がみられる傾向があるが、研究教科を社会科としない教師や在学時に社会科を専門としない教

師の社会科授業の実態の変化は、基礎的な側面に限定されて、その歩みも穏やかなものとなる傾向がある」との仮説を提起し、こうした差は校外での交流によって獲得できる情報の差に起因すると推察している。以上のように、学内での同僚性や社会科教師のコミュニティへのつながりは、社会科教師としての力量形成の点で重要になると考えられる。

　近年の教育課程の動向を考慮すると、「社会に開かれた教育課程」が重視される中で、社会科教師が教員以外の人や専門家とつながりをもつことが重要になっている。新科目「公共」の成立に関してインタビューした村井他(2021)は、研修時に企業の人の話を聞きたいと語った事例をはじめ、複数の教師が実社会や専門家とのつながりを重視していることを明らかにしている。

　つながりを形成する際には、バルネラビリティが重要になると考えられる。金子(1992)は、ボランティアという関係性の形成を情報社会と結び付けて捉えるなかで、「傷つきやすい」状態を意味する「バルネラブル」という概念に着目している。金子(1992)は、「バルネラブルであることは、弱さ、攻撃されやすさ、傷つきやすさであるとともに、相手から力をもらうための「窓」を開けるための秘密の鍵でもある」(p.125)と述べ、ボランティアは「自分自身ですすんでとった行動の結果として自分自身が苦しい立場に立たされる」(p.105)が、それにより人とのつながりができると論じている。このことは、鷲田(2015：144)が、「ホスピタリティ（歓待）」が「傷つきやすさ（ヴァルネラビリティ）」とむすびつくと論じていることにも通じる。自分自身を弱い立場に置くというバルネラビリティは、結論の決まっているような教師による一方的な講義とは異なり、どのように展開するか分からないような児童生徒と共に探究する授業を創り上げる際にも大切になるだろう。

　教職を志望する学生が人とのつながりを形成できるように、筆者は教育学部で担当する「社会学特論」で、社会的な課題の解決に取り組むNPOで活動する人や様々な職業に従事する人へ、学生がインタビュー調査を実施する授業を行ってきた。学生の中には、面識のない人へアポイントメントを取ることに最初は躊躇う者もいる。しかし、調査の手続きと共にバルネラビリティの重要性を説明することで、多くの学生は、実際に様々な人へインタビュー

を行い、人とのつながりの中から様々な知見を得ることができるようになる。こうしたバルネラブルな状態に身を置きながら様々な人とつながることのできるような機会を、教員養成課程で経験することが重要になっていると考えられる。

　また、山﨑(2016)の指摘する制度化の外へ向かう学びや、社会科を専門とする教師同士の協同関係を構築していくことを視野に入れると、社会科関係の学会や研究会への参加を促していくことも重要になる。特に大学院においては、社会科教育に関連する学会を紹介していくことが重要であると考えられる。草原(2015)は、「私＝専門職としての自己修養・成長」のための「研修論文」とは違い、「他者＝専門職共同体への貢献」である「研究論文」では「実証性」「新規性」「論理性」「批判可能性」「目標志向性」「実践的有用性」が求められることを唱えている。教科文化の基盤となる社会科教育の知を進展させるには、自己に閉じた研修としての学びだけでなく、既存の知を乗り越え、新しい知を提案していく研究としての学びが必要になるだろう。

おわりに──専門家としての自律性の確立から教科教育の発展へ向けて

　以上のように本稿では、文化資本・社会関係資本を視点にしながら、学生・教師の置かれている状況を明らかにし、社会科教師教育の方向性と実践例を提起してきた。本稿で言及したように、大きな文脈としては、専門職としての教師の必要性が問われている危機、大学が教員養成を担う必然性が問われている危機が生じており、現行の教員養成も教育課程の改訂や社会的に要請されているカリキュラムとの間で齟齬のみられる課題が生じている。

　教育改革や教育課程の改訂の度に、教師へ様々な要求や期待をする言説が溢れている。OECDのEducation2030プロジェクトでは、変わりゆく社会にどう対応していくかという受動的な姿勢ではなく、どのような社会を作り上げていくかという能動的な姿勢が重視されており、エージェンシー（行為主体）を育むことが重要になっている。しかしながら、冒頭の山﨑(2016)の提起していた「制度化内の学び」に象徴される現在の教員養成・研修の体制は、

教育を変革するエージェンシーとして教師を位置付けられているのだろうか。こうした教育の文脈そのものに対して時には批判的に疑問を投げかけながら、実現したいと願う新しい社会科の授業を発信していくこと。さらには、そうした授業に向けて、自分自身で必要となる力量を問い、考え、学び続けていくこと。これらのことが、民主的な社会において、教職のプロフェッショナル・オートノミー（専門家としての自律性）を確立し、教師が力量を形成し、教科教育や教科文化を発展させていく上で重要になるのではないだろうか。

文　献

アイヴァー・F. グッドソン、藤井泰・山田浩之・本多みどり・白松賢訳 (2001)：『教師のライフヒストリー』晃洋書房。

秋田喜代美 (1996)：「教師教育における「省察」概念の展開」森田尚人・藤田英典・黒崎勲・片桐芳雄・佐藤学編『教育と市場』世織書房、451-467。

有田和正 (2014)：『人を育てる』小学館。

有田和正 (2015)：『名著復刻　教材発掘の基礎技術』明治図書。

石井洋二郎 (1993)：『差異と欲望』藤原書店。

五十嵐誓 (2011)：『社会科教師の職能発達に関する研究』学事出版。

岡島春恵 (2018)：「中学校社会科教師の教科観の形成に関する事例研究」『社会科研究』88、13-24。

金子郁容 (1992)：『ボランティア―もうひとつの情報社会』岩波書店。

草原和博 (2015)：「社会科教育学研究論文の作り方・書き方」草原和博・溝口和宏・桑原敏典編『社会科教育学研究法ハンドブック』明治図書、13-45。

久保田貢 (2007)：「『机化』する子どもたちを起こす社会科教育の特質と教師の発達についての研究」『社会科教育研究』102、25-35。

玖村敏雄 (1949)：『教育職員免許法同法施行規則解説 (法律篇)』学芸図書。

黒羽正見 (1999)：「教育行為に表出する教師の信念に関する事例的考察」『日本教師教育学会年報』8、89-97。

玄田有史 (2010)：『希望のつくり方』岩波書店。

坂井俊樹 (2010)：『東京都小学校教員の授業に関する調査研究』(報告書)。

佐藤学 (1996)：『教育方法学』岩波書店.

白井俊 (2020)：『OECD　Education2030 プロジェクトが描く教育の未来』ミネルヴァ書房。

スティーブン・J・ソーントン、渡部竜也・山田秀和・田中伸・堀田諭訳 (2012)：『教師のゲートキーピング』春風社。

高橋純一・坂井誠亮 (2019)：「子どもを中心に据えた授業研究を通した教師の力

　　　　量形成過程に関する研究」『社会科教育研究』138、27-38。

竹内敏晴 (1999)：『教師のためのからだとことば考』筑摩書房。

濱嶋朗・竹内郁郎・石川晃弘編 (1997)：『社会学小辞典［新版］』有斐閣。

ピエール・ブルデュー、福井憲彦訳 (1986a)：「文化資本の三つの姿」『アクト actes』1、
　　　　18-28。

ピエール・ブルデュー、福井憲彦訳 (1986b)：「「社会資本」とは何か」『アクト actes』1、
　　　　30-36。

ピエール・ブルデュー、石井洋二郎訳 (1990)：『ディスタンクシオンＩ』藤原書店。

村井大介 (2014)：「カリキュラム史上の出来事を教師は如何に捉えているか」『教
　　　　育社会学研究』95、67-87。

村井大介 (2019)：「社会的な見方・考え方を身につける教員養成の授業実践」『静
　　　　岡大学教育学部研究報告 (教科教育学篇)』51、47-66。

村井大介・磯山恭子・田中一裕・北風公基・品川勝俊・胤森裕暢・太田正行・堀
　　　　田諭・岩井省一・桑原敏典 (2021)：「高等学校公民科「公共」を教師はどの
　　　　ように捉えているか」『静岡大学教育実践総合センター紀要』31、107-116。

山﨑準二 (2016)：「教師教育の多元化システムの構築」佐藤学、秋田喜代美、志
　　　　水宏吉、小玉重夫、北村友人編『学びの専門家としての教師』岩波書店、
　　　　165-195。

鷲田清一 (2015)：『「聴く」ことの力』筑摩書房。

渡部竜也・川﨑誠司 (2013)：「教師の年齢・経験年数が社会科授業の実態や意識
　　　　に与える影響について」『学藝社会』29、45-63。

Todd S. Hawley (2017) Documenting Democracy. *Teaching Social Studies*, Information Age
　　　　Publishing: 143-146.

　（謝辞：本稿の研究の一部は、JSPS 科研費 JP 18K13155 の助成を受けたものです。）

　　　　　　　　　　　　　　　　　　　　　　　　　　村井大介 (静岡大学)

第 3 部
採用側からみた教師教育

第1章　採用側からみた教師教育と社会科の役割

はじめに

　コロナウイルスへの対応が社会のみならず目下の学校教育においても大きな課題である。そして、その対応が以前より「教師のバトン」をめぐる様々な事象に見られるように、教師の働き方に関する課題をさらに大きなものとしている。教師の働き方に関わる問題は、長時間に及ぶ労働時間、それも授業準備以外に占める業務量の多さをはじめとして大きな課題である。また、コロナウイルスが明らかにしたのは、ひとたび大きな問題が生じたときに露呈する学校の脆弱性である。ICT への対応が自治体によって、あるいは各校の単位でもまちまちであったことなど、未曽有の事態にどう対応するかが学校教育には問われていて、各学校での教師の肩に大きくのしかかっている。

　そして教師という職業に対する評価は、志望者数が減り、倍率がどんどん下がっていくという現象に表れている。教師という仕事に夢と希望をもてるようにすることが今、教師教育に求められているもっとも重要な命題であろう。

1　夢と希望とは

(1)　現場教員の抱く夢と希望の多くは授業改善

　では、教師という仕事に夢と希望を持つとはどのようなことなのであろうか。それは単に労働時間の縮減、業務量の軽減などによって導き出されるだけではない。教員採用の面接や、教員を志望する学生に接している今感じるのは、多くの若者が自分が子供のころ、教師の一言に救われたり、仲間を支

えてくれたりした教師の姿を見て「自分も教師になろう」という決意である。また「部活動」で生徒に生きがいを見出させたいという志望も見られる。それらの志望理由は、まだ漠然としたものではある。

そして、教師となってから前述の「多忙さ」「児童生徒との関わりの難しさ」「学級経営の困難」などに遭遇し、決意や志望理由がいつの間にか消え、中にはせっかく実現した教師という職から退く若手教員も見られることはとても残念である。

一方で教師となってから、新たに夢や希望を見いだす教員も見られる。実際に教員となって現実に出合い、その中で悩む若手教師は少なくないが、周囲の生き生きと授業づくりに取り組む先輩の姿を見て、憧れを抱く。そして、そのような先輩教員の多くが実践している「良い授業」を創るということに夢や希望を見いだすのである。この「良い授業」を創るという夢や希望は、学生の時に抱いた教師という職へのあこがれからより現実的なものとなっていると言える。それは「良い授業」を目指し、授業改善をしていくことはとりもなおさず、学級の荒れに対応し、良い学級経営を実現するということにつながるからである。学級経営の中で授業改善は次のような効果がある (図3-1-1)。

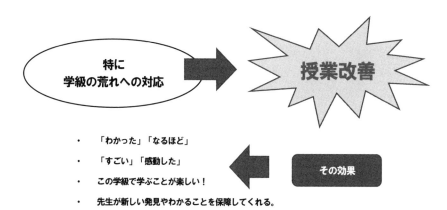

図 3-1-1

　筆者の周りにも「良い授業を創りたい」という夢を語る若手教師が数多い。しかし「良い授業」を簡単に語ることはできない。多様な授業像があり、中にはチョーク一本でもっぱら語りで教え込んでいく授業も依然として見られ、授業像は千差万別であると言ってよい。その中で唯一手掛かりとなるのは学習指導要領に示された「主体的・対話的で深い学び」という授業改善の視点であろう。そして「主体的・対話的で深い学び」を具体的に実現していくことが目下の急務であり、学生や若手の教員たちが「主体的・対話的で深い学び」をより具体化した授業像として抱くことが教師教育に求められている。

⑵　採用側からみた教師像

　では、採用側からみた社会科の教師教育という論点に入る。まずは採用側からみるとどのような教師像を現場は求めているのかについて語らなければならない。

　次に挙げるのは、ある自治体の教員採用要綱から抜粋したものである。

> ☆教育への使命感や情熱をもち、学び続ける教師
> ☆「チーム学校」の一員としてともに教育を創造する教師
> ☆子供に寄り添い豊かな成長を支える教師

　☆教育への使命感や情熱をもち、学び続ける教師

　授業改善には「これでよいだろう」というゴールはなく、常に変化する。どんな名人とされる人の授業でも「完璧」「どこから見ても非はない」という授業はないと言ってよい。また、変化し続ける世の中であるからこそ授業に対する考え方や、学校教育に対する見方も変貌し続ける。こうした変化に柔軟に対応し、教師は現状で満足せずに学び続けていくことが必要である。

　☆「チーム学校」の一員としてともに教育を創造する教師

　社会科の教師に限らず、どのような立場であっても教師として必要な資質はコミュニケーション力と言える。同僚に対して、保護者に対して、地域に対して、そして児童生徒に対して自分自身をしっかりと表現し、相手の意見

を受け入れつつ新しい価値を生み出していくことができる。そんなコミュニケーション力が最も必要とされる。

☆子どもに寄り添い豊かな成長を支える教師

　意外と多くの教師が「子どもが見えていない状況」にある中で、まずはしっかりと目の前の子供の今のあり様を見つめることができることが大切なのである。そして「教え込む」のではなく「成長を支える」スタンスをとることができる心構えが必要であろう。

　また、教員採用の要綱にはないが、他にも必要な資質としてはストレス耐性が挙げられる。今の学校は様々なストレスにさらされている。多くの教職員がメンタル上の理由で療養休暇や休職に入っている。学級経営での悩み、保護者対応での悩み、同僚性を構築していくことに関する悩み、様々なストレスに対し、うまく処理していくことができる力も今の学校では必要である。そして、主に若手の教師を疲弊させストレスを増大させる一番の要素は、前述のとおり学級経営がうまくいかなくなり、子どもの問題行動が見られることである。現在、様々な問題行動に対して、児童指導という観点からその予防に努めることが多くみられる。自治体によっては「児童支援専任」という立場の教員を置いて、勃発する様々な問題を解決している。そのような取組ももちろん大切だし、そのような制度によって数多くの若手教員が救われている。しかし、一方で学級にみられる問題の多くは授業改善で解決することは既に述べた。子どもが「楽しい」と感じられる授業、子どもが「わかった」と感じられる授業を日々積み重ねていくことが大切である。

　上記の「教育への使命感や情熱をもち、学び続ける教師」「『チーム学校』の一員としてともに教育を創造する教師」「子どもに寄り添い豊かな成長を支える教師」の3観点と、授業改善を基軸として、学級経営の安定化を図っていくこと、これらは教師が「良い授業を創りたい」という夢と希望に向かって進むことによって実現することであり、そのために社会科は教師教育として大きな役割を果たすと考える。

2　社会科の役割

(1)　「良い授業」と社会科

　実際の現場では、教科書を使って教えるという授業が多く見られる。そして非常に多くの授業が教科書に書いてあることをなぞるものとなっていて、若手もベテランも多くがそのような授業を行っている。「良い授業をしたい」という学生や若手の願望があったとしても、モデルとなりうる授業が身近に見られない限りその願望は絵に描いた餅になってしまうことは自明である。

　この中で社会科が持つ役割とは何であろうか？次の2点が社会科の授業実践の役割であると考える。

(2)　社会科は学習の対象が児童生徒を現実に取り巻く社会事象である

　社会科の学習対象の多くは児童生徒を取り巻く現実の社会である。そのため学習対象そのものが刻々と変化し、社会的事象の意味も変わる。そのため、必然的に不断の教材研究をしていかなければならない。私も今まで現場で授業づくりに取り組んだ中で、例えば食糧生産で米作りを扱った際、毎回同じ生産者の営みを扱っていたのだが、毎回その内容は変わっていた。初任の頃は機械化に関する内容、数年経った時は、今では多くの農家が取り入れている個人の顔写真を入れた米袋の使用に関して、その後は有機米に関わる土づくりの取組、その次は豚の尿を活用した液肥の取組、そして最後は直播に関わる取組と言ったように、その時代の要請に応じて生産者の農業の仕方も変化する。不断の教材研究を余儀なくされるのが社会科の特質である。歴史的な学習に関しても、歴史事象に関する新しい知見が日々見られ、そのことを踏まえた教材研究が必要とされる。

　このことが若手の教師にとって、社会科を敬遠させる原因の一つとなってはいるが、一方で教材研究の醍醐味を味わわせるものともなっている。

　研究授業で社会科、例えば食糧生産に取り組んだ場合、多くの教員が新潟や山形等様々な現地へ出向き取材をし、教材研究に取り組む。中には研究授業のような要因もなく、普段から現地で教材研究に取り組む教員もいる。

　教員をそのような衝動に駆り立てるものは何か、それは一から自分で教材を開発し、学習指導要領の内容と照らし合わせ、指導計画を組み、そして実際の授業で児童生徒が生き生きと学ぶ姿を見る醍醐味であり、社会科特有のものであると言えよう。

　このような社会科の授業を実践していくことを通して、「良い授業をしたい」という夢や希望を持つ教員の授業観が育成されていると考える。したがって社会科は教師の授業観を育成するという上で大きな役割をもつことになるのである。

⑶　社会科の授業像は児童生徒の話し合いを主としている

　また、話し合いを中心とした社会科の授業のあり方そのものも大きな役割であると言ってよい。前述のように現実の社会的事象を教材とする社会科は、児童生徒の社会的事象に対する思いや考えも教材となる。児童生徒相互が意見を出し合い話し合うことを通して一人一人の社会的事象に対する認識が深まっていくのである。

　このことは学習指導要領が説く主体的・対話的で深い学びを実現するために社会科が大きな役割を果たすということと直結する。児童生徒が学習問題を生み出し、児童生徒自ら考えを出し合い追究していくためには、児童生徒が主体的に学ぼうとする姿勢をもつことが必要である。そのために教師は児童生徒の実態を吟味し、児童生徒理解を進めることを基盤に教材も吟味し、児童生徒が自ら問いを抱くことができるような指導計画を作成する。また一方で学び合う学級集団を形成していくことに注力しなければならない。これが教師としての力量形成に大きく寄与していくことになる。「良い授業を創る」ということが教師教育の中で重要な側面を持つとともに、社会科がその中で果たしていく役割はとても大きいと言える。

3　教師たちの変容

(1)　インタビュー

　では、実際に社会科を研究することで個々の教員はどのように成長していくのか。研究に取り組んでいる別々の世代の4人に聞いてみた。

　4人の所属するN小学校は2020年10月に第58回全国小学校社会科研究協議会全国大会神奈川大会の第1会場校として発表した。筆者も当時学校長であった。3年間の研究を経て、コロナ下の中で苦労しながら一般級の全学級が発表に取り組んだ。皆で取材に出かけたり、指導計画を創ったりする中で、0から教材を作っていった。その中の4人は次のような年齢層である。大学を卒業し4年目のA教諭と5年目のB教諭、N小学校が3校目となる8年目のC教諭、24年目のD主幹教諭である。

(2)　採用時の授業観

　4年目のA教諭は次のように語った。A教諭は新採用後2年間は個別級担当、インタビュー時は一般級を受け持って2年目である。

> 何をどのように教えればよいかよくわからず、授業のゴールはどこなのか悩みました。指導書や教科書を見ながら、指導書や教科書の通りに進めることが大切だと考えて授業をしていました。しかし、指導書や教科書通りに進めようとすればするほど型にはまったつまらない授業になってしまったように感じます。

　大学で学んできてはいるが、やはり実地に授業に取り組むとなると、難しさが伴うのであろう。「指導書や教科書の通りに進めることが大切」という言葉にあるように、子どもの主体性を大切にするということよりも、まず内容を教えるということに傾斜がかかっている。B教諭は次のように語った。

> 新採用のころは日々の授業準備や仕事に追われてしまい、授業も45分の授業×5時間分作るのに必死だった。そのためとにかく指導書通りという意識が強く、発問や言葉かけも教師主導の授業だった。「教師が話しすぎ」とよく初任研担当の先生に言われていたのを思い出す。

　5年目のB教諭もA教諭と同様に内容をしっかりと教えるという考えから

なかなか抜けきらない。「教師が話しすぎ」という授業の中の現れも、内容を教えなければならないという思いから生まれている。

8年目のC教諭も次のように語っている。

> 『とにかく伝える』『子供の知らないことを教える』ということが意識として強くあったように思います。子どもが学習したことをどれだけ覚えられるかや、静かに話を聞いていることがすべての授業で大切だと考えていたように思います。

このように、若手の教員は内容を教えることにかなり意識が向いていて、児童の主体性を喚起することや問いを引き出すことなどにはあまり意識が向いていないということが言えそうである。

一方で、大学時代に社会科教育を専攻し、学生時代から実際の授業を多く視聴していたD教諭は次のように語る。

> 『学級のみんなが、ああでもないこうでもないとどんどん話し合っている授業』『その時教師はあまり出ず、子どもたちが自分たちで話し合いを進めている授業』を大学4年の時は良い授業と考えていました。学生時代に静岡県安東小の授業記録を読んだり、実践家と言われる方の授業を直接見たりして子どもが学習問題に対して自分事として自分の言葉で語り合う授業を目の当たりにしたことも大きな影響を与えていると思います。

社会科教育専攻ということもあり、大学生の時に主体的な児童の姿が見られる授業に触れることによって、自身の中に授業像が生まれていたことが分かる。良い授業を生み出すためには、良い授業に触れるということが大切であると言えよう。

⑶　採用後の学び

採用された教職員の学びの多くは、配属された学校の環境にあることが次の話からわかる。4年目のA教諭は次のように語っている。

> 初任校として採用された学校の校長先生が市社会科研究会の会長ということもあり、新採用時から社会科の研究会に参加する機会がありました。その中で市社会科研究会の先輩の先生の授業をビデオで見る機会がありました。子どもが生き生きと自分たちで調べてきたことを発表し合う姿や、教師が自ら作った資料を見て驚き、どんどん前のめりに学習に取り組む姿に感銘を受けました。いつか自分もそんな授業がしたいと強く思いました。

「いつか自分もそんな授業がしたい」という願いは、教師として着任してから生まれたものである。身近な先輩の姿から「良い授業への憧れ」を抱くようになったことがこの言葉に表れている。そして「どんどん前のめりに学習に取り組む姿に感銘を受けました」という言葉はA教諭が「指導書や教科書の通りに進めるのが大切」と思っていた採用時当初の思いから、授業観が変容していることを示している。

　B教諭も次のように語っている。

> 私が正採用となって2年目に校長先生が着任し、その時自分が校内の社会科主任だったこともあり、社会科の授業の基本を教えてもらったり研究会に声をかけてもらったりした。中でも校長先生が5年の漁業の授業をやってくださり、子どもが大きなマグロの絵を見て生き生きと楽しく授業を受けている様子に感銘を受けた。また、たくさんの先輩方の社会科の授業を見る中でたくさんの社会科に出合うことができた。

　N小学校に着任して半年が過ぎた頃で、私は5年生2クラスの水産業の学習を単元を通して授業を実施した。授業を離れて10年以上過ぎたために決して素晴らしい授業と言えるわけではなかったが、B教諭にとって参考になったようである。このように勤務校、研究会が行っている研修会での経験が初任者の授業観に大きな影響を与えていることが分かる。そのような取組は、多くの学校でなされていることであろう。大切なことはA教諭もB教諭も語っているようにその時に触れた授業が「良い授業」と言えるかどうかではないか。

　8年目のC教諭は次のように語る。

> 初任校が重点研で社会をしていたことで様々な授業を見たり、講師の先生の話を聞けたこと、校内で職員全体で社会科を研究したこと、そして一緒に学年を組んだ先生が社会科の授業づくりにとても熱心な方であったことが社会科との出会いである。

　校内で社会科を重点研究の対象教科としていたことは、C教諭はA教諭やB教諭と似た環境にあると言ってよいだろう。そして、学年を組んだ同僚教員を見て、授業創りや社会科に関心を持ち始めたということである。

　一方D主幹教諭が新採用として着任した学校では社会科を研究の中心に

据えていたわけではなかった。

> 2年目の時に初めて市研に出席し、研修会で提案することになりましたがその時の部長の先生方が一緒に授業を考えてくださったことや、教育実習でも社会科を専門に取り組まれている先生に問題解決的な学習について教えてくださったことが、社会科について深く学んだきっかけです。

　D主幹教諭は大学時代から社会科教育を専攻していたこともあり、市の研究会に出席することからスタートしている。横浜市は教育委員会の研修制度や、4方面に分かれた「ハマアップ」という授業改善のための拠点としての施設があり、それらが充実していることに加え、各教科領域等が独自に研究会を組織し、月一回の研究会や横浜市の一斉授業研を行うなどの授業改善に懸ける思いは自治体として特に強いと言える。その中で社会科研究会でも授業改善について熱心に研究を重ねているためD主幹教諭は学生時代に見聞した授業像をその場に求めたのである。

⑷　環境と教師の成長

　さて、採用された後はそれぞれの学校で教員生活を送るのだが、教員にとってその学校の雰囲気が、その成長に大きな影響を及ぼす。採用後授業観がどう変わったかを聞いた。A教諭は次のように語った。

> 社会科の授業研究を通して教科書の内容は踏まえつつも、児童の実態を考え教材を作っていく大切さについて考えるようになった。学習指導要領の内容を読み込んで、できる限り教材の現場へ行って人に会うなどして教材を作るようになった。そうすることで子どもの反応も良くなっていった。また、話し合い活動の大切さについて考えるようになった。社会科の授業を通して、子どもたちが自分たちの考えを自分の言葉で伝えあい、話し合うことで理解を深める姿が見られた。教師が教え込むのではなく、教師の資料や発問から子どもたちが自分たちで話し合い、学習をしていくことが、主体性を育むことにつながると強く感じた。

　授業研究に向けて現場に出向き教材研究をする中で、学習指導要領の内容と共に子どもの実態を踏まえ指導計画を考えていくこと、このことが、A教諭の教師としての力量を高めていくことに繋がっている。「教師が教え込むのではなく、教師の資料や発問から子どもたちが自分たちで話し合い、学習をしていくことが、主体性を育むことにつながると強く感じた」という言葉

から、当初の授業観から脱して「良い授業」を目指し、実践を進めようとしている気概が感じ取られる。

B教諭は次のように語った。

> 自分が3年目の時に研究主任になり、校長先生や他の先生方からのたくさんのアドバイスを参考にして、研究テーマの理解や教材研究に必死だった。とにかく研究テーマに合った授業づくりをしようという意識が強かった。4年目では横浜市社会科研究会の実践提案があり、前年度の経験を生かしながら教材研究を行った。取材は何度も行ったので最初は大変だったが、授業をつくるうえで「人」と出会わせることで子どもが材と身近になったり、授業に対して意欲的になったりするのが分かった。
> 取材をすることでより深く材を知ることができ、忙しさはあるが、しっかり材に向き合い、材についてより深く理解することの大切さを学んだ。5年目はこれまでの経験もあり他の先生へのアドバイスもしたり授業について聞かれるようになってきた。また全小社の提案でも、自分だけでなく他の先生の授業についても考え、学校としてどのように提案していくかを考えた。

5年目のB教諭も、3年目に発表校の研究主任という重責を背負いながらも「良い授業づくり」に向けて自分自身が成長をしつつ、学校の理論を実践化し他の教師の授業についても考えることによって、理論と実践を結びつけようとしていることがわかる。そして「授業をつくるうえで『人』と出会わせることで子どもが材と身近になったり、授業に対して意欲的になったりするのが分かった」とあるように、B教諭が採用当初抱いていた「指導書通り」に内容を教えることや「教師が話しすぎ」となっていた授業から変化し、子どもと教材とを結びながら子どもが意欲的に取り組む姿を実感している。

8年目のC教諭は最初に着任した学校が社会科を重点研究の教科として取り上げていたことや研究団体での研究を挙げている。

> 実践→反省、達成→挑戦→実践の繰り返しの中で変化してきました。分岐点になるのは
> ①初任校での研究実践と、市研究会での実践（すごく刺激的だったと感じています）
> ②二校目での研究実践と市社研での実践（研究をしていない学校での実践は様々な学びがありました。子ども主体の授業に目を開きました）
> ③本校での研究実践と全小社の実践（校内や様々な方々と力を合わせた実践は様々な学びがありました）より深く学ぶ授業
> ①②③を進んでいく過程で、より「子ども一人一人が発言したり、真剣に考え、ノートに書いたりする授業」「自分から疑問を調べたり、発見する楽しさに気づいたり、自分の生活に生かそうとしたりする授業」をめざしてきたように思います。

やはり「子ども一人一人が発言したり、真剣に考え、ノートに書いたりする授業」「自分から疑問を調べたり、発見する楽しさに気付いたり、自分の生活に生かそうとしたりする授業」を目指すといったように、授業観が変化していることがわかる。D主幹教諭は24年目の中での授業観を次のように端的に語っている。

> ①初任から12年目ぐらいまで「子どもが自分の思いをどんどん話す授業」
> 子どもたちがいかに自分から語れるか、教師の発問はなるべく少なく。
> ②13年目から18年目
> 「目標や内容を達成できる授業」
> 目標、内容をしっかり分析し、目標が実現できる授業を目指した。
> ③19年目から現在
> 「本音が出せる授業」
> 目標の達成に向かう過程で、わからないことをわからないと言えること、自分は同じ、自分は違うと言えること。そのために本音が出せる学習集団が必要で、学級経営と授業を相関関係としてとらえるようになった。

　ここからわかることは、授業観が教師の成長と共に変化しているということである。D教諭は大学で社会科教育を専攻したことは既に述べた。そこで、見聞きした授業は社会科特有の話し合いを中心としたものであった。その授業から見えたものは学生、あるいは教職につきたての頃は、「話し合いに積極的に取り組む子供の姿」であり、まだ表面的なものであったろう。しかし、何年も研究を進めるにつれて目標や内容など、その授業の背景にあるものに目が向き、より良い授業とは何かについて目が開いていったと言って良い。

　では社会科の授業づくりを通して、どのように授業観が変容していくのか、そして他の教科等の指導にも影響を与えているのか、もう少し詳しくみてみよう。そしてこれは他教科の授業を見たり評価したりする際にも教師の根底を流れているものとなる。他教科等の授業づくりへの波及についてA教諭は次のように答えている。

> 社会科の授業づくりを通して、子どもが主体的に学習に取り組むためには子ども理解が大切だと感じるようになりました。教材研究の時にも座席表を見ながら、子どもがどんな反応をするのか考えるようになりました。
> 社会科で話し合いを大切にすることで、他教科でも話し合い活動を重視するようになりました。算数や国語でも自分の言葉で話し合うことで、理解が深まる姿が見られるようになりました。また、自分で調べてくるなど、主体的に学習に取り組む態度が育ちました。

先に述べたように、社会科は現実の社会を学習の対象とするがゆえに、学習に臨む時の子どもそれぞれの考えも教材となる。そのために教師は授業に臨む時に「子ども理解」を必然的に行わざるを得ない。例えば米作りを「利益」から見る視点、「持続可能性」から見る視点といったように個々の子どもの生活経験によって米作りという社会事象の捉え方は違うのである。子どもが話し合いに臨み、討論を重ねていく際に教師は個々の子どもの考えを把握し座席表に記入するという子ども理解の手法は、当たり前のようではあるが社会科の特質と言ってよいであろう。そして「他教科でも話し合い活動を重視する」、ここに社会科が教師教育に寄与する大きな側面があるといえよう。

B教諭は次のように語る。

横浜市の社会科研究会で提案した時に、教科書をベースにした5年生の米作りの実践提案をおこなった。しかし、教科書や資料集だけでは子どもの反応だったり、単元の狙いだったり、自分の満足いく授業にならなかった。次に冬の校内重点研で情報単元の学習で、教科書に載っている教材ではなく、ある有名な回転寿司チェーンの情報活用の取組を取り上げ、学年や校長先生と何度も取材したり、相談したりしながら資料を作り研究授業を行った。子どもたちがよくいくお店だったこともあり、子どもの興味や授業に対する意識が米作りの学習の時と明らかに違った。子どもたちは身近な教材に触れることで楽しそうに学習している姿から、子どもに合った教材の大切さを実感することができた。社会科に出会う前は教師のための授業だったのが、社会科との出合いがきっかけで子どもたちのための授業という意識になった。また、よく1つの教科を極めることが大事だと言われるが、最初、自分はその言葉の意味がよく理解できていなかった。しかし社会科の授業で子どもに届く発問や資料、授業のゴールなどを意識するようになり、子どもたちに合った教材研究をしていくようになった。社会科を通していろいろな教科でも同じような意識で自分で工夫しながら教材研究をするようになった。

やはり、ここにも社会科の特質が表れている。つまり、教科で教えるべき内容だけでなく、それと子どもとの接点をどう考えていくか、少しでも子どもが学習に前のめりになっていくための工夫や算段を社会科では考えることが他教科の学習を組み立てる際にも大切な素地となっていることが分かる。「社会科に出会う前は教師のための授業だったのが、社会科との出合いがきっかけで子どもたちのための授業という意識に」というB教諭の言葉はそのことを端的に表していると言えよう。

C教諭は次のように語る。

> 教師が知識を一方的に与えるのではなく、子どもが自分の船をより漕ぎやすくするための潤滑油のようなものが必要だと考えています。社会科の授業づくりでは様々な機会をとらえて子どもと対話し、一人一人の考えを見取りながら授業を作っていくようにしています。授業づくりが学級づくりでもあり、だれもが会話し、対話ができるような教師であることが社会科の授業づくりでは大切なのだろうと感じています。そして突き詰めるところ、一人一人の個別指導ができるような教師ということになるのかもしれません。そして研究してきたことが国語や算数、理科、総合、生活、道徳など自分が教材研究する際の土台になっていると感じます。また授業で目指す子どもの姿や教科の特性もありますが、考え方など共通するところ多くあると思っています。そのことが日々の授業の中で生きていると感じています。

　社会科の授業づくりで研究してきたことが他教科等の教材研究の土台になっていて日々の授業の中で生きているというC教諭の捉えは、教師教育ではとても大切であろう。子どもにとって、教科等の違いによっての興味・関心の度合いは違いがあるが、学ぶということ、そして知識・技能を身に付け、思考力・判断力・表現力を高め、学びに向かう力、人間性を深めていくことはどの教科等も同じである。社会科の授業づくりに集中することが教科観を創り、他教科等へと波及していくことを「研究してきたことが国語や算数、理科、総合、生活、道徳など自分が教材研究する際の土台になっている」という言葉が適切に表していると言えよう。

4　社会科の特質と教師教育

(1)　児童理解、学習内容の適切な理解、教材研究の三つの観点

　ここで社会科という教科の特質について考えたい。「学習の対象が子どもを現実に取り巻く社会事象であること」と「子どもの話し合いを主とした社会科の授業像」が社会科の特質であるということは既に述べた。そして、今までの4人の教師の話にあるように、そのことから「児童の実態把握」「教材研究」「学習内容の適切な解釈」が授業づくりの大きな要素になっていることがわかる。

今までの教員の言葉から、当初は内容を教えることを重視していたのが取材を重ね教材を理解し、その教材を通して内容をどのように子どもに提示していくか、また子どもの実態を把握し提示の方法を工夫するなど「児童の実態把握」「教材研究」「学習内容の適切な理解」を考えながら授業づくりが進化していることが分かる。その際に気を付けなければならないのが、この三つのいずれかを重視しすぎてしまうことで学びがアンバランスになってしまうことだ。例えば、教材研究を深めるほど教師はその教材にのめりこんでしまう。それゆえ、教師主導で教材を提示することが往々にしてある。社会科の授業創りでは、「子ども理解」「教材研究」「学習内容の理解」のバランス、言い換えるとその三観点の緊張関係が大切であると言える。この三観点を基盤に授業づくりに取り組んでいくアプローチの仕方が、「主体的・対話的で深い学び」を実現するために必要なことである。そしてそのことが、他の教科等での授業創りにもつながる教師の全体的な見識を構築していくことになる。

おわりに

筆者は校長職の間、また現職となってからも積極的に現場の教師と一緒に取材や教材研究に関わっている。その中で感じるのは、嬉々として取材に出かける教師たちの姿と、現実の社会的事象を教師が取材し教材化していく醍醐味を教師が実感していることである。新採用として各学校に着任したての教師たちは指導書や教科書通りに進めていくことが必然であった姿から、取材や教材研究によって変容していくことが、今までのインタビューからもわかる。そして「社会科の授業をよりよくしたい」と考えるに至るきっかけは、「目指す授業像」が目の前に展開されることだった。「○○先輩の授業のように」といういわば憧れをもつことが教師のモチベーションのためには必要である。今、コロナ禍と働き方改革により授業研究も縮小の動きが一部に見られる。しかし教師にとって教職に夢や希望をもつには、そのような中でも積極的に授業研究を進め、「良い授業」を伝承していくことを大学や現場での

教師教育で最優先にしなければならない。

西川健二 (関東学院大学)

第2章　採用側からみた社会科の教師教育
——中学校の現場から——

はじめに

　毎年、多くの若手が教職に就く。2019（令和元）年度の「学校教員統計調査」によれば、2019年度の30歳未満は、全体の16.1％であり、2010年度より4.8％も上昇している（**図3-2-1**）。

　筆者は、公立中学校社会科教員から管理職となり、日々の授業で悩みながら目の前の子供たちをどうやったら社会科好きにさせられるか、頑張っている若い教員たちとともに過ごしてきた。また、全国中学校社会科教育研究会

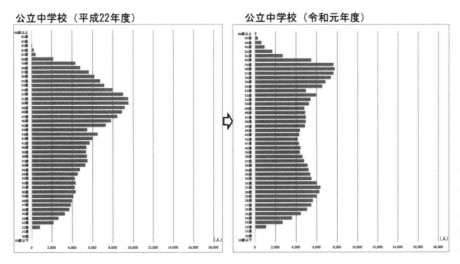

図3-2-1　公立中学校の年齢別の学校教員数（左2010年、右2019年）

（2019年度「学校教員統計調査」による）

（以下「全中社研」と略）の会長を務める中で、全国のたくさんの先生方に出会う機会を多くいただいた。現在は、教職を目指す学生たちの指導に当たっている。この経験から、中学校の現場からみた社会科教育の現在と未来について、考えていく。

1　若手教員の悩みから

⑴　「どのように教えたら良いかわからない」

まず、若手教員との会話の中で感じられた悩みから、現在の社会科教育の課題と展望について、述べていく。

1つ目の悩みは、「どのように教えたら良いかわからない」である。「どのように」とは、生徒として受けた授業スタイルと、指導者として行う授業スタイルが違うために、とまどうということである。特に、現在20代後半から30代前半の教員に多いように感じる。

この世代は、1998度版の学習指導要領で育ってきた世代である。1998度版は、各学校が、ゆとりの中で特色ある教育を展開し、基礎的・基本的な内容を確実に身に付けさせること、自ら学び自ら考える力などの「『生きる力』の育成」が基本的なねらいとされた。社会科で言えば、地理では2〜3地域を事例として取り上げ、具体的に取り扱うこととされた。また、歴史では、中国古代文明を例として、四大文明のすべては教えなくても良いといった、「内容の厳選」が注目された。

「『生きる力』の育成」は、これからの予測不能な時代をたくましく生き抜くために現行の学習指導要領にも受け継がれている大切な理念である。しかし、教師の立場として、現学習指導要領に基づいて指導する場面になると、学び方は学んできたが、自分が習ったことがない知識があるという課題が浮かび上がる。例えば、世界の諸地域を教えるときに各州の具体的な知識が不足しているという実態が見られた。

また、指導者としては、新しい学習指導要領に代わっているため、自分たちが習ってきた時とは違うモデルで指導しなければならないという現実が

ある。最初はどのように教えたら良いのかもわからずに戸惑ったという声が聞かれた。これは先生がしっかり教えなかったのではなく、また自身がなまけて勉強しなかったのでもなく、学び方を学ぶ指導の在り方の1つの側面であったと考えられる。

　一方、これらの世代に見られる特徴としては、主体的・対話的な学習活動の指導に、抵抗感なく積極的に取り組んでいる。生徒として学んできた学習活動や方法なので、教員1年目よりグループ活動や発表活動をさせることについて、非常に慣れている。また、ICTについても、小さい時から慣れ親しんでいる機器なので、思考力や多様なコミュニケーション能力を培う手段についても、積極的に活用している現状が見られる。**図3-2-2**は、2019年度町田市立堺中学校の研究発表における古田一博主任教諭の実践の一部である。

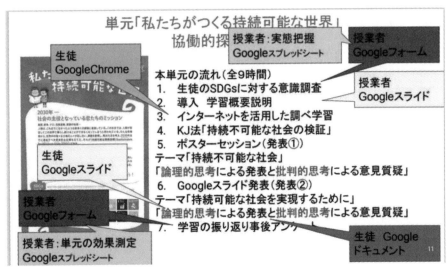

図 3-2-2

　さらに、どの世代にも共通して見られるのが、「社会科は暗記科目」という認識である。今年度ある大学で、社会科専修の大学生32名にアンケートをとった。多くの学生は自分の中学校時代を振り返り、「図や地図、写真等を多用していた」「興味関心を高める発問があった」等の授業の工夫を認識し

ていた。しかし、中には「プリントの穴埋め問題ばかりであった」「教科書や
ワークに忠実であった」という感想も見られる。学生の個人的な感想も含ま
れていると考えられるが、学生の立場では「習ったことしか知らない」のは、
当然のことである。経験していないことを自分が指導者としてやるのは、た
いそうな手間がかかり、労力が必要である。今後もより一層、大学の教職課
程等で「主体的・対話的で深い学び」に至る具体的な指導が望まれる。

⑵ 「単元を貫く課題をどのように作ったら良いかわからない」

　2つ目の悩みは、「単元を貫く課題をどのように作ったら良いかわからな
い」ということである。新学習指導要領の社会科改訂の基本的な考え方の1
つに、「『社会的な見方・考え方』を働かせた『思考力、判断力、表現力等』の
育成」が挙げられている。その中で「単元など内容や時間のまとまりを見通
した『問い』を設定し、『社会的な見方・考え方』を働かせることで、社会的
事象等の意味や意義、特色や相互の関連等を考察したり、社会にみられる課
題を把握してその解決に向けて構想したりする学習を一層充実させることが
求められる。」とある。

　近年、多くの研究会が、「思考力・判断力・表現力の育成」のため、単元
構想図を作成し、毎時間の問いを積み立てて「単元を貫く課題」を解決して
いく実践に取り組んでいる。しかし、若手教員にとっては、現実として明日
の授業準備すら難しいのに、どうして単元指導計画など立てることができよ
うかという悩みも湧いてくる。このことは、教員の多忙化とも関連すること
である。

　新採教員にとって、最初の悩みは、「教科書をどこまで教えたら良いのだ
ろうか」である。「太字の語句は重要である」「教科書のすべてを教えなけれ
ば入試対策として不安である」というある種の思いこみから、メリハリに欠
け、網羅的な指導となりがちである。結果的に単元全体を見通す力が弱くな
る傾向が見られる。これは、教師自身が、教科や分野全体の目標や単元で身
に付けさせたい力が認識できず、単元、分野、学年や校種のつながりを意識
することが十分でないためと考えられる。さらに、汎用的に使うことができ

る概念に関わる知識の獲得が十分でないことも理由と考えられる。

　その解決策として、まず「教科書を良く読み込む」ことが考えられる。教科書の本文のみならず、提示されている資料の意味、背景まで考え、教材研究を進めていく必要がある。例えば、以下は、ある教科書会社の単元構成である。(板橋区立赤塚第二中学校中野英水主幹教諭の実践から)(職名は2020年度)

〈単元を貫く課題〉
交通網の整備による他地域との結びつきの変化や、過疎地域での取り組みに注目して、中国・四国地方の特色を追究しよう

日本の諸地域「中国・四国地方」(「他地域との結びつき」が中核的事象)
第1時：中国・四国地方の自然環境 (まずは自然を中心に地域を大観)
第2時：交通網の整備と人々の生活の変化 (結びつきが地域を変化させる)
第3時：海外と結びついた瀬戸内の工業 (結びつきを生かして発展)
第4時：全国展開を進める農業 (結びつきの厳しさを結びつきで克服)
第5時：観光客を呼び寄せる取り組み (結びつきを生かして地域振興)

　このように、良く教科書を読み込み、本文と資料が意味していることを理解すれば、単元を通して単元を貫く課題を追究させていくことができる。しかし、教科書に表されている「単元を貫く課題」は、大見出しに書かれている項目であり一般的な表現である。この発問では、生徒には身近に感じられず、興味・関心が高まることは、難しい。

　それでは、社会的事象を身近に感じられるような単元を貫く課題の設定には、どのような工夫が必要であるか。1つは、パフォーマンス課題である。

　以下は、2021年度全中社研東京大会における地理的分野「身近な地域の調査」公開授業ワークシートからの抜粋である。(中野区立第七中学校千葉一晶主幹教諭の実践から)

目標：10年後の、誰にとっても『キラリ輝く沼袋』とはどんな町なのか考えよう！
　10月某日。「よりよい沼袋の在り方」を議題とする中野区主催意見交換会の会場にいます。ここには、区長を始め、中野区議会数名、そして地域の人々が参加しており、あなたは地域にクラス中学生代表として参加しています。

司会：令和 3 年度 5 月に改訂された「中野区基本構想」において、10 年後に目指すまちの姿が発信されています。そこには「つながる　はじまる　なかの」とあり、中野から日本全国に地域の在り方を発信させようとする思いが見てとれます。

それを受けて、今回は、『沼袋』のよりよい在り方を考えていきたいと思います。地域発展にお詳しい 3 名の専門家にもお越し頂いております。イクゾー教授、マテヨ教授、ツナガロー教授です。(拍手パチパチ)

では、さっそく各教授に地域の在り方について、ご意見を伺いたいと思います。「10 年後の誰にとってもキラリ輝く沼袋、防災・減災も含めた沼袋のよりよい在り方について、皆さんはどのようにお考えですか」

イグゾー教授：「皆さんもご存知の通り、この沼袋商店街をもっと活気あふれるものにする必要があります。まずは、街を活性化していきましょう。」

マテヨ教授「いやいや、それは違う。昨今の自然災害をご存知ないのですか。自然環境にどう向き合うべきなのか、これをもう一度考え直す必要はありません。」か。」

ツナガロー教授：「お二人の意見もわかります。ですが、災害時において、一番は人とのつながりです。減殺の意味も踏まえて、まずは地域のつながりから考えませんか。」

　このようなパフォーマンス課題の設定は、経験がないとなかなか難しい。

　筆者が新採 2 年目の教員とともに考えた「関東地方」の単元を貫く課題について、以下の通り、紹介する。

　まず、教科書に出てくる知識を若手教員とともに、ウェビングマップにしてみた。その中で、自分が教えたい概念について整理し、日本の諸地域の最後の単元と設定したことから、まとめとして価値認識の問いを設定した。単元を貫く課題と、最後のまとめについて「どのような」という選択・判断をする発問にし、それを積み上げる毎時間の発問は、「なぜ」で構成するように工夫した。(府中市立府中第十中学校森奈津子教諭の実践から)

【単元を貫く課題】
関東地方の発展と人口にはどのような関係があるだろうか？

第 1 時：なぜ十中から富士山が見えるのか？
第 2 時：なぜ銀座の地価は高いのか？
第 3 時：東京大都市圏はどのように広がったのか？
第 4 時：漁獲量の少ない東京になぜ築地市場ができたのか？
第 5 時：東京の臨海部にはなぜ高層住宅が増加したのか？
第 6 時：なぜ関東地方は日本一の野菜生産地なのか？

> 【まとめの課題】
> 首都機能は移転すべきだろうか?

　この過程で、この若手教員は、様々な知識を立体化し、また自分が社会科教員として何を大切にして指導していきたいのかを明確に自覚するようになっていった。教えるべき内容をもう一度見直し、自分なりに組み立て直し、さらに生徒の知的好奇心を刺激するような学習課題を考えることで、教師の指導力が向上する。このように、教材を理解し、授業展開力を身に付ける作業を繰り返すことは、教師の指導力向上につながり、さらには、教師自身が教科に対する自分なりの哲学をもつようになっていくと考えられる。

⑶　「教材観が明確に書けない」

　3つ目の悩みは、「教材観が明確に書けない」ということである。若手教員と授業について話をしていると、「何を教えるか」という知識の話、次に「それをどのように教えるか」という指導方法の話になる。しかし、もっと大切なのは、「教材観」ではないかと考える。

　「教材観」というのは、その教材で教師が教えたい学習内容と学習方法である。言い換えれば、その題材がもつ価値を見出し、教材化する力である。

　以下は、2020年度「開発的な社会科指導の実践のための一研究」(未来につなぐ社会科の会)からの引用である。

> 「何が基礎的で基本的な知識であるか、どんな概念が中核となるかを決定するのは、授業者である。」
> 「一見、みな同じように見える知識に軽重をつけ、立体的に見える化することによって、題材は教材へとなりうる。」
> 「子どもに育てたい力、転移性、汎用性のある知識、教師自身の教育観、それらを統合していくことが教材観を書くということである。」
> 「学習対象を調べていくと、様々な知識が無限に出てくるはずであり、そうありたいと思う。しかし、そこからどのように立体化していくかというと、それを決めるのは授業者自身である。」

　知識には、いろいろな段階があり、それを授業者が理解して、階層化することで、教材化することが大切である。階層化には、深い教材理解とともに、単元のねらいにそって、教材研究したものを取捨選択する勇気も必要である。そのことを繰り返していくことは、教師が自分自身の哲学を確立することにつながると考える。

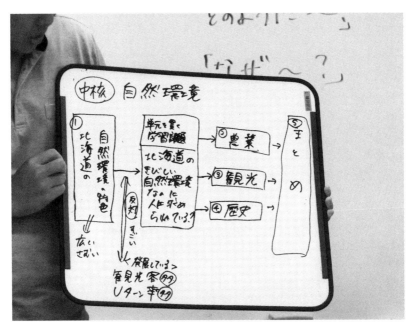

写真 3-2-1　研修会で使用された単元指導計画

　写真 3-2-1 は、研修会で北海道の単元指導計画を考えたときのものである。
　このように、教員同士が話し合うことで、知識を階層化することに教員自身が慣れていく。そしてそれを繰り返し行うことで、単元を見通す力が養われ、また題材を教材化する力が育つと考えられる。さらに、このような力を養うことは、学習評価の充実につながっていくと考える。
　教育実習では、指導教官から、与えられた単元の中で、授業をすることが多く、単元指導計画を作成する経験はほとんどない。今後、大学の教員養成

課程でも、単元や内容のまとまりを構造化し、単元指導計画の指導を繰り返し十分に行う必要性を感じている。

⑷　教師自身が社会的な見方・考え方を日常的に身に付ける

生徒に深い学びを促すためには、教材化する確固たる力をもち、社会的な見方・考え方を働かして解決する問いを設定することが大切である。そのためには、日頃より、教師自身が社会的な見方・考え方を日常的に身に付ける必要があると考える。目に映るものすべて社会科であり、すべて教材である。教師自身が「社会的な見方・考え方」を働かせて教材を見る、教師自身が「社会的な見方・考え方」を働かせて教材を探し、教材化していくことが何より大切であると考えられる。

2　生徒にとって居場所のある授業とは

居場所のある授業とは、生徒が知的に満足すること、心情的に居場所を確保し、安心して授業を受けることと考える。これからの社会科の授業は、知的にも、心情的にも、生徒にとって居場所があることが大切である。

知的に居場所がある授業とは、深い教材研究に支えられているものである。一方、心情的に居場所がある授業とは、深い生徒理解に支えられているものである。

教育実習前の学生に聞くと、多くの不安のうちの1つが「予想外の質問や意見が出たらどうしよう」というものであった。教材研究など準備は万全に行っていくが、果たして臨機応変に対応できるかが不安であるというのである。各大学でも模擬授業等を行い、教育実習に備えているが、思いもよらない質問・意見は、毎日の教室では日常的に見られる場面である（**写真 3-2-2**）。

ある模擬授業で、学生が「九州地方」の導入単元を取り扱った。「九州といえば、何を思い浮かべますか」と発問した際、生徒役の学生からは、「暑い」「台風」「火山」「地震」等々あらかじめ予想した通りの反応が返ってきた。最後にあまり発言しないある学生が「ラーメン」と発言したが、予想される生徒の

写真 3-2-2　模擬授業の様子

発言には書いていなかったので、取り上げることがなかった。模擬授業が終わり、授業者の学生は、授業をうまくコントロールできなかったことに反省していたが、筆者より「生徒は、ふざけて言ったのだろうか。先生のために何かしないといけないと思って発言したのではないか」と投げかけられ、はっと気付いたとのことだった。「『ラーメンという言葉から、授業は展開できなかったか』と振り返り、『いい発言だね』と心情的に居場所を与えるとともに、予想外の発言や質問にも対応できる深い教材研究が、自分には足りなかった。これからは生徒の声を聞く授業をしたい」と、のちのレポートに記載されていた。

　また、別の模擬授業が終了した後の自己評価として、授業者の学生たちが「生徒役の人たちが非常につまらなさそうにしている表情をしているように感じ、一種の恐ろしさを感じた。」「生徒の前で話すことでこれほど表情が見えるのかと新鮮に感じた。(中略)様々な場合も想定した授業準備ができていなかったと準備不足を感じた。当たり前のことであるが、授業が予定調和に展開するはずがないということを身をもって学べた。」と述べていた。

　生徒の授業内のつぶやきこそ、授業改善のヒントが隠されており、そのつ

ぶやきを拾うことで、生徒主体の授業が展開できると考える。

　そして、教育実習を経験した若手教員からのインタビューでは、以下のとおりの声もあった。

　「自分が納得できないと、生徒にも理解してもらえない。」「生徒とキャッチボールするようにした。」「クラスによって反応が違う。生徒たちの協力がうれしかった。」「実習に行って子供に力をもらった。かかわった分だけ子供が変わる。もっとやってみたいと思った。」

　生徒の反応は、教師の活力にもなっていく。

3　女性の立場から考える

(1)　社会科における女性教員

　2010年の学校教員統計調査によると、全国の社会科教員のうち、女性は17.4％、約4人に1名である。社会科の研究会等の出席者も、男性が多く、2021度の全国中学校社会科教育研究会の各地区の会長もすべて男性である。

　なぜ社会科教員に女性が少ないのかは不明であるが、教育学部以外にも文学部や法学部など多くの学部で、社会科の免許状が取れるということもあると考えられる。

　また、女性は、結婚、出産等のライフスタイルの状況により、いったん職務から離れ、キャリアが途切れる期間がある（図3-2-3）。独身の時までは熱心に研究会等にも参加をしていたが、出産を機に離れてしまうケースは、社会科に限らず、どの教科にもある。過去にも、公開授業の授業予定者が、出産のため、ほかの先生に代わった、または、次の機会で発表者として挑戦した等の事例は、全国で聞く。

　しかし、あえて言うなら、女性自身が、自分で言い訳をして、チャンスをつぶしているケースは、まったくないだろうか。

　昨年度起きた元東京五輪・パラリンピック組織委員会会長の「女性蔑視」発言問題において、「女性がたくさん入っている理事会は時間がかかります。」という発言が、世界中から非難を浴びた。これは、「女性だから、○○」と

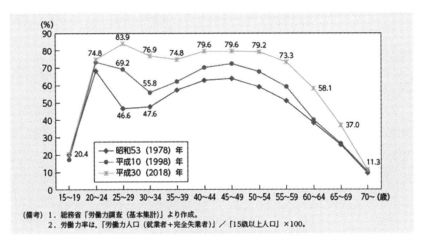

図 3-2-3　女性の年齢階級別労働力率の推移

(『男女共同参画白書　令和元年度版』(内閣府) による。)

いう「固定観念」や「偏見」が背後にあることから起こった問題であった。し
かし、女性自身が「女性だから」という自らの「固定観念」にとらわれ、自らチャ
ンスをつぶしていないか振り返る必要があると考える。

　また「私どもの組織委(の)女性はみんなわきまえておられる」という発言
も社会問題化した。「わきまえている」という言葉は、「権力者の気持ちを察
する」とも言い換えられる。「共感」とは似ているが、まったく違う言葉であ
る。日本社会の中で、異質な他者をどのように受け入れるか、多様性をどの
ように認めていくかという課題は、集団の中でマイノリティを経験した女性
にとって、解決への道筋が見えやすいともいえる。多様性はマジョリティに
とって快適ではないかもしれないが、多様性を認めていくことは、これから
の社会でイノベーションを興していくためには、なくてはならない要素とな
る。

　研究などの第一線に戻ってくることは、大変エネルギーがいるものであ
る。しかし、第一線に戻る強い意志をもち、研究を続けることは、男女関係
なく、未来を担う子供たちのために必要なことである。そして、そのことは、
社会科の目標である「広い視野に立ち、グローバル化する国際社会に主体的

に生きる平和で民主的な国家及び社会の形成者に必要な公民」のロールモデルにもなると考える。

⑵　全国大会の意義

　全中社研では、毎年全国大会を行っているが、23年後の2045年度まで開催地が決まっている。開催地立候補受付では、各研究会とも「大会を通して、若手教員の育成を図りたい」という強い希望があった。大会の開催準備には、長い時間がかかる。この準備期間を通して、ベテランと若い教員がともに、未来を担う子供たちのために、研究を積み重ねていくことで、次世代へつなげていくことができるという期待がある。

　また、開催地の指導力の底上げを図るとともに、全国大会には、全国の社会科教員が一堂に会し、社会科について協議し合う場が設定されている。性別や経験、地区に関係なく、平等に与えられた研修の機会である。

　東京学芸大学元非常勤講師の赤坂寅夫は、以下のような言葉を残している。

　　「知識獲得は、個人でもできる。授業は、皆でやらなければ解決できない課題解決についてやるのが良い。」

　学習指導のあり方について、述べたものであるが、教師教育についても同様のことが言える。様々悩みはあるものの、課題解決をするために、共に学び合い、皆で意見交流することは、教師としての力量を磨いていくために重要である。全中社研などの現場の教員の研究会を大切にしていくことが今後も求められていくであろう。

おわりに

　教職を目指している大学2年生に「中学校時代の社会の授業で印象に残っていることは何か」のアンケートをとった。回答には、「戦争の動画を見たこと」「豆知識を教えてくれたこと」といった興味関心を高める工夫や、「調

べ学習」「ディベート」等の活動型の学習が多く挙がった。一方、「どんな力を身に付けさせたいか」という質問には、「課題発見・課題解決」「多面的・多角的に考える」「社会参画」ということにつながる回答がほとんどであった。

　このことは、学習内容や学習方法といったものが、生徒の中では記憶に残りやすく、自分がその授業でどんな力が身に付いたかの資質・能力についての認識は十分でないことを示している。

　中学校で身に付いた資質・能力を振り返ることは、大学生には難しい質問であったが、生徒へ確固たる力を身に付けさせるためには、日々の授業改善が何より重要である。そのために、教材開発、教材解釈は無論のこと、授業展開力、単元構想力、生徒理解力、対応力、共感力等様々な力量が教師には求められている。そして、何より大切なのが、「社会科でこのような力を身に付けて欲しい」「社会科を通してこのような人間に育って欲しい」という教師一人一人が、自分なりの哲学をもつことではないかと考える。

　毎日の授業で悩んでいる若手教員に「どんな授業をしたいか」と聞くと、最初は「生徒に関心をもってもらえる授業」と答えるが、様々な経験を積むにつれ、「こんな教材がある」「このように展開してみた」「生徒がこのように反応した」と報告するようになる。そして何より、そのような報告をする教師自身が授業づくりを楽しんでいると感じる。目の前に広がっている身近な事象のすべては教材であり、社会科につながる。生徒をワクワク、ドキドキさせる授業をするには、教師自身がワクワク、ドキドキして教材を探し、解釈し、授業をつくっていく、そしてそれを教員同士が協議して高め合うことが何より大切であると考える。

髙岡麻美（玉川大学）

第3章　採用側からみた社会科の教師教育

はじめに

　人を採用するということは自分が試される事でもあり、その人生に大きな責任が伴うものになる。特に社会科教師となると、ある意味、他教科以上に視野を広げ「深掘りし」「俯瞰して」その適正を判断する必要があると私は任用室長として受け止めてきた。それは、この教科の存在は他教科を包含し、その判断により行動を促す事になる特質を持っているように感じてきたからである。すなわち、知識のみで終始するのではなく行動までも呼び起こす事が出来る要素が多く含まれているからである。

　その教師となる素地をいかに養ってきたか、そして今後の成長がどの程度期待できるかという視点から「基礎知識」や「判断力」そして「児童・生徒を納得させる資質や能力」を持っているかを教員採用の面接官はわずかな時間で判断する事になる。結論は、この時間内では、いかに資料が揃っていてもその場での判断であるから直感に委ねられる事は否めない。極端な事を言うと「いい教師になる」と感じればそのような質問が出される場合もある。ただし体験の質や量の如何ではかなりのウエートで採用の判断材料になる事は少なくない。すなわち児童・生徒を惹きつける魅力があるか、その可能性があるかを見定めることに尽きる。

1　授業実践の紹介

　先ずは、私が実際に示範している授業について説明したい。

⑴　いじめの可視化授業の一例

　いじめは、ほとんどが見えない為に指導も抽象的になりやすいものである。

　そこで「いじめ撲滅授業」と題して小学校の高学年から高校生を対象に可視化する授業を行ってきた。以下に概要を記載するが、動画での配信もしているので閲覧いただきたい。

https://youtu.be/1O-hYJ3ap5M サタモラ第 10 回配信

- 場所は体育館
- 参加者は、6 年生、5 年生、保護者、教員、学校評議員　およそ 250 名
- 時間は、質疑を入れて 90 分程度
- 動機は、些細ないじめが起き始めているという教師の訴えから
- 道具　可視化するために、長机、トンカチ、五寸釘、板、鉄板、スライムを用意する。
- シナリオは、自分の体験から披露する。

➢ 　引っ越してきて近隣に挨拶に回った時、40 年ぶりに同級生に再会した。「小学校の時は楽しかったね。」と話すと「辛かった」という返事。「何で」と聴くと「いじめられていたから」と、「誰に？」と聴くと「あなたに」と。そんな記憶がないと話すと、「だって私がいじめられているのを見ていて何もしなかったでしょ」と。説明し、「人は 40 年経っても忘れないんだ」と思い出せないながらも反省をした。と自己嫌悪に。

➢ 　その後「この中でいじめられた経験のある人？いじめた経験のある人？」と聴いて、テーブルに置いてある道具を見せる。

➢ 　「では、この木と、釘と、トンカチで何が出来るかな？」

➢ 　「木に釘を打ち付けたい」という意思を確認して、代表児童を前に出して勢いよく打ち付ける。

➢ 　その刺さった釘を抜いて一言「この木の傷は消えないね。これは何だろう？」と投げかける。

> ➤ 「いじめられた人の気持ち」と声がする。
> ➤ そこで「トンカチも釘は、ほとんど傷ついてはいないね」と穴と釘を見せる。
> ➤ 「次に鉄板に打ってみるよ」「次はスライムに…」と違いを可視化する。
> ➤ 「ではトンカチは誰だろう？釘は何だろう？」と自分と重ねて考えるように導く。
> ➤ 「鉄板になれるかな？スライムになれそうかな？」ここも自分で考える時間を取って、その後、周りと話合わせる。
> ➤ 次に、「ではいじめは何処から始まるのだろう？」と質問する。
> ➤ そこで保護者に聞く、「いじめは学校で始まるのでしょうか？」
> ➤ 保護者から「家庭の中かもしれない？」という答えがでる時があるが、深入りはしない。
> ➤ 「では、ここで3つの立場、いじめ役、いじめ役の友達、いじめられ役になって役割演技をして、その時の気持ちを感じてみよう」と投げかける。
> ➤ テーマは、「お前、臭いな」と大声でいじめ役が言い。いじめ役の友達も不本意ながら同調する。
> ➤ いじめられ役は、それに耐える。という役回りを相互に体験する。少し照れ臭く演技をしていても強く注意はしない。注意をすると、気を取られるし、ふざけたようにやっても気持ちの動きは感じている。
> ➤ その時の気持ちを共有し、発表させて本時を終わる。という、授業である。

このように授業は様々な課題を解決する為のものであるから、傍観視させずに児童・生徒を巻き込んで行うものであることを念頭に置いて取り組む必要があるのではないだろうか。

　以下の2つの取り組みは、基本バージョンであって、学級学年の実態並びに発達段階に応じてカスタマイズして実施している。

⑵　ストップモーションを体得する授業

　嫌な事を言われた限界に近付いたら、手をかざして「ストップ」と声を出す練習を小学校 1 年生段階で練習するように教えている。その際の嫌がらせやからかいの言葉は教師側で用意しておく必要がある。こうした練習を重ねる中で耐性や相手の気持ちが理解できるようになっていくのは大変有効である。ただし定期的にその訓練の意味を確認するとともに、個別面談をする必要がある。

⑶　バディーシステムを組む訓練

　学年を越えていわゆる兄妹を作る。困った時や、いじめがあった時に相談できる関係を作るシステムである。縦と関係や斜めの関係が出来て学校内に限らず学校外でも、その効果が報告されることが多くあった。そのシステムにもルールを決めて適正な関係が保全できるように教師との面談は欠かせない。

2　面接及び模擬授業は「何のために」行うのか

　面接は何と言っても第一印象に左右される。目に飛び込む姿がその後の見方や質問内容も影響するものである。緊張は選考する側にも選考させる側にもあるが、最初の面接官がアイスブレークの役を果たす、「昨日はよく眠れましたか」「どの様に会場まで来られましたか」緊張を取り去って本来の心情や表情を引き出すのである。声の響きや言語の豊かさそして使い方、自信の裏付けなどを深掘りしていく。「生徒から見て好感を持たれるか」「採用後、不祥事を起こす傾向は無いか」などを様々な質問で浮き彫りにしていくのである。概ね最後の面接官が全体を補完して判断する事が多い。

　また模擬授業においては、「教える事」「考えさせる事」「論議させる事」を明確に持っているかという視点が大切になる。教師側からのアクションはT字型にして発問や指示を投げて横に意見や考えを広げて、吸い上げるイメー

ジが有効的である。すなわち、安易な一問一答にならないように意識する事が良い評価になる場合が多い。また、質問や指示のバリエーションをどの程度持ち合わせているか。挙手の利点や難点を理解しているか、机間指導の工夫の効果を考えて動いているか、安易にまとめにせずに生徒と共に必然性を感じながら授業を進められているか。板書の文字の大きさや配列は書くスピードなどは、直接、目に飛び込むものであるためインパクトは大きい。思考が途切れないように言葉を添えながら板書する基本は押さえない。また、デジタル教科書の活用も求められる場合があるので、道具として慣れておきたい。ただし道具であり理解を促進するための手段の一つであることを忘れてはならない。

　面接官には「この受験者が仮に合格したなら、あなたの学校に採用したいか？」という視点で責任ある評価をするように指示をしている。

3　指導案は何のため

　先ず、指導案とは「何のためのものか」を理解しておく必要がある（**図3-3-1**）。指導案に拘りすぎて、その労力に精根を使い果たして、本番の授業では、児童・生徒の実態とかけ離れた強引な授業や、息苦しくなるような詰込み授業になる例はあまりに多い。授業は生ものであるため、予定どおりにはいかない。だから面白いのである。それも指導者側に余裕がないとぎくしゃくしてしまう。指導案は、あくまで現時点でのプランであり、一人ひとりの児童・生徒の思考や疑問や経験値は計り知れないうえに、数十人を相手にした授業なのだから柔軟にしてしっかりとした信念が求められる。そのために必要とされるのは「発問や指示の構造化」が出来ているか。という事である。主発問が用意出来たら、その反応から次にどの様に導くか、そこで仮に意見が分かれたらどのような指示や発問をするか。と、ある意味のシナリオを用意して臨むことである。

　児童・生徒の変容こそが授業の価値であって、それを一定のレベルまで引き上げる事の出来る授業の質を確保するためには「発問や指示の構造化」は

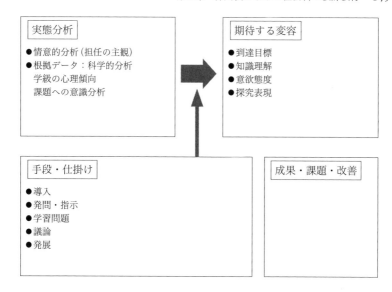

図 3-3-1

欠かせない。併せて、児童・生徒の既存知識や経験値、さらには個や集団での心理を把握しておく必要がある。勿論、細密な指導案を作成できる力があったうえでの略案なのであって、評価欄にも上位への配慮、下位への配慮を加えて記載する事は必須である。また、毎回の指導案を細案にすることは困難なので私の場合は「略式指導案」を考案し、学年や教科部会で授業イメージを持ちながら、必要に応じて指導案に反映させるようにしてきた。

4　求められる資質とは

　それは「明朗・快活」である。それは何事にも単なる「一生懸命」にではなく、「丁寧」に「誠実」に、そして素直に処することの出来る素地を持っていることである。逆に「責任転嫁」「ルーズ」「暗い」・・・頂けない。また、何事も「一生懸命」にしていればいい結果になるとするという思い込みがある。採用後も真面目にあれもこれもとやりすぎることになり、周りにも弱音がはけずに自滅するタイプが年々増えているように感じられる。また、出来ない無理を

背伸びして自滅する事もあるので、身近なアドバイザーを持つことが重要である。また、教師はどうしても交友関係が狭くなりやすい。だからこそ意図的に異業種の方との意見交換を持つことを進めたい。

　勿論、専門性を求めはするが、それをひけらかす二流三流の教師になってはならない。「難しいことを、簡単に、分かりやすく」という心構えを持っていることが望ましい。難しい顔をして、権威を振りかざして「どうだ」と言わんばかりの教師にはなってはならない。また、広い視野や豊かな教養がないと、やがては無味乾燥的なマンネリ授業になってしまう。特に社会科の地理や歴史を苦手とする生徒は多いのだから、興味関心を抱かせるような指導の工夫を常に意識できる教師であってほしい。そして定年退職した後に教え子から慕われる存在になってほしいと願っている。それには養成機関での鍛錬に期待するところが大きい。

　ちなみに資質を見抜く側の面接官も、概ね2方向から受験者を見定めるように役割が分担されている。教師経験を持ち面接官に来ている者は「履歴書や志願書」をもとに、志願者の経歴や経験を見て「どこまで出来上がっているか」「学校現場への対応や人間関係は築けるか」などで判断する。反面、民間企業からの面接官は「これからどのように伸びるか」という視点で判断する。この両面から資質を見る事が必要と考え導入に踏み切った経緯がある。その視点は、今後も変わらない。

5　大学で身に付けてほしい力

(1)　素直さと忍耐力

　「素直さ」と「忍耐力」を先ず挙げたい。それはいかに専門性が高くとも素直さがないと児童生徒の心情が理解できないし、苦言も建設的に受け止められず、自己改革も出来ない。児童・生徒が「授業を理解できない。いじめがある」などのSOSを何度発信していても、教師側の受信機が壊れていては役に立たないからである。また、打たれ強いという忍耐力が育っている事が求められる。何故なら現行の制度では、採用後、即担任になる場合や授業を一

人で行う事になるからである。それは、わずかな路上運転の経験で高速道路を一気に走るようなものである。その意味では採用後の慣らし期間と大学卒業までのギャップを相互連携でなだらかにする必要を感じるが、双方に余裕がないのも事実である。

これは実際にあった出来事である。ある時、校長室に教職大学院卒の新採教諭が駆け込んできた事があった「校長先生、酷すぎます。私は、もう教師は出来ません。保護者から『昨年はベテランの先生で安心していたのに、今年はあなたみたいな新採に受け持たれて・・・子どもの為にも担任を変わってください』と、こんなに酷いことを生まれて始めて言われました」と泣きながら訴えてきたのである。さして珍しくはない事ではあるが、この禊（みそぎ）をどう乗り越えさせるかが最近は話題になっていることが多い。まさに夢に描いた教師の仕事が厳しい現実に突き当たる事になる。これが5月過ぎに起きやすいのも事実で、この耐性を養ってほしいのである。大学のサークルやバイトに任せるのではなく、出来るだけ授業の中で演習し鍛錬しておかないと対応できない現実が毎年のように起きている。早期退職のほとんどがこのケースである事を認識して欲しい。

⑵　日々の授業導入の一例を紹介

K都議会議員が雲隠れからやっと議会に現れた記事が数多く報道された。その反響は概ね予想をしていたが、時を逃がさず、早速授業で扱った。

この後のKさんの動きや、本人や関係者たちの人生を予想する事や、また、こうなる前にどの段階で道徳心を培うのかなど論議させながら多様な考えた方や見方で掘り下げるように導いていく。「K都議は辞めないだろうと考える学生」や、「今は耐えるしかない」という者もいる。また、「時が過ぎれば忘れるし」「こんな状況でもその職から罷免されないのは何故か」、さらに議員に与えられた特権についても「現行法では仕方ない」とする意見もあり、「どうせ」というような諦めに似た考えも聴かれた。また「日本では、とかく一度失敗すると、社会的制裁を終えても、そう簡単に容認はしない傾向にある。リベンジがしにくい社会がある」「政治家の中にもそうした面々が多くいる」

ことも学生は率直に指摘していた。さらにK都議に対するリコールの難しさや、若者の選挙意識の低さもこうした事を正せない状況を招いている。という主張もあった。そこでさらに「あなたがこのK都議の家族だったらどうする」「元担任だったら」と訊きただす。様々意見交換をして意見が出尽くしたところで、「こうした事を未然に防ぐ事は出来るだろうか」と問う、すると多くの学生が「小学校時代の道徳をしっかりやる必要があるのでは」と行き着く。そこでさらに「今の道徳がその役を果たせるか」と問うと、その道徳教育の課題も意識して全体観で現象を見る訓練が出来る事になる。

　このように、近々に起きた出来事を他人事にさせないように学ばせている。そのなかで規範意識をどのように身に付けねばならないかに気づかせていくのである。学生は、考えを突然問われるので油断が出来ずに必死に真剣に考える事になる。そしてグループでの活発な話し合いが何度となく繰り返され今まで考えた事のない事を考えざるを得ないところへ追い込むという具合である。学生は多くが今後役立つ授業と一応に評価をするようである。あくまでも人間という観点を保ち、我が事と捉えるようにさせるのが面白味となる事は間違いがないが、同時に発問するこちら側の心情やスキルが両刃の剣のように試される事になる。

6　経験の場を提供

⑴　子どもと体験を共にする教育実践

　これまで幸いにも多くの学生が正規採用となり、日本各地で活躍している。社会科という人の生き様や人間社会の仕組みや現実を意識した学びの特性にあるのかもしれない。それは社会を意識して自分を考える鍛錬がされることで自ずと精神性が高くならねばならない。

　その意味で私が継続している児童・生徒と体験を共にする教育実践を紹介したい。

　具体的には、不登校や学力不振の生徒を支援する教室を学生が運営し、様々な合宿を行ってきた。夏には富士山自然体験教室を開催し、課題を抱え

る児童・生徒と富士山での宿泊体験、登頂体験 16 年間継続をしている。概ね 5 泊 6 日で寝食を共にする中で、支援される方が支援する方へと意識を変えて「人は自分のためには強くなれないが、守らねばならない児童生徒がいると学生が変容する姿に変わる」という事である。学生が不登校やダウン症、発達障害、脳性麻痺、半身不随等々の児童生徒を引率して富士山頂を目指すのは容易な事ではない。それは、体力に自信のある学生が高山病になり、不登校の児童に「もう少しだから頑張ろう」と場面に象徴される。頭痛と吐き気に襲われて身動きできない学生が、不登校などの辛さを日々抱えている児童に励まされるのである。こうした取り組みにより学生は自ずと変容を遂げる。この 4 年間の経験が積み重なり「教師になる」という意思が強固になり、早い段階で目標に向けた取り組みを開始する事になる。こうした経験は採用後の成長にも影響している事は間違いない。また、いやいやながら来た児童・生徒もそのほとんどが新学期に登校はするが数か月で行けなくなるものの、富士山合宿にはほとんどがリピーターとなり参加してくるのだから驚いてしまう。

⑵　本気で追い風を送れば開花する

　また、現在、大学の昼休みに行っている「教採道場」も多くの学生にスイッチを入れる事が出来ている。正規合格者の大半はこの道場生である。こうした学生への支援や取り組みは大学それぞれで工夫をされて実施されているだろう。そしてそのほとんどがボランティアで行われている。そうした取り組みが学生への追い風としては欠かせないのである。

　私の場合は、週に 3 日、昼の 12 時半から 13 時までの僅か 30 分に、板書指導、面接指導、筆記指導、論文指導、そしてモンスターペアレント演習などを行っている。現在は、コロナの関係で遠隔で継続して行っている。ここは鍛える場なのでその意識で臨むように説明し参加させている。

　また、授業においては、その日に起きた事件や事故から入るようにしている。何故なら、広い視野から様々な出来事を「教育」という視点で考えさせるからである。被害者、加害者その家族という全方位的な視点から事件・事

故を気づき考えさせ、必ず批判的思考を持たせながら授業を進めている。すなわち、学んだことが日々の出来事に使えるという実感を持たせるように工夫しているのである。そして学科の特質に沿って落としどころは異なるが、必ず自分事にして「気づかせ」「考えさせて」から、「自らの足りなさを知り」そこへ「納得の授業」を、注ぎ込むという手法である。

　主なテキストは、以下の連載している「論説・コラム」を活用している。

　参考

　生徒指導〜小学校段階での考え方〜（221回連載）
　https://www.kyoiku-press.com/post-series/series-217921/
　大久保俊輝の「休み中に考えたい学校問題」（86回連載）
　https://www.kyoiku-press.com/post-series/series-216781/
　コロナ時代に考えたい学校問題（185回連載）
　https://www.kyoiku-press.com/post-series/series-217099/
　一刀両断（論説・コラム、150回連載中）
　https://www.kyoiku-press.com/post-243581/
　けいいく
　https://www.moralogy.jp/educatorseminar/moral-education/
　サタデーモラル
　https://www.moralogy.jp/educatorseminar/skillupprogram4/

7　選考の内実

(1)　専門性と人間性

　具体的には500名程度の受験者から15名を採用するとなると、選考要素が客観性に耐えられるものであり合理性が必要になる。また、決められた期日までに選考が不十分でも甲乙を付けねばならない。勿論、1点に何人もの受験者が並ぶ場合がある。その中での優劣は、認知能力では差がつかずに、非認知能力によるところを視点によって判断をすることになる。記載されている内容や手書きの場合は文字の美しさも要因にする。写真や面接の判定を何度も見て優劣をつけねばならないわけである。ただし社会科の受験者は他の教科と明らかな違いがある。それは筆記ではその平均点が他教科と比較し

てダントツに高いという事である。また、その反面に心理テストでは課題を示す確率も比較的に高いという印象が残っているのも事実である。さらに社会科は、教員試験の最難関としてその位置を占めていたからである。もちろん免許を取得できる学部が全国に存在しているからでもある。よって受験者は、教員養成大学は勿論の事、全国から集まるわけである。では、その中からどのように適材を選考していくのかという本題に入っていきた。

　総論から言えば、専門性を担保した上で人間性を採用側としては重視している。それは知識を教える前に、その人間性に魅力がなければならない事であり、素直さや誠実さや専門性がバランスよく身についている事が理想でもある。すなわち認知能力よりも非認知能力を重視しているのである。しかし、非認知能力は単純な比較ではないので面接や論文の行間からその人物の適性を見抜かねばならないことになる。

　社会科教員として求められる資質と力量、先ずは、謙虚にして豊富な知識と生徒個々をきめ細かく理解して導くスキルを持っているか、今後持つであろうことが期待できることにある。何故なら、概ね社会科の教員は他の教科と比べて多くの情報や経験をしていると共に教員採用選考の試験でも成績の上位を占める傾向がある。勿論、他教科にはあまり該当しない最難関の大学や大学院の学歴を持つものが多く存在するが、概して研究者が多く、生徒を導く教師力としてはかなり歪に感じられる事が少なくはないのである。すなわち、教師に求められる資質や力量は、知識の多さよりも様々な生徒を探究へと引き込む魅力ある啓発教育のできる人間的資質を持ち合わせているか否かが求められているのである。

　その意味では、生徒の能力を引き出すともに自らも人間として成長していきたいと素直に行動できる人物を探すことになる。要するに、生徒のやる気スイッチを入れられる人物かどうかが採用の最大ポイントになっている。中でも社会科教員は、その専門内容が現学習指導要領の眼目である「社会に開かれた教育課程」の中心をなすものであり、児童生徒に人間的なバランスのよい成長を促す事の出来る可能性を多く含んだ教科であるからこそ、教師に求められる資質力量は他教科以上に期待されるのである。

⑵　求めたい資質と力量

　喜怒哀楽のバランス感覚を意識した授業をするには、かなりの熱量が必要である。その熱量なくして感動もなければ行動も生まれない。それは共感の域に止まらせないという強い意志から生まれるものであり、その意志に裏付けられた専門性がなくして「感動の授業」とはならない。また、①知識を教える場面と、②自ら探究する場面と、③論議しながら深めていく場面を明確にして授業に臨むことを基本にしなければならない。柔軟性のある社会科の教師教育の育成と、その専門性は何を指すのか。知識の量か。伝えるスキルか。パフォーマンスか。ここでいう柔軟さとは、生徒の思考や発言を受けながら興味・関心を把握して、個々の探究心が芽生えるように意欲を引き出すという事である。学力の差が大きい公立学校では、生徒の理解度に沿って発問にも工夫が求められる。すなわち補助発問や理解を促進する工夫を加えないと理解できない生徒と、理解度が高い生徒もいるのだから、望ましくは、児童生徒の実態に合わせて質問や指示が柔軟に展開できると満足感は高まる。

　勿論、単元や授業の目標や目的がしっかりしていないと的に矢は絞れない。手段を目的にしない事である。「全員に理解させる」「ここは考えさせる」「そしてここは複眼的な視点を持たせるために論議させる」という授業展開には欠かせない要素がある。また、学校という組織人として求められる従順さを、素直さとするならば、安易なイエスマンでは役に立たない。授業が上手くいかない時に児童・生徒のせいにするなどの言い訳をしないという事である。授業は、生徒の満足度がバロメーターである。児童・生徒を主役にできるかは9割以上が教師の資質力量による。また、児童・生徒を主体的に没頭させる仕掛けができる必要がある。その探究心の維持継続ができるように導く為のプログラム、すなわち段取りや仕組みを計画する必要がある。

　中でも社会科は、切り口が多方面に設けられるので、生徒の実態に合わせて、臨機応変に展開できる柔軟にして明解な視点を持つ必要がある。その日の体調や心情によって個々に異なる者同士が集まるのが授業の実際である。SDGsでも「ひとりも見捨てない」というスローガンを提示しているが、授業

における困難さを認識しなければならない。時間を浪費させるだけの「意味のない話し合い」や、「先生ご都合主義のワークシート」を安易に使用する傾向があるが、必然性がなければやらされ感しか残らない。話し合いをする必要のある時とは、どの様な時か、期待されるものが個々の学びに確実に必要なものであるかを考えねばならない。授業において生徒指導の目標である「自己指導能力の育成」の為に、授業の中に「自己決定」「自己存在」「共感的人間関係」さらに「教える事」「考えさせる事」「論議させる事」を授業に位置付けて、獲得させるべきねらいを常に忘れてはならないのである。

8　仕掛け人のように

　社会科教員は、他の教科よりも一段上の資質や力量を持って欲しいと私は念願している。何故ならそうした人物がさほど多いとは言えないからである。その魅力的な人間性と専門性を振り返ると歴史の中には多く存在していた。人物を視るのにどの視点から見るかで評価は大きく変わるものである。あの渋沢栄一や中島知久平も多くの認知していない子どもがいる。そうした子どもは自分の父親さえも知らない人生を送ることになる。また、膨大な知識を教える対象が見えていないと、その効果は期待できない。しかし、知識の豊富さに酔いしれていると対象者を見間違え、見下げるという一番愚かな姿が露呈する。現在、ある少年刑務所では、教え込むのではなく、引き出すという視点から、自己に目を向けさせ、自分の考えを披瀝するという啓発教育を行っている。社会科でも様々な場面に取り入れられて欲しいものだ。

　すなわち、「何のために学ぶのか」「何のために知る必要があるのか」という問いを持ちながら、自分へと置き換えて探究し向上していく姿勢を養うことに尽きる。その姿勢はやがてリカレント教育となり、専門性から総合性、そして全体性・全体観へと思考を変え地球倫理への繋がることが期待できる。

　社会科から道徳は派生したと言われる。それ以外でも社会科には地理や歴史そして公民と幅広い範囲がある。それは教える側の人格や品位という意味での教養がある。この「鍛錬」の素地となるものを大学教育では位置付けら

れてはいない。この視点が明らかに欠けているのである。

　そこで提案したいのは、教師に向いていると勘違いしている学生や、向いていないと勘違いしている学生を是正して、意識を変えさせる必要があるという事である。大学卒業と同時に教員に採用されることは、採用側からするとあまりに急で望ましいとは思えない。仮採用期間に不適格とされるケースが額面上未だ少ない。

　私が提案する改善策のひとつは、早い段階からの要請である。高等学校からスタートする教員養成システムである。又は社会人から優秀な人材をより高い報酬で登用するシステムの検討である。さらに正規採用の教員よりも講師（臨時的任用）を続けている教師の方が力量や資質に優れている場合が少なくないのも当然とも言える。さらに多くの視野を持たせるために海外研修や企業研修、さらには一定条件のもとに副業を奨励したい。その意味でも大学で学ぶ養成段階において、社会を肌で触れながら幅広い人間関係の中で、鍛錬させる初期段階としての場を是非設けて頂きたいのである。

参考

　教育実習生の為に、以下のような「亜細亜10項」を示している。

【教育実習・亜細亜10項】　大久保俊輝：考案　2020

　〇このチャンスを生かすと、そのまま採用への道が開かれることは少なくない。その逆もある。

　〇誠実さ、真剣さ、素直さが一番に評価される。高慢な言動は致命傷になるから要注意。

　〇やりがいを感じたら、何としても教師になると腹を決めて邁進する。

① **【受け入れる学校事情について】**

　概して、実習生を受け入れると、そのクラスの授業進度は確実に遅れる。児童生徒の不利益にならないように、やり直さないとならない授業が増えるため、担当教員にはかなりの負担感が出る。これを望んで引き受ける教師はめったにいない。しかし、一度引き受けたら後継の育成のために全力を尽くすのがモットーでなければならない。

②【実習生に求められる言動】

　4月に入って1週間も過ぎれば、学校が本格始動している。すなわち年度計画で動き始めるのである。教育実習の予定も組み込まれる為、次年度の教育実習受け入れも動き始める。基本は母校での実習となるが、特別支援学校などは近隣や伝手を探すことになる。

　また、教職以外で性急な生計を立てるために、やむなく一般企業の就職を考えていても、それは指導教官並びに学校の指導意欲を著しく削ぐものとなるため学校側としては受け入れ難い。すなわち「教師になってくれるためなら」という気持ちがあるからである。「とりあえず働いてから」という思いは受け入れがたい需要状況にあるため、やむなく採用選考が不合格となっても、講師として勤務することが受け入れの大前提となっていることを理解しなければならない。よって、一応の教育実習という考え方は現在では通用しない。

③【教育実習希望校の打診について】

　「私は亜細亜大学の学生で○○と申しますが、教師を目指しておりまして、母校である○○学校で、次年度、教育実習をさせて頂きたいと思ってお電話いたしました。担当の先生はおられますか」…「ご挨拶とお願いに参りたいのですが、ご都合のよい日時を教えていただけますか」と趣旨を伝えて指示を受ける。

④【訪問当日】

　「亜細亜大学の○○と申しますが、次年度の教育実習の件で、○○先生を訪ねてまいりました。お繋ぎ頂けますでしょうか」

⑤【面談】

　「亜細亜大学の○○です。先日は電話で失礼をいたしました。」

　「できましたら、次年度○月当たりを学業の関係で希望を致しております。いかがでしょうか。ご無理は申しませんのでご検討願えますでしょうか」

⑥【御礼葉書】

　「先般は、ご多忙の中を御対応賜り恐縮致しております。亜細亜大学

の○○です。…この度は、実習の機会を設けて頂きまして嬉しく思っております。教師を目指して頑張りますので、ご指導のほど宜しくお願いいたします…」

　※実習開始3か月前・1か月前・1週間前の3回葉書か封書で学校長
　　あてに送る。

⑦【実習前日】

　「明日より教育実習でお世話になります亜細亜大学の○○と申します。御迷惑をお掛けいたしますが、御指導の程、どうぞ宜しくお願いいたします」

⑧【実習当日】

　「○○先生、おはようございます」「○○先生、ありがとうございます」「すいません」「お先に失礼いたします」

◆休み時間：児童・生徒と気軽に会話して遊ぶことが、一番好感が持たれる。

◆授業参観：教師でなく、児童・生徒の反応を見るように心掛ける。

◆清掃活動：汗して必死に取り組む姿は、好印象として焼き付く。

◆残業をする必要がないときは、その分早く出勤し行動する。

⑨【実習期間の考え方】

　大学長と○○学校長の機関長が契約交わして、教育実習は行われる事になる。よって安易な姿勢は、信頼を失い実習受け入れを断られても致し方ない状況にもなりかねない。そこで、期間中にやむを得ない出来事が起きた場合は、必ず大学側担当に事前に相談してから、学校への対処をするようにする。「独断での行動」や「思い込みの自己判断」で行ってはならない。併せてハラスメント的な事がある場合も、早めに大学に相談し解決を試みる。

⑩【実習終了後】

　1週間以内に真心の御礼の手紙を送り、その後2か月後、6か月後に近況を織り交ぜて御礼の手紙を「担当教員」及び「校長」へ送る。真剣さと名前を覚えてもらうことである。多くの実習生の中でも際立った「誠

実な態度」に好感を持って頂くことである。これが推薦等につながり採用への門戸を開くことは多い。

※ こうした言動や考え方や服装は、日常の大学生活の中では鍛錬されにくい。よってこうした礼節や構えは、亜細亜大学「教採道場」へ通うことで身に着けることである。必然の合格であって、偶然の合格はない。

おわりに——過去と学生(他人)は変わらない！自分と今(未来)は変えられる！

最後に気になっている事を列記したい。それは自戒を込めて書き加える。

- あなたの講義は、どこまで学生に届いていますか。届いていないならなぜ改善しないのですか？
- 自ら感動せずして、学生を感動させることは出来ません。分かっていたら行動を開始するのでは？
- 学生が寝ていても、スマホをいじっていても……なぜ見過ごすのか。悔しくないのか？本気でないからでは？
- 学生が欠席したり、遅刻したりを厳しく叱責できますか？自分も学生も甘やかしていませんか？
- 専門の話は出来ても、それ以外の高尚な娯楽的な話題を授業に盛り込み、引き込んでいますか？
- 研究と実践の両輪が均等にあってこそ、まっすぐに前進するのではないでしょうか？
- 自分以上の人間に育てるのが教師の役割ではないでしょうか？連作障害にしていませんか？

自戒を込めて、敢えて問いたいことがある。何のために今の職に居ますか？自分のため、学生のため、学生のために大学があり教師は存在するはずである。飽くなき自己の探究へ向けた闘いを教師自身が放棄した時又は「ゆでガエル状態」に陥った時に、授業で学生の魂を痺れさせることは不可能と

なる。大学名が学生を決めるのではなく、学生の活躍や成長そして社会貢献が大学を決める。「あの人は輝いている」「教師としても人間としても期待が出来るし、とても魅力的だ。」ところで何処の大学で学んできたのだろう。と、評価するのが学校の教師であり、児童・生徒たちである。どの程度の人物か否かは、試練の時に現れる。よって意図的に教師にも学生にも負荷をかける事がある。「人は窮地にあって活路を見いだす。真の楽しみは苦しみの中にあるのだ」と、あの吉田松陰の弟子高杉晋作は捉えた。師弟の関係は、わずか1年の薫陶であった。「置かれた境遇を嘆いても、何も変わらない。つまるところ人生は心の持ち方一つで決まる」とも言い切っている。眼前のなすべきことを真摯にとらえ、「丁寧」に「誠実」に関わっていく充実の日々を共々に歩みたい。

大久保俊輝（亜細亜大学）

【問い合わせ】教職課程担当：大久保俊輝 okubo_47@yahoo.co.jp

第4章　政策決定過程からみた社会科の教師教育

はじめに

　2017、18、19年に改訂された小・中・高等学校等の学習指導要領では、現代の日本について、生産年齢人口の減少、グローバル化の進展や絶え間ない技術革新など、社会の変化は加速度を増し、複雑で予測困難となってきているとの現状認識がなされている。その上で、このような複雑で変化の激しい社会の中で、これからの社会に生きる現在の子供たちには、様々な情報やできごとを受け止め、主体的に判断しながら、自分を社会の中でどのように位置付け、社会をどう描くかを考え、他者と共に生き、課題を解決していくための力が必要となるとされ、そのために必要となる資質・能力を、初等中等教育において確実に育成することが求められた[1]。

　とりわけ、選挙権年齢及び成年年齢の満18歳への引き下げは、「平和で民主的な国家及び社会の形成者に必要な公民としての資質・能力の基礎」[2]を育むことを目標としてきた社会科にとって、大きなインパクトを与えるものであった。このできごとは、これまで以上に、子供たちが自ら考え、積極的に国家や社会に参画できるようにしていくために、社会科ではどのような学習指導が求められるのかを考える契機となる、まさに「黒船」となったのである。しかしながら、ことの本質は、ここに取り上げた社会的要請は氷山の一角であるということではないだろうか。現在、社会科教育の場において指導することが期待されている様々な社会的要請の多くは、国民の代表である政治家(代議士)や、日本経済を牽引しているとの自負を持つ経済関係者等、直接的には学校教育に携わっていない人々からの要請が過半を占めているよ

うに思われる[3]。

このことは、社会科の教師教育の在り方においても同様であろう。社会科は、これらの社会的要請に全て応えていくべき教科なのか、という本質論は一旦措くとしても、現在多方面から寄せられ、また今後も形を変えて寄せられ続けるであろう雑多な社会的要請を、どのように社会科教育の内容・方法に取り込んでいくか、あるいは取り込まないかと精査することのできる教師の養成が喫緊の課題であることは論を俟たない。社会の側と、小・中・高等学校等あるいは大学教員との間の教師教育に対する意識の差を埋めていくことが、まずは必要な作業ではないだろうか。

そこで本稿では、教育再生実行会議及び中央教育審議会から発出された教師教育に関する提言や答申を紐解き、当該提言や答申相互の関連性を明らかにすることにより、社会の側は教師教育、とりわけ社会科の教師教育に何を求めているのか、それに対して各地方自治体や大学など教師教育を担う側は何ができるのか整理していくこととしたい。

1 「社会に開かれた教育課程」が強調される背景

(1) 中央教育審議会が訴求する教育課程の理念

今回の学習指導要領の改訂においては「社会に開かれた教育課程」との理念が大きく謳われた。これは、「よりよい学校教育を通じてよりよい社会を創るという目標を学校と社会とが共有し、それぞれの学校において、必要な教育内容をどのように学び、どのような資質・能力を身に付けられるようにするのかを明確にしながら、社会との連携・協働によりその実現を図っていく」との考え方に基づくものと説明されている[4]。すなわち、学校教育はよりよい社会を創るために資するものである、と読み解くことができそうである。

「よりよい社会」の創造は、学校教育関係者だけで行うものではなく、また学校とは関係のないところで自ずと行われるものでもない。学校と社会とが「よりよい社会」のイメージを共有し、連携・協働することによりその実現を図っていくということになるのであろう。

　ではなぜ、一見当然ともいえる学校と社会との連携・協働の必要性について、殊更に強調する必要性があったのだろうか。中央教育審議会「幼稚園、小学校、中学校、高等学校及び特別支援学校の学習指導要領等の改善及び必要な方策等について（答申）」(2016 年)（以下、「答申 (2016)」という。）によると、「社会に開かれた教育課程」は次の 3 項目から成っている。

表 3-4-1　「社会に開かれた教育課程」の構成要素

> ①　社会や世界の状況を幅広く視野に入れ、よりよい学校教育を通じてよりよい社会を創るという目標を持ち、教育課程を介してその目標を社会と共有していくこと。
> ②　これからの社会を創り出していく子供たちが、社会や世界に向き合い関わり合い、自分の人生を切り拓いていくために求められる資質・能力とは何かを、教育課程において明確化し育んでいくこと。
> ③　教育課程の実施に当たって、地域の人的・物的資源を活用したり、放課後や土曜日等を活用した社会教育との連携を図ったりし、学校教育を学校内に閉じずに、その目指すところを社会と連携・共有しながら実現させること。

（下線は筆者付記）

　なぜこのような当然のことを殊更に強調するのか、ということを考えるにあたっては、中央教育審議会という会議体の性格を考慮に入れる必要がある。中央教育審議会は、「文部科学大臣の諮問に応じて教育の振興及び生涯学習の推進を中核とした豊かな人間性を備えた創造的な人材の育成に関する重要事項を調査審議し、文部科学大臣に意見を述べること」を主たる所掌事務としており、文部科学省に設置される会議体である[5]。委員（臨時委員、専門委員を含む。）には教育関係者も含まれているものの、直接的に学校教育に携わっているわけではない一般社会の有識者も多く、一般社会から見た学校教育に対する見方、社会的要請が多く反映される会議体であるといえる。

　すなわち、表 3-4-1 中の①の下線部からは、中央教育審議会の委員、敷衍して一般社会の方々は、今の学校教育は社会や世界の状況を、「一般社会が期待するほどには視野には入れていないのではないか」という問題意識があるのではないかと考えられるのである。学校教育関係者の立場からすると、そんなことはないと言いたくなるところではあるが、このように答申で示さ

れるということは、やはりここの部分はまだ十分に学校と社会との意思疎通ができていないのか、あるいは本当に学校が社会を視野に入れていないのかという問題意識につながってくるのである。

　また、表3-4-1中の③の下線部で「学校教育を学校内に閉じずに、その目指すところを社会と連携・共有しながら実現させる」と示されている点からは、学校教育が学校内に閉じてしまっている、また、その目指すところが一般社会が期待するほどには共有されていない、学校は何をしているのか分からない、さらには、学校は学校の中で実施している教育活動を社会に知らせようとしていないのではないか、という問題意識が見え隠れしていると捉えられる[6]。

⑵　諮問から答申に至るまで

　そもそも「答申(2016)」は、2014年11月の、文部科学大臣から中央教育審議会への「初等中等教育における教育課程の基準等の在り方について(諮問)」(以下、「諮問(2014)」という。)を受けて審議されたその成果を取りまとめた文書である。そこで、「諮問(2014)」において審議が要請された事項を確認する必要がでてくるのであるが、その一項目に「今後、国民投票の投票権年齢が満18歳以上となることや、選挙権年齢についても同様の引下げが検討されるなど、満18歳をもって『大人』として扱おうとする議論がなされていることも踏まえ、国家及び社会の責任ある形成者となるための教養と行動規範や、主体的に社会に参画し自立して社会生活を営むために必要な力を、実践的に身に付けるための新たな科目等の在り方」についての審議要請がなされていたことが分かる。この項目については、高等学校公民科の新科目「公共」設置という形で結実していくのであるが、一方で諮問の段階では「社会に開かれた教育課程」との用語は用いられていない。

　「公共」設置は「答申(2016)」の全体構造の中ではわずか一例に過ぎない。「公共」同様に「諮問(2014)」において審議が要請された項目に、「より探究的な学習活動を重視する視点からの『総合的な学習の時間』の改善の在り方」、「社会的要請を踏まえた専門学科のカリキュラムの在り方など、職業教育の充実の在り方」等がある。これらの社会的要請に関して目標・内容・方法の整合

性を取りつつ教科・科目等として成り立たせ、各学校で実施可能なものとすることは、学校教育関係者の不断の努力だけでは困難であろう。様々な社会的要請の目指すところを社会と連携・共有しながら実現させていくことが必要であるとの審議結果が導き出されたこと、このことに「社会に開かれた教育課程」との理念を被せたのであろうことは、審議の帰結としては十分妥当なものであると考えられる。ではなぜ、上記のような要請が「諮問(2014)」でなされたのであろうか。中央教育審議会の審議経過のみを追っていては、解が見いだせない事項である。

2　教育再生実行会議における教育・教師の在り方の方向性

---

(1)　教育再生実行会議の設置根拠

　ここで、「答申(2016)」で「社会に開かれた教育課程」の理念が謳われた背景を、教師教育の在り方と関連させ、さらに深追いしてみたい。

　前節で論究した中央教育審議会は、国の行政機関の一組織である文部科学省に設置されているに過ぎない。内閣総理大臣に任命された文部科学大臣が諮問し、答申を得た上で教育政策の改善等に資するという手続きを取るが、以下に示す教育再生実行会議と比べると、やや国民から遠い会議体であるともいえる。それに対して、内閣官房に設置されていた教育再生実行会議は、国民主権のもと正当な選挙で選出された国会議員によって選ばれた内閣総理大臣が、内閣官房長官及び文部科学大臣兼教育再生担当大臣並びに有識者により構成した会議体であり、閣議決定(2013年1月)を設置根拠としている[7]。そのため、一面では、中央教育審議会以上に一般社会からの要請事項が議題となりやすい性格をもつ会議体であったといえよう。

　教育再生実行会議は、これまでに「いじめの問題等への対応について」(第一次提言)(2013)、「今後の学制等の在り方について」(第五次提言)(2014)、「これからの時代に求められる資質・能力と、それを培う教育・教師の在り方について」(第七次提言)(2015)、「ポストコロナ期における新たな学びの在り方について」(第十三次提言)(2021)など、13次にわたる提言を内閣総理大臣に

手交している（2021年現在）。いずれも、一般社会の多方面から選出された有識者である委員が、学校教育や教師教育といった範疇を超えて「21世紀の日本にふさわしい教育体制を構築し、教育の再生を実行に移していく」との目的のもと、「内閣の最重要課題の一つとして教育改革を推進する必要がある」との設置趣旨に基づき審議するにふさわしい議題への提言をまとめたものであるように思われる[8]。ただし、設置趣旨に「教育の再生」とあることから、現在の日本の学校教育には課題が山積しており、教育改革を通してこれらの課題を克服していかなければならない、との現状認識が根底にあることを踏まえておく必要がある。

⑵　教育再生実行会議第五次提言に示された教員養成の在り方

　2014年7月、教育再生実行会議より、「今後の学制等の在り方について」（第五次提言）が内閣総理大臣に手交された。なお、これに先立ち、自由民主党の教育再生実行本部の平成の学制大改革部会、大学・入試の抜本改革部会、新人材確保法の制定部会での議論を取りまとめ、2013年5月に「第二次提言」が取りまとめられている。当該「第二次提言」は教育再生実行会議の配布資料になっており、議事録においても言及があることから、第五次提言にも一定程度の影響を与えているものと考えることができる[9]。

　第五次提言では、教員養成・採用・研修の在り方に関して、「教員免許制度を改革するとともに、社会から尊敬され学び続ける質の高い教師を確保するため、要請や採用、研修等の在り方を見直す。」と示された。ただし、その具体的な方策については、教育再生実行会議から中央教育審議会初等中等教育分科会教員養成部会に審議の場を移し、2014年7月に「これからの学校教育を担う教員の資質能力の向上について」との諮問がなされ、2015年12月の答申に至るまで審議が重ねられることになる。その詳細については、第3節で論究する。

⑶　教育再生実行会議第七次提言に示された教育・教師の在り方

　2015年5月、教育再生実行会議より、「これからの時代に求められる資質・

能力と、それを培う教育・教師の在り方について」(第七次提言)が発出された(**表
3-4-2**)。折しも、中央教育審議会初等中等教育分科会教育課程企画特別部会に
おいて、「諮問(2014)」を受けての審議が進み、同年 8 月に発出されることと
なる「論点整理」の取りまとめに向けて最終的な文言調整が行われている時期
であった[10]。第七次提言では、学校教育及び優れた人材確保の在り方につい
て、概要、次のように提言された。

表 3-4-2　これからの時代に求められる教育内容・方法及び人材確保策

○これからの時代を見据えた教育内容・方法の革新
・アクティブ・ラーニングの推進、世界に伍する教育体制の確立
・ICT 活用による学びの環境の革新と情報活用能力の育成
・新たな価値を生み出す創造性、起業家精神の育成
・特に優れた才能を有する人材の発掘、育成
○求められる人材像
・主体的に課題を発見し、解決に導く力、志、リーダーシップ
・創造性、チャレンジ精神、忍耐力、自己肯定感
・感性、思いやり、コミュニケーション能力、多様性を受容する力
○教師に優れた人材が集まる改革
・教職生活全体を通じた育成指標の明確化等
・優れた人材の獲得
・教職課程等の改革
・現職研修の改革
・教育長の資質・能力の向上
・全国的な教師の育成支援拠点の整備

(第七次提言より筆者抜粋)

　このうち、「これからの時代を見据えた教育内容・方法の革新」については、
前掲中央教育審議会初等中等教育分科会教育課程部会での審議とも軌を一に
するところが多く、「諮問(2014)」から教育再生実行会議第七次提言(2015 年 5
月)を経て、「論点整理」(2015 年 8 月)に至るという時系列が成り立つことになる。
　また、本稿の主題に即し、教員採用側である地方自治体の施策との関連に
ついて確認してみると、直接の因果関係が成立するわけではないが、間接的
には影響を及ぼしているのではないかと捉えられる事例も確認される。それ
が、次の「横浜の求める教師像」である(**表 3-4-3**)[11]。

表 3-4-3　横浜の求める教師像

> ・教育への使命感や情熱をもち、学び続ける教師
> ・「チーム学校」の一員として、ともに教育を創造する教師
> ・子どもによりそい、豊かな成長を支える教師

（横浜市「令和3年度募集案内（採用パンフレット）」より筆者抜粋）

　この3項目と、第七次提言における「求められる人材像」の3項目とを比較されたい。横浜市教育委員会が「横浜の求める教師像」を策定するにあたり教育再生実行会議の提言を参考にした、という議事録は寡聞にして見つけられていない。しかし、教育再生実行会議が考えるこれからの人材像と、横浜市教育委員会が考えるものがほぼ合致しているということは言えるのではないだろうか。全国の様々な地方自治体では、教員採用に際して求める教師像を示しているところが多い。その際、当該自治体の特性を踏まえることはもちろんであるが、一定程度は全国的に共通する教師像が見いだせるかもしれない。そのような姿を把握するためには、教育再生実行会議のように国レベルで議論し提言に至った事柄を参考にするということは、各地方自治体が求める教師像を策定するにあたって有用な方法であるといえるであろう[12]。

3　中央教育審議会における教師教育の方向性とその具体化

⑴　「これからの学校教育を担う教員の資質能力の向上について」の審議状況

　2014年7月、中央教育審議会に対して「これからの学校教育を担う教員の資質能力の向上について」との諮問がなされ、2015年7月まで教員養成部会で審議が行われることとなった[13]。その後答申案が取りまとめられ、同年12月に答申が文部科学大臣に手交されている。

　折しも、初等中等教育分科会教育課程企画特別部会では「諮問（2014）」を受け、これからの社会を担う子供たちに必要な資質・能力とは何か、ということ等について審議が重ねられていた時期であり、それらの資質・能力の育成を担う教員の資質能力等に関する初等中等教育分科会教員養成部会での審議内容は、教育課程企画特別部会での審議内容と連携が図られつつ、車の両輪

として審議が続けられたのである。

　「これからの学校教育を担う教員の資質能力の向上について」との諮問がなされた間接的な要因としては、前節で述べた教育再生実行会議第七次提言があると考えられうるが、2015年12月の答申から確認したところ、当該諮問がなされ、審議を重ねた際の背景には、次の**表3-4-4**のような課題、社会的要請があったためであることが明らかになった。

表3-4-4　教員の資質能力向上が求められる背景となる社会的要請

> ・教育課程・授業方法の改革（アクティブ・ラーニングの視点からの授業改善、教科等を越えたカリキュラム・マネジメント）への対応
> ・英語、道徳、ICT、特別支援教育等、新たな課題への対応
> ・「チーム学校」の実現
> ・社会環境の急速な変化
> ・学校を取り巻く環境変化
> ・大量退職・大量採用　→　年齢、経験年数の不均衡による弊害
> ・学校教育課題の多様化・複雑化

（「これからの学校教育を担う教員の資質能力の向上について（答申）」より筆者再構成）

　アクティブ・ラーニングの視点からの授業改善、カリキュラム・マネジメントへの対応、そして、英語、道徳、ICT、特別支援教育と多くの社会的要請が掲げられているが、社会科教師はその多く、また4項目目の「等」の部分に関わる教育課題に対応せざるを得ない、という現実がある。すなわち学校教育関係者以外の機関・団体等から、社会科の授業の中で扱うことを要請されるいわゆる「〇〇教育」のことである。もちろん、その全てを教師一人で対応しなければならない、というものではなく、「〇〇教育」のうちで、学習指導要領や学校教育目標、児童生徒や地域の実態及び教師自身のカリキュラム・マネジメント能力等に応じて適宜取捨選択、あるいは統合していくことが求められるのであるが、そのような資質能力育成の必要性もさることながら、同答申に示された「背景」の記載で特筆されるのが「〜への対応」という表記である。いかにも、社会の変化の受容が根底にあり、その状況に対していかにうまく「対応」するか、といった力が求められているように見えるのである。

　果たして同答申では、そのような受け身の資質能力育成のみで足りるとしているのであろうか。答申本文を丁寧に読むとそうではないことが分かるのであるが、では、誰が、どのように教員一人一人が受け身の資質能力ではなく、積極的にこれからの学校教育を担うために必要な資質能力を身に付けられるようにしていくことが期待されているのであろうか。同答申に記載された「具体的方策」について、次項で論究する。

⑵　答申に示された、教員の資質能力向上に向けた具体的方策

　答申に至るまでの審議において、初等中等教育分科会教員養成部会では、養成、免許、採用、研修の領域ごとに論点を整理していった。その中で、目前の社会的要請に左右されることなく、教員として確かな資質能力を育成・向上させていくためのマジックワードとして「学び続ける教員」が挙げられた。具体的方策は、**表 3-4-5** のとおりである。

表 3-4-5　教員の資質能力向上に向けた具体的方策

○学び続ける教員を支えるキャリアシステムの構築のための体制整備
・教育委員会と大学等の協議・調整のための体制（教員育成協議会）の構築
・教育委員会と大学等の協働による教員育成指標、研修計画の全国的な整備
・国が大綱的に教員育成指標の策定指針を提示、教職課程コアカリキュラムを関係者が共同で作成（グローバル化や新たな教育課題などを踏まえて作成）
○養成・採用・研修を通じた方策〜「教員は学校で育つ」との考えの下、教員の学びを支援〜
・養成内容、採用段階、現職研修の改革
　→「教科に関する科目」と「教職に関する科目」の統合など科目区分の大くくり化　など

（「これからの学校教育を担う教員の資質能力の向上について（答申）」より筆者再構成）

　これらの具体的方策のうち、多くの大学での教員養成関係者がまず着目したのが、「科目区分の大くくり化」、「教職課程コアカリキュラムの作成」という項目であろう。

⑶　科目区分の大くくり化

　「これからの学校教育を担う教員の資質能力の向上について（答申）」では、

「教科に関する科目」と「教職に関する科目」の統合など、教職課程科目区分の大くくり化について、次の通り示されている[14]。

　　「大学での創意工夫により質の高い教職課程を編成することができるようにするため、教職課程において修得することが必要とされている科目の大くくり化を行う必要がある。

　　特に、『教科に関する科目』と『教職に関する科目』の中の『教科の指導法』については、学校種ごとの教職課程の特性を踏まえつつも、大学によっては、例えば、両者を統合する科目や教科の内容及び構成に関する科目を設定するなど意欲的な取組が実施可能となるようにしていくことが重要であり、『教科に関する科目』と『教職に関する科目』等の科目区分を撤廃することが望ましい。」

　社会科の教師教育の場では、社会科教育の背景となる学問、仮にこれを教科内容学と呼ぶとすれば、地理学、歴史学においてはそれぞれを一くくりにするのが困難なほど学問領域が細分化されている。ましてや、高等学校公民科、中学校社会科公民的分野などの公民系になると、免許法施行規則に定める科目だけをとっても法律学、政治学、社会学、経済学、哲学、倫理学、宗教学、心理学とあり、これら教科内容学を担当する大学教員が、「教職に関する科目」の中の「教科の指導法」と科目区分において大くくり化される中で、果たして「創意工夫」を行い、より質の高い教職課程の授業へと昇華していくことが可能なのか、との懸念が呼び起こされた。この点について深く論究すると本稿の主題から逸れていくため、先行研究等を参照されたい[15]。

⑷　教職課程コアカリキュラムの作成と活用

　教職課程コアカリキュラムについては、同答申で「大学が教職課程を編成するに当たり参考とする指針（教職課程コアカリキュラム）を関係者が共同で作成することで、教員養成の全国的な水準の確保を行っていくことが必要であることが提言されたことを踏まえ、教職課程で共通的に身につけるべき最低限

の学修内容について検討することを目的」として 2016 年 8 月に文部科学省に設置された「教職課程コアカリキュラムの在り方に関する検討会」において検討が重ねられ、翌 2017 年 11 月に「教職課程コアカリキュラム」との名称で取りまとめられている。同答申が提示した具体的方策が結実したものと言えよう。

「教職課程コアカリキュラム」の目的としては、次の通り示されている[16]。

　　　「教職課程コアカリキュラムは、教育職員免許法及び同施行規則に基づき全国すべての大学の教職課程で共通的に修得すべき資質能力を示すものである。各大学においては、教職課程コアカリキュラムの定める内容を学生に修得させたうえで、これに加えて、地域や学校現場のニーズに対応した教育内容や、大学の自主性や独自性を発揮した教育内容を修得させることが当然である。したがって、教職課程コアカリキュラムは地域や学校現場のニーズや大学の自主性や独自性が教職課程に反映されることを阻害するものではなく、むしろ、それらを尊重した上で、各大学が責任をもって教員養成に取り組み教師を育成する仕組みを構築することで教職課程全体の質保証を目指すものである。」

「大学の自主性や独自性」を認めつつも、当該大学のみならず全国の大学の教職課程全体での質保証を第一義的に目的としていることが読み取れるであろう。教員を志望する学生は、自らが在籍する大学が立地する地方自治体のみに教員として採用されるというものではない。採用自治体の側からしても、むしろ、全国各地の様々な特色をもつ大学で教職課程を修了した学生を採用した方が、教員の多様性確保に資するとの考えもあり得るであろう。本稿「はじめに」の言葉を借りれば、最小限度の教員として求められる資質能力さえ身に付けていない、いわゆる不適格教員がいるのではないか、との一般社会からの懸念を「社会的要請」と捉え、中央教育審議会、「教職課程コアカリキュラムの在り方に関する検討会」で審議・検討がなされ、その結果として策定されたのが「教職課程コアカリキュラム」であるということができよう。

そうであれば、いわゆる不適格教員を大量に輩出している大学の教職課程

でない限り、「教職課程コアカリキュラム」を大綱的な基準として踏まえつつも大学の自主性や独自性を発揮できる教職課程を編成する能力を備えているかどうか、ということが教職課程を有する大学関係者には問われていると換言できるのではないだろうか。

　ここまで、「教職課程コアカリキュラム」の活用について大学の教職課程担当者の側から論究してきたが、「教職課程コアカリキュラム」は国（文部科学省）及び採用者（教育委員会関係者、学校法人関係者等）の側でも活用が求められている。

　一例として、東京都教育委員会が作成した「東京都教職課程カリキュラム〜東京都教育委員会が定める教員として最小限必要な資質・能力（到達目標及び具体的な姿）〜」（2017 年 10 月）に触れたい。同カリキュラムは、東京都教育委員会作成「小学校教諭教職課程カリキュラムについて」（2010 年 10 月）を踏まえ、文部科学省に設置された「教職課程コアカリキュラムの在り方に関する検討会」が公表した「教職課程コアカリキュラム（案）」（2017 年 6 月）を参考に作成されたものと考えられる。4 領域及び東京都の独自性や特質が表れている記載を、**表 3-4-6** に一部示す[17]。

表 3-4-6　新規採用教員として身に付けておくべき最小限必要な資質・能力

○ 4 領域について
・本章では、新規採用教員として身に付けておくべき最小限必要な資質・能力を示した。「教員の在り方に関する領域」、「各教科等における実践的な指導力に関する領域」、「教育課題への対応に関する領域」、「学級経営に関する領域」の 4 領域で編成するとともに、領域ごとに「到達目標」と「具体的な姿」を示し、育成すべき資質・能力を明確にした。
（示された資質・能力の例）
・東京都の体罰の現状や課題、体罰が児童・生徒に及ぼす影響等について理解している。
・日頃の授業を振り返るとともに国や東京都の学力調査や東京都高等学校入学者選抜における学力検査の結果等を活用し、児童・生徒一人一人の学習の状況を把握・分析し、教材づくりを行うことの大切さを理解している。

（「東京都教職課程カリキュラム」より抜粋）

　東京都の教員を志望する教職課程の学生は、自身が所属する大学の教職課

程科目を学修しつつ、同時に東京都教育委員会が定める教員として最小限必要な資質・能力を自ら把握し、その資質・能力向上に自ら努めることが求められる、ということである。社会科においても「教職課程コアカリキュラム」が作成されたことによって、教員の養成側、採用側、志望者の三者が、「社会科の教師に求められる資質・能力」を共通理解しておくことが今後ますます求められるようになるであろう。

おわりに

　ここまで論究してきたことを踏まえ、以下の通り小括としたい。

　第一に、社会の側、すなわち学校教育関係者以外の様々なアクターから寄せられる社会的要請に対応できる教師の育成が、とりわけ社会科教師養成及び採用関係者に期待されていることを明らかにした。これらの社会的要請は、中央教育審議会をはじめとする会議体での審議・検討を通して、教師教育をめぐる教育政策に反映されるシステムが構築されているのである。

　第二に、社会科の教師教育においては「教職課程コアカリキュラム」を踏まえつつも、地域や学校現場のニーズ、大学の自主性や独自性を存分に発揮することが必要であることを明らかにした。もしその努力を惜しんだならば、逆説的ではあるが社会の変化に対応できる教師に必要な資質・能力が育成されえないということに留意する必要がある。

　そして第三に、社会科の教師及び教師志望の学生が描く理想の教師像を持ち続けさせ、その理想を実現する道筋を示すことのできる教職課程カリキュラムや研修プログラムとなるよう不断に改善することが、養成・採用・研修のそれぞれの側に求められている点の重要性である。そのためには、社会科固有の授業理論などに基づく多様な教育観を、養成・採用・研修のそれぞれの側が理解しておくことが大前提となるであろう。

注
　1　中央教育審議会 (2016)：「幼稚園、小学校、中学校、高等学校及び特別支

学校の学習指導要領等の改善及び必要な方策等について（答申）」3-12。

2　文部科学省 (2018)：『中学校学習指導要領 (平成 29 年告示) 解説　社会編』東洋館出版社、23-28。

3　同上、189 参照。

4　前掲注 1、19-20。

5　中央教育審議会設置の経緯、主な所掌事務については、https://www.mext.go.jp/b_menu/shingi/chukyo/chukyo0/gaiyou/010201.htm を参照 (2021 年 10 月 31 日)。

6　樋口雅夫 (2019)：「社会科は社会とどのように関わるのか―社会に開かれた教育課程とは―」明治図書『社会科教育 12 月号』120-123。

7　教育再生実行会議の設置根拠、開催状況、提言 (報告) 等については、http://www.kantei.go.jp/jp/singi/kyouikusaisei/index.html を参照 (2021 年 10 月 31 日)。

8　同上。

9　教育再生実行会議 (2014)：「第 20 回教育再生実行会議配布　資料 3」(2014 年 4 月 21 日開催)。

10　中等教育審議会初等中等教育分科会教育課程企画特別部会「論点整理」は、2015 年 8 月 26 日に発出された。

11　https://www.city.yokohama.lg.jp/kurashi/kosodate-kyoiku/kyoiku/bosyusaiyou/seiki/kyouinsaiyou/hitozukuri.html を参照 (2021 年 10 月 31 日)。

12　教育再生実行会議は、2021 年 9 月 17 日の閣議決定によって、後継の教育や人材育成に関する検討を行う新たな会議が開催される日をもって廃止することとされている。

13　ここでは「資質・能力」ではなく「資質能力」との用語が用いられているため、本節の記載ではそれに準じることとしている。

14　中央教育審議会 (2015)：「これからの学校教育を担う教員の資質能力の向上について (答申)」。

15　渡部竜也 (2021)：「教員養成カリキュラムの研究と実践―教科内容と教科教育の有効的関係の構築を目指して―」全国社会科教育学会『社会科教育論叢』51、5-14。

16　文部科学省 (2017)：「教職課程コアカリキュラム」2。

17　東京都教育委員会 (2017)：「東京都教職課程カリキュラム～東京都教育委員会が定める教員として最小限必要な資質・能力 (到達目標及び具体的な姿)」5-27。

樋口雅夫 (玉川大学)

第4部
教職大学院化と教師教育

第1章　教師教育と教科教育

──とくに社会科をめぐって──

1　教師教育と教科教育：近年の教員養成政策の動向から

(1)　「在り方懇」の提起

　日本における教師教育[1]と教科教育の関係性を考える上で、「国立の教員養成系大学・学部の在り方に関する懇談会」(以下、「在り方懇」)の提案が一つの画期となったと捉えられる。

　「在り方懇」の報告「今後の国立の教員養成系大学学部の在り方について」[2](2001年11月22日)は、文字どおり国立の教員養成系大学・学部について、大学院や附属学校園も含め広汎な提案を行っているが、教科教育に関わっては特に「Ⅱ　今後の教員養成学部の果たすべき役割」の中で、学部の教員養成における「モデル的なカリキュラム」の必要性を指摘したこと、および「教員養成学部としての独自性の発揮」という観点から教科専門科目や教科教育法の内容や構成に立ち入った提言を行っていること、の二点が注目される。

　前者については「教員養成における体系的なカリキュラムは、教員養成に携わる教員の間において必ずしも確立しているとはいえない状況にある」ために「関係者においてモデル的な教員養成カリキュラムを作成することが効果的」であると指摘し、これは後述するような日本教育大学協会における「モデル・コア・カリキュラム」の取り組み(2004年答申)や、さらにその後文部科学省からの「教職課程コアカリキュラム」(2017年)等、主に学部段階の教員養成カリキュラムに関わるネーション・ワイドな基準策定の伏線となった。

　後者については、教科専門科目において「一般学部とは異なる教科専門科目の在り方についての研究」を求め、具体的には広領域教科「理科」を例に

挙げて「物理学、化学、生物学、地学をそれぞれ区々に教授するのではなく、大学の教員が協力して「小学校理科」という大学レベルの科目を構築していくことが求められる」と提言した。これは、捉えようによっては大学における各学問分野の専門的な研究を、教員養成の充実という文脈から学習指導要領における各教科の枠組に従属させようとした (つまりは学問を行政に従属させようとした) ものでもある。同時にこの「在り方懇」報告は「教科教育担当教員と教科専門担当教員とが協力して教員養成学部が独自性を発揮していく」ことを求め、両者の融合的な内容を持つ科目の新設等を提言している。この提言は、その後の教育職員免許法施行規則の改正 (2017 年) において、「教科及び教科の指導法に関する科目」という科目区分で大括り化される伏線ともなっている。

　また、この「在り方懇」報告以降、教員養成系大学・学部 (特にいわゆる「新構想」の三大学) の教科専門の教員たちを中心に「教科内容学」研究や、教科専門と教科教育との連携の動きが生じることともなった。

⑵　日本教育大学協会「モデル・コア・カリキュラム」と「教科」

　「在り方懇」における検討と相即して日本教育大学協会は 2001 年に教員養成の「モデル・コア・カリキュラム」研究プロジェクトを組織し、2004 年 3 月末に答申「教員養成の「モデル・コア・カリキュラム」の検討」を発表している[3]。

　同答申には「「教員養成コア科目群」を基軸にしたカリキュラムづくりの提案」とサブタイトルが付され、主に小学校・中学校・高等学校の教員養成を同一組織内で併せ行う教員養成系大学・学部を想定した学部カリキュラムの基本理念の提案と、教職専門・教科教育・教科専門等の大学教員が協働してカリキュラムづくりを行う体制づくりの提案とを軸としている。

　同報告書では、特に小学校の教員養成を想定した場合、いわゆる教科専門科目の構成として「それぞれの教科で扱うべき教育内容を凝縮して盛り込むことは困難である」とした上で「「教科」というものの本質・理念・役割を明確にする」こと、加えてそうした「教科専門の内容をも見据えた上で構成さ

れる教育実践研究」等の形で「教科に関する科目」と「教科の指導法」の関係の強化を提言した (pp.13-14)。

　同プロジェクトは2003年9月に答申の素案となる「中間報告」を出した後、別途各教科の教科教育・教科専門の教員を中心にワーキンググループ (WG) を組織し、「教員養成カリキュラムにおける「教科」」の教育組織・各教科の特性・初等教育と中等教育の関わり・「教科に関する科目」と「教科の指導法」の関わり・各教科の内容と関連する学問研究領域との関係、といったことがらについての具体的な検討を行っている。

　たとえば社会科については「地理、歴史、公民の3領域で構成され」、そのうち公民は「政治学、法律学、経済学、倫理学、哲学、宗教学といった社会諸科学を背景としており、その内容は広範にわたる」がゆえに「そこでの内容は複合的なものとならざるを得ない」とされ、そこでの教科専門の役割は「学問成果としての内容そのものではなく、社会事象を捉えるに当たっての各学問分野の「見方・考え方」の指導」にあるとされている (p.60)。その上で「教科の指導法」では、こうした「見方・考え方」やスキルをコーディネートして臨床的な観点から社会科授業構成論を習得」していくことが重要だと整理されている (p.61)。

　同プロジェクトは、委員構成が教育学関連の研究者に偏ったこと (これは、同協会が基本的に各地区に委員の選出を任せ、事前調整を行わなかったことに起因する) もあり、教科教育・教科専門の在り方に踏み込んだ提言の比重は低く、主に教員養成系大学・学部における教育実践に関わるプログラムの改善 (実習の体系化等) に一定の影響を与える[4]にとどまっている。加えて、「開放制」原則下の一般大学・学部において行われている教員養成への波及はほとんど見られなかった。

(3) 「教科内容学」の取り組み

　この「在り方懇」以降、教員養成系大学・学部におけるいわゆる教科専門のありようは、従前の専門科学主体のそれを改め、初等・中等教育における「教科」の枠組に規定されるべく方向付けられていくことになる。

表 4-1-1　教育学研究科に必要な専任教員数

専攻	専修	必要専任教員数		
		○合	合	計
学校教育	学校教育	5	4	9
幼児教育	幼児教育	3	2	5
障害児教育	障害児教育	3	2	5
教科教育	国語教育	4	3	7
	社会科教育	6	6	12
	数学教育	4	3	7
	理科教育	6	6	12
	音楽教育	4	3	7
	美術教育	4	3	7
	保健教育	4	3	7
	技術教育	3	2	5
	家政教育	4	3	7
	英語教育	3	2	5
計		53	42	95

　もとより、教員養成系大学・学部の教員配置は、法人化前の国立学校設置法や、大学院修士課程の設置基準に沿う形で行われてきた。**表 4-1-1** は「在り方懇」報告の参考資料ともなっているものである[5]が、1990 年代前半までに整備の進められた国立の教員養成系の大学院教育学研究科の設置基準における○合・合それぞれの必要専任教員数はこれに規定されてきた。そこで修士課程担当の教員審査を満たすためには、それぞれ専門分野での研究業績を積む必要がある。これに加え、「在り方懇」以降は、初等・中等教育の各教科の授業コンテンツにそうした研究業績を関連づけることが、「教員養成系大学・学部の独自性」という文脈から要請されることになったのである。こうして「教科内容学」研究の取り組みが起こることになった。こうした取り組みは、いわゆる「新構想」とされる三つの教員養成系大学(鳴門・兵庫・上越)の教科専門の教員たちを軸としている。その背景には、「在り方懇」報告の後に政策課題となった教員養成の専門職大学院(教職大学院)の検討の中で、新構想教育大学における教科専門の在り方が厳しく問われたことがある。た

とえば中央教育審議会の教員養成部会（第27回・2004年12月17日）では新構想教育大学の創設当時の政策審議の事情を知る麻生誠（東京女学館長＝当時）を招いてヒアリングを行っているが、そこで麻生は「新構想教育大学の失敗の原因」[6]として「プロフェッショナルな学位がアカデミックな学位のなかに取り込まれてしまっていた」ために「教職のためのプロフェッショナルな大学院レベルの教育というものが、意識的に考えられたことがなかった」こと、「大学院のカリキュラムが必ずしも現場の問題を取り入れたり、現場の問題意識に見合った性格のものではなかったこと」等を挙げているのである。要は、教員養成系大学においてはアカデミックな研究水準を重視したがために、教育実践から遊離したものになってしまった、という批判である。

　こうした中、兵庫教育大学大学院連合学校教育学研究科の共同研究プロジェクト「教育実践の観点から捉える教科内容学の研究」（2006〜2008年度）が組織され、その成果は『教育実践から捉える教員養成のための教科内容学研究』（西園芳信・増井三夫編、風間書房、2009年）として公刊されている。同書において西園[7]は「教科内容構成の原理と枠組み」を理論化する際の視点として「各教科の認識論的定義」「「学」としての体系性」「各教科の学習指導要領の教科内容構成の検討」「各教科の教科内容構成の教育実践の観点からの検討」の四つをあげ、これらの原理から教員養成カリキュラムにおける「教科内容（教科専門）構成の在るべき姿」の検討を行っている。同プロジェクトのメンバー（同書の執筆者）は、鳴門・兵庫・上越の新構想三大学の教科専門の教員たちが担っている。

　こうした研究モチーフは、日本教育大学協会が2010年度に「特別研究助成」という形でサポートした「教員養成における「教科内容学」研究」（研究代表者・増井三夫＝上越教育大学〔当時〕）にも連なっており、こちらは増井・西園のほか坂井俊樹（東京学芸大学教授＝当時）が副代表を務めるなど、新構想以外の国立の教員養成系大学・学部への広がりを見せている。

　さらに2014年5月には、「教科専門の各教科の教科内容を学校教育の教育実践に生き、子どもの学力育成と発達を助成するものとして捉え直し「教科内容学」として創出すること」等を創設理念に掲げた日本教科内容学会[8]が

発足し、「教科内容学」研究の一定の蓄積がなされている。

2　教科教育と教師教育：気になる論点

⑴　「教科」の枠組をどう捉えるか：学習指導要領との関係

　以上見てきたように、21世紀初頭からの日本における教員養成改革の流れの中で、大学における各学問の研究を、初等・中等教育における「教科内容」として再組織し、これと「教科教育」を融合させることを通じて教員養成教育の実践性強化に目的づけている動きが顕在化した。しかしながら、教師教育、中でも入職前の教員養成を構造的に見るとき、こうした動きにはいくつかの点で注意を要する。

　その第一は、「教科」の枠組みによる被規定性である。「試案」としての位置づけが消えて法的拘束力を持つようになって以降の学習指導要領（1958年以降）は教師たちの教育実践を上から制約するベクトルを強めた。この学習指導要領は、学校教育法施行規則（省令）に基づいて文部（科学）大臣より告示されるものであるが、ここで示される「教科」は、初等・中等教育で用いる「教科書」や、教育職員免許法施行規則に定める免許状取得のための所要単位や、さらには学部（教員養成課程・教職課程）や大学院修士（特に教職大学院）の組織のありようをも規定するものである。もちろん、前川喜平[9]の言うように、「教科」を定めている学習指導要領は「大綱的基準」であって「一言一句が拘束力を持つものではない」ものの、大学における教員養成のカリキュラムを検討するに際して、「教科」ごとにその単元ごとの内容や指導方法を具体化させていくのが通例になってしまっている。

　実は、学習指導要領は、その本来の性格からして、同時代的な教育実践をリードし得ない宿命を持っている。情報化が進展したことに応じて教科「情報」が新設されたり、国際化が進行したことに伴ってニーズの増した教科「外国語」が小学校段階に入ったり、といった後追い的な対応はあっても、課題を先取りする構造にはなっていないのである。

　実際の教育現場で児童生徒を前に対応していく際には、その基本として

「教科」の枠にとらわれずに教育課題を捉える力が不可欠である。児童生徒は同時並行的に複数の教科を学び、それぞれの教科内容には重複や錯綜[10]がある。あるいは教科教育のあり方にしても、「教科」の枠を超えて共通する要素が相当にある。にもかかわらず、「教科」の枠を前提とすることで、それらを総合する視点が得にくくなってしまうのである。

　特に、近年の日本における高等教育改革が新自由主義的な諸施策を軸に矢継ぎ早に進められる中、教員養成系大学においては高等教育機関としての効率的な運営と、教員養成機関としての質保証のアカウンタビリティとの二重のプレッシャーを受けており、こうした中で「教科」の枠を超えて教員養成の本質的なあり方を連携・協働の基にボトムアップで検討する動きは起こりにくい。いきおい、当座の政策的要請に即して政府の定める枠組みや基準を所与の前提として教育組織やカリキュラムの弥縫策的な修正を行っていくことになるが、それは大学としての主体性の放棄であると同時に、高等教育機関一般から教員養成系大学が遊離する危険性をも孕んでいる。

(2)　「大学」と「教員養成」の相克

　日本の教員養成系大学・学部の組織は課程－学科目制[11]が基本であり、この学科目はおおむね「教科」に対応しており、これは講座制を採る一般大学と異なっている。たとえば、中学校の国語の教員免許状取得につながる教育組織は教員養成系大学では「教育学部中等教員養成課程国語専攻」となるのに対し、一般大学ならば「文学部日本文学科」等になる。つまり、「教科専門」や「教科教育」という枠は教員養成系大学に固有のもので、一般大学（特に伝統的なそれ）ならば各学問分野・領域の自律的な教育・研究組織があり、それを教育職員免許法施行規則に沿わせる課程で「教科に関する科目」「教科の指導法に関する科目」にあてはめていく、という形で教職課程のカリキュラムが組まれていくことになるのである。こうしてみると「教科」による被規定性が一般大学と教員養成系大学とで大きく異なることがわかる。

　ここで問題になるのが、大学における「学問の自由」と、公教育システムに関わる政府による非規定性の相克である。この相克については、Hayhoe

表 4-1-2　「大学」と「師範学校」（教員養成）の相克

大学	vs	師範学校
理論		実践
専門的で体系づけられた知識		総合的な学習領域
価値中立的な知識		道徳的に方向づけられた知識
どちらかと言えば没個性的な環境	⇔	強い師弟関係における相互作用
知的好奇心や疑問のリベラルな追求		行動と現場に即した知識
学問の自由と自律性		政府による統制とアカウンタビリティ
深い理解と長期的な変化を志向		高度な実践に向けたワザの追求

（Hayhoe, 2002 より筆者訳出）

　が**表4-1-2**のように整理している[12]ように、そもそも価値中立的・没個性的で自律性に裏打ちされた学問の集合体である大学と、道徳的に価値づけられ、実践に方向付けられ、それらに関わる政府の統制やアカウンタビリティの要請を受ける教員養成機関とは、もともと正反対のベクトルを持っている。特に日本の教員養成系大学・学部の場合、前述したような課程―学科目制ゆえの「教科」の枠組みによる被規定性が強く、この相克が際立つ傾向にある。前述のように、「在り方懇」によって教員養成系大学・学部の組織は「教科」に学問分野を従属させる形での再編が提言され、これに呼応して教員養成系大学・学部の側から「教科内容学」の組織化が生じてきている。この状況は、日本の高等教育政策の帰結ではあるものの、教員養成系大学・学部は「大学」の一種として学士学位を出しながら本来の「大学」性を喪失するという皮肉な展開とも捉えられる。

⑶　「教科教育不要論」の勃興

　また、「教科教育」に関しては、そもそも教員養成系大学・学部以外の大学にそれに相当する教育・研究組織が充分に根付いておらず、それゆえ外からの認知度も高くない。実際には、教育職員免許法施行規則[13]によって、小学校・中学校・高等学校それぞれに「各教科の指導法（情報機器及び教材の活用を含む。）」の単位数が設定され、課程認定を得ている各大学にはそれぞれ

担当教員が配置されていのだが、この「各教科の指導法」相当部分に対しては、その存在を疑問視、あるいは不要視する向きが、教育界の内部にもあることに注意が必要である。

ひとつは教育学研究者によるものである。米国を中心としたカリキュラム研究に明るい佐藤学[14]は、21世紀初頭の日本の教員養成において「諸外国に見られない領域として「教科教育」が設定され「教科教育の専門家」が教育している」ことを指摘し、これらは「学問的にも実践的にもレベルの低い」ものであり、「「教科教育」はカリキュラム領域としては必要だが、「実践的研究」として教育学と教科専門と教師との協同によって教育されるべきである」と論じた。

もうひとつは地方教育行政の担当者によるものである。佐藤が上述のような教科教育不要論を展開する少し前（2003年6月21日）に日本教育大学協会シンポジウムにおいて話題提供を行った巽公一[15]（東京都教育庁・指導部指導企画課長＝当時）は、後に「東京教師養成塾」として事業化される前段階の施策として「長期にわたる教育実習」「指導主事による講義」「社会性を養うためのボランティア」等がこれから教員になるものに必要なコンテンツであるとした上で、「教科の専門性の部分、これはむしろ大学をフィールドとする教員養成の最も重要な根幹の部分ではないか」「学習指導や生活指導、学級経営などについて（指導主事が－岩田注）実践に基づいた講義を行う」と述べている。要は、大学の教科専門は必要だが、いわゆる教科教育を含む実践的な部分は現場サイドで担うので不要だ、という発想である。

佐藤にしろ巽にしろ、これらの発言には当時のそれぞれの立場[16]やその政治性が反映されており、その分を考慮する必要があるが、両者の物言いが奇妙に重なっており、しかもそれが教育界の内部から出ている教科教育不要論であることに注意を要する。

3　社会科教育学への期待

⑴　社会科の教科特性

では、上記のような状況を打開し、「大学における教員養成」におけるい

わゆる「教科専門」「教科教育」「教職専門」それぞれを有機的に連関させた学
士課程カリキュラムはいかにして構築しうるのか。その触媒としての教科教
育学(教科教育に関する実践的研究)と教育学(特定領域の学習に限らず、人間の成
長発達一般を対象とする研究)との関連について、以下社会科を中心に述べて
みたい。

　周知のとおり、「教科」それぞれは決して横並びの存在ではない。一般に「知
識教科」「実技教科」と括られるほかに、以下のような要素に注目してみると、
いわゆる「教科特性」が見えてくる。

(a)内容の変化の速度：国語の古典分野のように内容面の変化がほとんど
　　ないものから、情報のように教科書の改訂・検定・採択の手続きを終
　　えて学校で使い始めるときにはすでに内容が時代遅れになるものま
　　での幅がある。

(b)内容の「お国柄」：理科・数学・情報といった自然科学系の諸教科に
　　おいては、教育内容における国際的な汎用性が高い(それゆえ、途上国
　　への開発援助はこうした教科に偏りがちである)。その一方で、国語や公
　　用語はそれぞれの政府による被規定性が強く、またどの外国語をどれ
　　だけ重視するかには政治(外交)的な思惑もはたらく。芸術や体育にお
　　いても、たとえば戦後の日本における和楽器・邦楽や武道の扱いのよ
　　うに、戦後処理と伝統文化の相克が生じることもある。

(c)研究と教育の関係：これは教員養成系大学・学部の各教科の教育組
　　織ごとの担当教員の持つ学位のバリエーションが如実に示している。
　　「広領域教科」という点では家庭科が典型であろう。食物(農学、理学、
　　医学)・被服(工学、理学、芸術学)・住居(工学・生活科学)・保育(教育学、
　　医学、保健学)・家庭経済(社会学、経済学、法学)といった各分野と学問
　　領域の対応関係は、総合大学のほとんどに及ぶ。

　これらの点から見たときに、社会科の教科特性としては、歴史分野一つを
とっても内容面の変化の比較的少ない部分(近代以前)と絶えず変化する部分

（近現代）を併せ持ち、また公民分野においては「お国柄」が色濃く出るものの地理・歴史においては特に近隣諸国との関係性が重要となる。そして人文・社会科学のほとんどすべての分野がその教科内容に関わる広領域教科である、といったことがらが浮かび上がる。さらに、表4-1-1（179頁）に見るように、教員養成系大学・学部の中で比較的大きなボリュームが想定されており、それゆえ研究者の層も厚い。

⑵ 「組み替えの学」としての社会科教育学へ

　以上のような教科特性を踏まえれば、いわゆる「教科専門」「教科教育」「教職専門」の三者の連携・協働を基に、今後に向けて実践力豊かな教員を育てていく体制を再構築していく際に、教科教育学の中でも社会科教育学が有力な触媒となる可能性に満ちていることが期待できる。

　その際の社会科教育学は、学習指導要領における「社会科」の枠にとらわれず、広く「市民一般の社会認識を育む」という観点から、人文・社会科学諸分野の叡智を集め、人間の発達に帰する学として再構築していく「組み替えの学」となることが期待される（図4-1-1）。

⑶ 教科横断と共通目標

　当然、他の「教科」も、それぞれの分野における研究を、「市民一般の発達を支援する」という観点から再構築していく「組み替えの学」として役割を果たすことが期待されるが、そこで重要になってくるのが、「市民一般の発達とは何か」あるいは「子どもは何をどう学ぶのか」の全体像を前提として共有することである。狭義の教育学が全体像の核を考え、諸科学の叡智を「組み替えの学」たる教科教育学がそれぞれの観点から「市民一般の○○を育む」（○○には「言語の運用能力」「社会認識」「数や形の認識」「芸術表現能力」）という触媒としての役割を果たす。そのような形で「教科」を前提とせずに諸科学が連携・協働して教員養成のカリキュラムを主体的に構築することで、表4-1-2（183頁）に示したHayhoeの二項対立図式を克服されていく方途が見えてくるのではないか。

図 4-1-1　「組み替えの学」のイメージ

4　協働と自律を求めて――まとめにかえて――

　近年の日本の教員養成改革における、教員の資質向上策の特徴は、当事者の主体性に信頼を置いていないことに求められる。前述のように 2001 年の「在り方懇」は「教員養成のモデル的なカリキュラム」の策定を提言したが、あくまでもそれは日本教育大学協会、つまりは教員養成に関わる大学の連合体がそれを担うものとされ[17]、それに応じて同協会は各地区から委員を募ってプロジェクトを立ち上げてその検討を行ったのである。ここでは大学間連合の主体性が前提とされていたと言える。ところがその後、2017 年に文部科学省が「教職課程コアカリキュラム」を示し、これを課程認定行政と関連づけて国家権力による上からの統制で各大学の主体性を殺ぐ方向性に百八十度転換されてしまっているのである。

　実践者としての教師に関しても、たとえば「「令和の日本型教育」を担う新たな教師の学びの姿」として中央教育審議会で検討されているのは、学び続ける教師の知識・技能の「刷新（リニューアル）」を旨とした教員免許更新制を廃する代わりに研修体系を整備し、研修履歴を政府が管理する仕組みである。そこには教師個々の主体性において実践を組み立てることへの信頼は見出しにくい。

こうした中でもなお、教員養成に関わる大学人たちが政策的・行政的な枠組を所与の前提として自らの研究や実践を重ねていくことは、今後の主体的な教師の営みを殺ぎ、教育界全体を貧しくしかねない懸念がある。いったん「教科」の枠を外れ、共通目標としての「市民一般の発達を支援する」という観点を共有し、そこに向けて諸科学の叡智を再構成する「組み替えの学」としての教科教育学に期待して、本稿のむすびとしたい。

注

1　「教師教育」と「教員養成」の概念をめぐっては様々な見解があるものの、本稿においては主に入職前に大学などで組織的に提供されるプログラムを指すものとして後者(教員養成)を用い、入職前・入職後を通じて個々の教師が力量形成や職能発達を行っていくプロセス一般に前者(教師教育)を用いることとする。

2　https://www.mext.go.jp/b_menu/shingi/chousa/koutou/005/toushin/011102.htm

3　https://www.jaue.jp/_src/944/h16.3.31203f3f3f3f3f3f3f3f2081e83r83a81e83j838a83l83858389838081v82cc8c9f93a2.pdf

　なお、この報告書は上記リンクのほか、日本教育大学協会『会報』88(2004年6月)にも収録されている。本稿での引用頁数は報告書のもの。

4　日本教育大学協会「モデル・コア・カリキュラム」研究プロジェクトは、答申の二年後(2006年)に、各会員大学におけるカリキュラムの改革動向をまとめた報告書『教員養成カリキュラムの豊かな発展のために』を編んでいる(『会報』92所収)。https://www.jaue.jp/_src/922/92_no53.pdf

5　https://www.mext.go.jp/b_menu/shingi/chousa/koutou/005/toushin/1901/011123.htm

6　麻生誠「新構想教員養成大学院についての回顧と感想」中央教育審議会初等中等教育分科会教員養成部会(第27回)、配付資料3、2004年12月17日。https://warp.ndl.go.jp/info:ndljp/pid/11293659/www.mext.go.jp/b_menu/shingi/chukyo/chukyo3/002/siryo/attach/1377183.htm

7　西園芳信・増井三夫編(2010):『教育実践から捉える教員養成のための教科内容学研究』風間書房、5-6。

8　http://www.jsssce.jp/files-institute/EstablishmentPhilosophy.pdf

9　前川喜平(2019):「文部科学行政における教員養成と開放制の行方」『日本教師教育学会年報』28、学事出版、19。

10　たとえば理科と家庭科におけるタンパク質の取り上げ方、あるいは国語の説明的文章の内容に社会や理科に関するものが含まれる場合など。

11　金子勉 (2001)：「新制大学の展開と教育学部」TEES 研究会編『「大学における教員養成」の歴史的研究―戦後「教育学部」史研究―』学文社、261-272。

12　Hayhoe,R. (2002).Teacher Education and the University: a comparative analysis with implications for Hong Kong. *Teaching Education*. 13 (1), 5-23.

13　教育職員免許法施行規則第 3 条 (小学校)・第 4 条 (中学校)・第 5 条 (高等学校) それぞれ第二欄「教科及び教科の指導法に関する科目」。

14　佐藤学 (2005)：「「教職専門職大学院」のポリティクス」『現代思想』2005 年 4 月号、青土社、107-108。

15　平成 15 年度日本教育大学協会シンポジウム報告書「教員養成のカリキュラムのあり方と教育体制―小学校教員の養成を中心に―」2003 年 8 月、20-21。

16　たとえば佐藤の発言は、日本で教員養成の専門職大学院 (のちの「教職大学院」) の検討が行われる中で、その主流を教員養成系大学が担うことに対して旧帝大系の教育学部のトップ (学部長・研究科長) の立場でなされており、また巽の発言は東京都教育委員会による 2004 年度からの「東京教師養成塾」のプレスリリースがなされる数日前に、担当部局の責任者でもある者からなされている点に注意が要る。

17　岩田康之 (2018)：「日本の「教育学部」：1980 年代以降の動向―政策圧力と大学の主体性をめぐって―」『日本教師教育学会年報』27、学事出版、16。

岩田康之 (東京学芸大学)

第2章　社会科内容学の現状と課題

はじめに

　現在、教員免許状を得るためには「教科に関する科目」を履修する必要がある。例えば中学校の社会では、日本史及び外国史、地理学（地誌を含む）、法律学、政治学、社会学、経済学、哲学、倫理学、宗教学である。教師を目指す学生はこれらの専門科目を必要に応じて選択しながら履修している。ところが、これらの教科専門の様々な科目の内容を体系的かつ統一的に捉える視点や、各科目の内容の相互関係を把握する枠組については、十分研究されておらず、ましてや、そうした視点や枠組の習得することは個々の学生の自発性に委ねられていた。

　そこで教師教育にとって不可欠な課題として提起されてきたのが、教科の内容の構成原理や体系性を検討する新しい研究領域としての「教科内容学」である。教科の指導法が学ぶ主体である子どもとの関係に基軸を置いているとすれば、教科の内容は、人類史の過去から継承された文化遺産としての専門的な学術研究の成果であり、その成果をいかに次世代の形成に継承させていくかという責務と結びついている。

　教師とは、子どもの教育を通して人類史の過去と未来を連結させる使命を持っているが、その際、何を将来の世代に伝えるべきなのかを研究・吟味・精選・体系化するという課題を担うのが教師教育における教科内容学の重要な役割である。そこで以下では、教科内容学全体の研究の歴史を取りあげ、そのなかでも社会科、社会系教科（地理歴史科・公民科）に関わる研究成果を紹介し、今後の課題について提案したい。

1　教科内容学研究の歴史的経緯

　教科内容学の研究の歴史は、次の3つの段階に区分できる。第1期は1978年に始まり広島大学が主導した時期、第2期は2002年から始まり鳴門教育大学・上越教育大学・兵庫教育大学による文科省委託研究などが実施された時期、第3期が2014年に設立された日本教科内容学会を中心に展開された時期である。

　第1期は、広島大学ではじめて「教科内容学」という名称のもとで教育大学・教育学部の教科専門のポストにつける研究者を養成するという使命を掲げて始まった。具体的には、教科専門の担当者が教科内容をメタ次元で考察する学問領域として位置づけられ、教育実践の観点から各教科専門の内容を構成することを主たる狙いとし、特に中等教育の教科内容を中心に研究が進められていった。

　第2期は、『今後の国立の教員養成大学・学部の在り方について』と題する懇談会報告書(2001)での教員養成における教科専門の独自性を明らかにすべきという指摘を受けて、前掲の三大学や島根大学教育学部などで様々なプロジェクト研究として開始された。それらの成果の1つとして挙げられるのが、2006-2008年度の兵庫教育大学大学院連合学校教育学研究科の共同研究プロジェクトの成果である西園・増井編『教育実践の観点から捉える教員養成のための教科内容学の研究』(2009)の刊行である。同書のなかで提起されたのは、教科内容学の研究理念として①認識枠組を確定すること、②対象の基本認識・体系・内容を解明すること、③ディシプリン(固有の専門研究領域)を統合すること、という3つの課題であり、全体として従来の教科内容の細分化・断片化・非体系性に対して、教科内容を構築するための基盤としての体系性を目指すという方向性が明らかにされた。第3期に設立された日本教科内容学会では、その目的として、各教科の内容を、教科の専門の立場と教育現場の授業実践の立場から捉え、「教科内容学」として体系性を創り出すことが宣言された。同学会は2019年に日本学術会議協力学術研究団体に登

録され、年次研究大会と『日本教科内容学会誌』を通じてその研究成果を共有し公開している。さらに同学会はプロジェクト研究の成果として『教科内容学に基づく教員養成のための教科内容構成の開発』(2021) を刊行し、その中で全教科の教科内容を俯瞰した体系性を、教科の認識論的定義からはじめて明らかにし、教科内容構成のモデルとシラバス（小学校・中学校・教職大学院）を提示し、教科専門と教科教育の内容を関連させた授業の設計図を示している。また個別大学での取組例として各学部・大学院修士課程では「教科内容構成」といった名称を冠した授業が新設されたり、教科専門の教員中心によって教科書が作成されたり、新設された教職大学院でも「教科内容構成」の理論と実践や教科内容学をベースとした授業が導入されている。また著者が属する上越教育大学では、将来の学習指導要領の課題を先取りすることを念頭に置きつつ、先端的な専門的・学術的知見と先端的技術に立脚して、次世代のための教科内容を研究・開発することを目的とした「教科内容先端研究センター」が設立され、地元自治体の創造行政研究所との共催で「地域課題からみた学校教育の将来像」と題する連続フォーラムを実施し、地域社会のステークホルダーと意見交換をしている。

　こうした経緯を踏まえて、あらためて「教科内容学」とは何か、と問われた場合、それは、基盤となる専門諸科学の学術的専門性に立脚して、教科内容の在り方を研究する学問である、と答えることができる。そこから発展的に、教科間の連携や教科横断的な内容の在り方を検討する課題や、全教科の相関性・体系性の在り方を検討する課題も、この学問の研究領域に含まれることになる。そこで問題となるのが、教科内容学と従来の教科教育学との関係の在り方をどう考えるかである。その答としては、全体としての教科教育学の枠組みのなかで、教科内容学は、学術的専門性に立脚して新たな教科内容を創出したり、各専門科目の相互関係を解明したり、1教科内の各分野の相互関係（社会科での地理・歴史・公民の相互関係）、教科全体の体系性、他の教科との関係性あるいは小中高の各段階の系統性の在り方などを検討する課題を引き受けることになるだろう。さらに今後、グローバル化の進展のなかで教科内容をめぐる国際共同研究を担うという課題も重要である。

2　社会科の教科内容の体系性と構成原理

　このような多岐にわたる課題をもつ教科内容学は、一方で、学術の視点、もう一方で、子どもの視点が、いわば両輪の輪として機能していることが不可欠であり、その研究成果を通じて、最終的には、教師教育の目標としての「研究し続ける教師」の育成に貢献することがその本質的な使命である。

　そこで、以下ではその研究成果の一端を紹介する。その1つが科研費の研究成果として出版された松田監修『社会科教科内容構成学の探究——教科専門からの発信』(2018) であり、もう1つが日本教科内容学会のプロジェクト研究の成果として出された『教科内容学に基づく教員養成のための教科内容構成の開発』(2021) である。前者の特徴は、従来、主として教科教育の側から研究されてきた「社会科」の教科内容を教科専門の研究者たちが教科教育の専門家たちと対話的に協働しつつ、それぞれの専門性に立脚して、いわばメタ次元で分析・総合し、教科専門と教科教育とを架橋することのできる構成原理を体系的に再構築するという方向性を打ち出した点である。また後者の特徴は、他の教科と共有するプラットフォームに基づいて社会科の教科内容の体系性を明らかにした点である。

　この2つの研究成果によれば、社会科の教科内容学における出発点は、他の教科と同じく教科の「認識論的定義」である。それは、学習者個人のトータルな知識をどのように学校教育のなかで育んでいくのかという視点に立って社会科の原理的な存在根拠 (つまり学習指導要領以前の次元での) を提示することを意味している。具体的に言えば、社会科の認識論的な定義は「社会科は『社会』という表象や現象を対象として、その存在と価値を実践することである」というものである。言い換えれば、「社会」という言葉に関連する、心のなかのイメージである表象や、経験として観察することができる現象のすべてを対象としたうえで、過去と現在におけるその「存在」の次元、つまり現実的に事実としてあるという次元、そして将来において存在することが望ましいものという意味での「価値」の次元の2つの側面から社会科の内容

を構成している。そして、そのような存在の過去や現状とあるべき価値を理解したうえで、あるべき価値を将来において実現するために実践することを社会科の重要な役割であると定義している。別の言い方をすれば、社会科とは、子どもたちが「社会」という言葉に関連するイメージや現象にかかわる事実関係（現状）や価値理念（善いこと）の意味を探求・研究・学習すると同時に、「社会」と呼ばれている人間関係や生活実践に積極的に参加・参与・参画するという目的のために設定された認識と実践の相互作用の枠組である。したがって、社会科の目的について、子どもが「社会」のなかで、よりよく生活する能力を育むことである、と定義されている。

　こうした認識論的定義を前提として、教科内容構成の柱として次の6つが挙げられる。まず「存在」の次元を認識するための枠組として、①空間と②時間という柱が置かれ、「価値」の次元を認識するために、③人格、④共同性、⑤公共善が置かれる。この5つの柱に学術的な面で対応しているのが社会科に関わる自然・人文・社会諸科学になる。

　具体的に言えば、存在の次元での、①「空間」認識にとって大事なのは自然地理学、人文地理学、地誌学といった学問である。例えば、地域区分を考える時には、地形など自然地理学的な区分や土地利用や市町村などの人文地理学的・地誌学的な区分が必要になる。②「時間」的変化の次元については、歴史学や民俗学、考古学といった学問が関わっている。例えば、不可逆的時間の場合、地質学的・生命誌的・人類学的・考古学的な時代区分を経て、歴史学の時代区分が必要になる。それとともに時間・日・月・年・季節・学期・年間行事・祝祭、あるいは干支のような60年サイクルといった循環型時間の枠組み（例えば西暦672年を「壬申」、1868年を「戊辰」の年とする）も、社会科の内容を理解するうえで不可欠である。つまり、最初に、地理学、歴史学、法律学、経済学といった学問があるのではなくて、それとは反対に、最初に社会科の内容構成の原理があって、それを支援したり根拠づけたりするものとして、それぞれの専門諸科学があるという位置付けになっている。

　もう1つが価値の次元である。この次元は、現実として存在しているわけではない次元、目に見えない、あるべき、望ましいものとしての当為・規範・

理念・理想とも呼ばれる次元である。これは、見たり触ったりすることができないもので、人間の心の中にだけある次元である。価値の次元は、やはりまた、学問の各分野に即してその内容があるわけではなくて、実際には社会的・文化的に構築された価値があり、次いで、これから構築されるべき価値・目的というかたちで様々な内容を位置付けていくべきである。こうした次元を「存在」とは区別される「価値」の次元として一括したうえで、次の3つの柱に分節化される。最初にくるのが、①「人格」的な価値で、これは個人の自分自身のレベルに該当する価値の領域となる。個人として「私」が、何を「善い」と判断し、何を「なすべき」であると考え、何を「してはいけない」と自制するのか、という問題に関わる領域である。そうした領域を考えたり判断したりすることを支援し根拠づけをおこなうのが、主として哲学、倫理学あるいは心理学といった学問である（場合によってはその他の学問も必要になる）。だから最初に哲学や倫理学があるのではなく、むしろはじめに「私」の価値判断という問題設定があって、その解決に協力する学問として、後から哲学や倫理学が援用されるという関係になる。人格的な価値としては、その出発点に身体的なもの（医学・生理学的な健康）が置かれるべきである。そこでは「健康な生活」という場合の、社会的に構築された価値としての「健康」が問題となっており、それを踏まえて、いわば精神的で文化的な価値内容が位置づけられることになる。

　2番目のレベルが③「共同性」に関わる価値である。これは、「私」ではなく「私たち」という共同性をもつ集団にとっての価値に関わる領域である。この共同性には、ミクロからマクロまで様々な範囲があり、家族や地域社会からはじまり国際社会までが含まれる。そのような様々な範囲で、「私たち」は何を「善い」と判断し、何を「なすべき」であると考え、何を「してはいけない」と自制するのか、という問題が扱われることになる。そうした問題を考えたり判断したり解決したりするために必要とされるのが、いわゆる社会科学と呼ばれている法律学、経済学、政治学、社会学、宗教学や、場合によっては地理学や歴史学の成果である。例えば、法律学や政治学を通して国会の仕組みや選挙制度を知る必要があるのは「私たち」が主権者としてよりよい政治

を実現するために政治過程に参画するためであって、法律学や政治学の知識
そのものが目的ではない。経済学や社会学という手段を活用して「私たち」
はよりよい消費者・生産者になり、よりよい社会を実現するために社会参画
することが重要なのである。

　3番目のレベルが③「公共善」と呼ばれる価値である。この領域の価値は、
共同体的な集団のための価値と区別されるもの、つまり、全人類的な価値と
言ってよい。それは国際的な規範となっている場合が多いが、具体的には、
人権、平和、民主主義、持続可能性といった価値である。これらの公共善は、
「私」や「私たち」にとっての価値が実現されるための大前提、必要条件である。
したがってこうした普遍的な全人類的価値は個々の人格や共同性の上位に位
置づけられる。逆に言えば「誰にとっても」価値である人権・平和・民主主義・
持続可能性を犠牲にして「私」や「私たち」の価値を追求することは許されな
いということになる。こうした価値に関わる問題を考え判断して解決するう
えで助けてくれるのが、やはりまた法律学（とくに国際法）、経済学（国際経済）、
政治学（国際政治）、社会学、宗教学、哲学、倫理学、さらには地理学、歴史
学といった学問の成果である。例えば、持続可能な発展の担い手を育てるた
めに地理学の成果が活用されるのであり、過去や現在の人権問題や戦争と平
和の問題を考え判断するために歴史学や社会学その他の成果が利用されるこ
とになる。

　最後に、存在の次元と価値の次元を統合する人は誰か、という問題が浮上
する。それは、まさに子どもの実存的な生、一回限りの生、繰り返すことが
できない持続的な生のプロセスである。そして、そのなかで求められるのが、
教科内容構成の6番目の柱として⑥「技法」である。そこに含まれているの
は、様々な分野の学問研究を進めるうえで不可欠なものであり、具体的には
調査法（文献調査、フィールドワーク、インタビュー、データ処理など）、表現法（言
語表現の場合の論理的思考、地図、表、グラフ、統計やレポートの作成法など）、コ
ミュニケーション（対話や合意形成のための手続、手順、儀礼、話法、慣習）、そ
して解釈（文章や事象の「意味」の読解）である。とくに最後の解釈の技法が重要
なのは、社会科で扱う様々な事象のデータや情報そのものよりも、そうした

なまのデータや情報を、自身や相手の内面にある意味体系に即して意味づけることが「価値」の次元を理解し実践するうえで決定的に重要だからである。こうした「技法」に関わる知識や技能は、様々な学問領域のなかで蓄積されていたり、また専門的な学問領域（書誌学、統計学、論理学、解釈学など）となっていたりするので、それらを社会科の教科内容の重要な柱として統合することも大きな課題である。

3　社会科内容学によって育成される能力

　次に問題になるのが、社会科の教科内容学は、どのような能力を育成することを想定しているのか、という点である。それは次の能力に分けることができる。第1に、現実に存在する周囲の世界のなかで自分の位置を知る能力である。これは空間や時間に関わる地理や歴史を知ることで育まれるべき能力である。第2に、価値の次元において人格としての自分の目的や課題を設定して自己形成する能力である。それは、具体的な様々な価値内容を自分の内面と行動において具現化できることを意味しており、一言でいえば「よりよい自分になる」能力である。第3に、自分が属している日常的な生活世界の地理的・歴史的な文脈を踏まえて、自分が生まれ育った自然・人文的な環境と折り合いを付けながら、自分以外の他者——周りの人たちと共有できる価値を積極的に見出して、それを実現できる能力である。それは、言い換えれば、他者との対話による合意を形成しながら、目的意識をもって、自分のよりよい生を営みつつ、他者とともに「よりよい社会」の形成者になることができる能力のことである。こうした能力の育成を目指すうえできわめて重要なのが、後述するように、授業での履修生の発表や討論を通じた対話的コミュニケーションの機会である。

　そもそも、社会科の目標は「よりよい社会」の形成者の育成であるが、そのために不可欠なのが、現に存在する社会の在り方を批判的に評価するだけでなく、「よりよい社会」を創るための「新しい価値」を創造する主体の形成である。したがって、教師自身がこの社会の現状に対して批判的な思考力・

判断力・表現力をもつ主体となる必要がある。教員免許状という資格制度は、その他の専門職と同じように教師がその業務において主体的に思考・判断・表現・実行する資格を付与するものであると言えよう。その意味で子どもたちに対面して仕事をする教師が自分の教科内容を考えるうえで重要なのは、既存の知識を批判的に把握することである。このことが、現状を単純に再生産するのではない、新しい主体を創造するということの出発点になる。一番重要なことで、考えなければいけないのは、専門的な学問が提供する「価値中立」的な知識や技法を、それとして提示するのではなくて、それぞれの学ぶ主体が持っている個別具体的な「文脈に埋め戻すための枠組み」を提供することである。例えば、経済学では価値と使用価値の区別がある。価値または交換価値というものは、市場のどこでも通用する原理的な価値、モノの売り買いなどの交換の場面で基準となる価値であるが、その価値がリアルに実現されるためには個人にとって使用価値になる必要がある。ペットボトルの水が110円だとすれば、それを飲む人間主体と結びつき、喉の渇きが癒やされなければ、その水の商品価値は使用価値として実現されない。そのような人間の主体が「生きること」と結びつく使用価値に関わる部分が、教科内容学において重要になる。誰が主体であるかに関係なく普遍的でどこでも成り立つ知識が一般学問の知識だとすれば、教科内容学が扱う知識は、そういった学問上の知識を、個別具体的な人間の生きる文脈、生活世界の中に生かしていく、あるいは、埋め戻していく、そのような枠組みを提供してはじめて生きた知識になっていく。

　別の言い方をすれば、一般学問が扱う客観化された知識というのは、脱主体化されてしまっている知識、主体抜きで成立している知識である。だからこそ専門諸科学が成り立っている。それは、どこでもないところから見た眺めであり、没主体的な俯瞰的な観点である。これが専門諸科学の観点である。そうだとすれば、そういった眺めや観点を、子どもの生きている文脈を無視して押しつけても、そのままでは子どもたちの生きた知識にはならない。それぞれ個別の文脈の中で生きている人にとっては、学問的知識は、ある意味で疎外された知識になってしまっている。そのような、どこでもないところ

からの眺めの成果としての客観的な知識を、現実の生活世界に、つまり、生きている内面に意味を持った世界に、埋め戻していく、再文脈化することが子どもの能力育成において本当に重要なことである。その結果として、今まで生きてきた既存の価値観の中で生きている人たちが、学術的な価値観を自分の文脈で内面化するならば、今までの生活の在り方を見直すような機会を得ることになる。そういう意味で客観的知識の再文脈化——主体化、あるいは生活世界に客観的知識を埋め戻す営み——が大事であり、そのために教科内容学は寄与しなければならない。

4　社会科内容学に基づく授業実践例

　次に、教科内容学に基づく場合、どのような教員養成のための新しい授業実践が展開されるのかについて説明したい。筆者が行った学部 3 年生対象の「教科内容構成『社会』」では、最初に履修学生による内在的で内発的な問題設定をしてもらう。それが授業の出発点になる。例えば、筆者が行った授業実践では「アルバイト先で有給休暇を取りたいのだけれど、なかなか雇い主が取らせてくれない」という問題が提起された。そこで、この問題を取り上げて、教師と学生たちの間で「働くこと」の意味について、空間的に分析してみよう、あるいは時系列的に分析してみよう、あるいは価値論的に分析してみよう、というかたちで質疑応答や討論を進めていくことになる。地理学的・歴史学的・経済学的・社会学的な内容を経て、「何があるべき」なのか、「何があるべきでない」かという人格や共同性や公共善に則した価値判断をする中で、どう解決していくのかという方向で議論を進めていくのが、この授業の基本構成である。

　その場合、議論の方向性をコントロールすることが教師の重要な役目になる。学生による最初の主体的な問題設定に対して、次に教師が、対象となる事象を、第 1 に、空間・時間・価値の各領域へと分節化することを提案する。分かりやすく言えば、アルバイトや働くことの意味を空間的側面から（日本国内の各地域や世界の様々な国での在り方の違いに注意させながら）調べた

り考えたりする。時間的側面としては、働くことの形態が歴史的にどう変化してきたのか、奴隷労働や身分制のもとでの職業、そして資本制のもとでの賃金労働とその働き方の変化（正規雇用の縮小と非正規雇用の拡大）を調べたり考えたりする。それを踏まえて第2に、教師が支援しなければならない点は、学生たちが様々な日常的な言葉で表現する内容を「概念化」すること、つまり、適切な学術的な概念として整理し統合していくことを支援することである。簡単にいえば、学生たちの日常的な言葉を学術的な概念に言い換えることができることを示すことである。例えば、同じ「仕事」という言葉で表現されるものでも、詳しく聞いて見ると、対価が支払われる「賃金労働」と賃金が支払われない労働としての「アンペイド・ワーク」との違いがある。学生たちが社会認識を深めるために様々な情報ツール（文献・ネット）を用いて調べていく上で必要な概念・キーワードを提供することが重要である。最後に、第3の大切な支援が「参照化」すること、参照すべきリファレンス類（辞事典、参考資料・文献、デジタルアーカイブス等）を指示することである。概念やキーワードを、どの文献・電子ソースで検索すればよいのか、その媒体も具体的に教えることが重要である。そのことは、発展的な課題について探究すべき学術的分野を示唆するというオリエンテーションの仕事に他ならない。この分節化・概念化・参照化は、教師が子どもたちに関わる3つの方向性を示している。

　教室での授業では対話のなかで学生たちが自分の私的な体験を言語表現していき、最初に提起された問題を再設定していくが、そのプロセスの中で教師は学生たちと教科内容学的な「協働」を行うことになる。その協働には次の3つの役割が期待される。第1に、学生たちの討論における「補助者」としての役割である。学生たちが私的な経験や意見を形成する場合に、解釈や言い換えを通じてその言語化を支援するという役割である。学生たちが言おうとすること、言いたいことを専門的で学術的な言葉で代理表現していくことである。第2の役割は、討論における「対立者」として協働することである。教室内の限られたメンバーだけで内向的で閉鎖的な討論になる傾向を避けるために、教室の中にいない「不在の他者」の見方や考え方を代弁する

ことで、学生たちの討論内容の同質性を、相対化し異化する役割を教師が果たすことで、より開かれた討論内容の質を保証することが可能になる。つまり、物事を多面的・全体的に捉えようとするときに、教室の中にはいないけれども社会にとって大切な他者が現実に存在しているわけであるから、こうした教室内のメンバーとは異質な他者たちを教室内の教師が代弁して発言していくことが重要である。そして 3 番目に重要な役割が、様々な事象やテーマに関して専門的なコメントや説明を行うという「解説者」として協働することである。こういった対話のプロセスを通じて、最初に学生から提案されたアルバイトの問題を再定式化し、労働者としての権利や労働組合の役割など解決の方向性を模索する議論をしていくというのが授業実践の一例である。

5　社会科内容学の課題と今後の方向性

　最後に、社会科内容学の課題と今後の方向性について説明したい。最初の課題は、現行の免許法で定められている歴史学、地理学などの専門科目が、社会科で求められている教科内容すべてをカバーしているわけではない点である。教科教育学の一部としての教科内容学は、専門の学問領域がカバーしていないけれども、次世代の育成にとって重要な領域も、内容的に研究する必要があるのではないか。具体的に言えば、パンデミック対応という自然・社会融合型の課題に対して直接的に対応できる学問領域がない以上、教科内容学が先端的な自然科学・人文社会科学・技術・芸術系の知見を複合的・総合的に参照して社会科にふさわしい内容構成を検討するという課題を担う必要があるのではないか。

　第 2 に、情報や知識を活用するための道具・手段としての広義の「言語」の問題がある。この言語というのは、数や身体技法を含む広い意味での言語を念頭に置いており、専門諸科学における様々な次元の専門用語と、様々な文脈で用いられている日常的な言語をつなげていくという課題がある。この専門性と日常性を連結させることが教科内容学の固有の大事な仕事であると言える。そのためには、一方で専門用語についても知っていると同時に、他

方で日常的な言語（特に子どもたちにも分かる語彙）も押さえておく必要がある。これはアカデミックな専門諸科学では対応できない課題であり、教科教育学の一部としての教科内容学の大きな課題になるはずである。

　第3に、今後、地域社会と学校が深く関わっていく中で、地域社会における様々な専門家や実務家と教科内容に関わる連携ネットワークを構築する課題がある。社会科には実に多種多様な教科内容があるが、教科書・資料集や電子媒体などで学ぶと同時に、地域社会には社会の様々な部門に精通した専門家たちが活躍しており直接話を聞く機会もあり、また地域の博物館や資料館との連携の重要性も言われている。さらには基本的なインフラについてのフィールドワークを取り入れた授業の必要性も言われている。こうした課題を念頭に置いたときに、地域社会の中で活躍している人たちと、いかに連携していくのか。その連携の仕方についても、教科内容学は考えていく必要があるのではないか。最近、文科省で新設された資格である「社会教育士」は地域社会の様々な課題解決に向けて活動する方々であり、社会科の内容の理解の深化や内容構成の検討という観点からみて不可欠の連携相手として重視していく必要があるのではないか。

　最後に、今後の教職大学院での授業において、子どもの発達段階に即してどのように社会科・社会系教科の内容を構成することができる教員の能力──とくに教材研究力（教材の収集力・選択力・分析力）や教科内容に即した教材作成力──を向上させるのかという課題がある。それは、子どもの生活世界と接合できる教材をどのように研究・開発するのかという課題である。

　このことは、言い換えれば、子どもにとっての見たり聞いたりできる知覚可能な生活世界の諸現象から抽象概念の次元での教科内容への接合と、その逆に概念から具象への接合をどのようなかたちで支援するのかである。その際、学習過程における「問い」と学習活動における「体験」（アクティビティ）を組織することが重要である。そこで社会科の内容構成の原理に対応する「問い」と「体験」を構成するための枠組を開発する必要が生じる。そこで、教科内容構成の原理の展開秩序に即して「問い」と「体験」を整理したのが次の図である。**図 4-2-1** では上段の項目が下段の項目の前提を意味している。

原理		問い	体験（アクティビティ）
存在する次元	現象	それは、何か？ それは、いくつ、どのようにあるのか？	事実的連鎖（集合体）のなかから、特定の事象（名称・状態・性質）の抽出（選ぶ）、計量的調査（同じものを数える）、分類・類型化・個性記述
	空間	どこに、あるのか？ なぜ、そうであるのか？	事象の配置・立地の記述：フィールドワーク、地図作成、地図からの情報収集 事象間の関係性・因果連関の考察・解釈・意味づけ
	時間	いつ、あったのか？ なぜ、そうなったのか？	事象の時系列上の位置の記述：聞き取り、資料調査、年表作成 事象間の関係性・因果関連の考察・解釈・意味づけ
価値の次元	人格	私・あなたにとって良い・悪いことは何か？ なぜ、そうなのか？	個人にとっての価値基準の調査、比較、選択、判断、表現 価値基準の根拠づけ・意味づけ（解釈）
	共同性	私たち・あなたたち・あの人たちにとって良い・悪いことは何か？ なぜ、そうなのか？	個人が帰属する集団、他者集団（隣接する集団、第三者的集団——地域住民、国民、近接エリアの諸国民）の多様な価値基準の調査、比較、討議、表現 価値基準の根拠づけ・意味づけ（解釈・類推）
	公共善	誰にとっても良いこと・悪いことは何か？ なぜ、そうなのか？	多様な共同的な価値判断の比較・選択、主体が限定されない——将来世代を含む人類・生物的多様性・地球環境にかかわる価値判断との対比による共同的価値の限界の理解 価値基準の根拠づけ・意味づけ（解釈・類推）

図 4-2-1　教科内容構成の原理に基づく問いと体験の枠組み

　ここでの「問い」は教師による場合と子どもによる場合とで、二重性をもっており、前者は教師が意識的に操作可能である。だが後者の子ども自身が立てる問いについては、応答すべき教師の側が、その問いが教科内容の体系のなかのどの枠組みに該当するのかを見極めることが求められる。また、これらの問いに対応する「体験」は、いわば社会的労働の原型であり、一方で言葉と道具を媒介にした外的素材を加工する作業であり、他方で自身の認識内容を変容させる思考をもたらすものと位置づける必要がある。この図では時間的・空間的に存在する現象の次元と人格的・共同的・公共善的な価値次元の相互関係と、具体的な学習過程につながる教科内容の構成については今後の課題となっている。

おわりに

　教科内容学は、教師教育における教科内容のメタ認知を目指す学問として出発した。教科の個別の中身というよりも、それを超越した次元での認識の仕方を考えていくことにその存在意義がある。個別専門諸科学の寄せ集めではなくて、それらを統合する社会科の内容の在り方を考えるとともに、その内容が生きた知識として現実社会の中で実際に活動する人たちと結びつき、社会参画を実践できる人間形成を促すということが究極目的である。

文　献

島根大学教育学部 (2012)：「教員養成学部における教科内容研究―「教科内容構成研究」授業の実態と課題」『島根大学教育学部紀要』第45巻別冊。

西園芳信・増井三夫編 (2009)：『教育実践の観点から捉える教員養成のための教科内容学の研究』風間書店。

日本教科内容学会　http://www.jsssce.jp/files-institute/EstablishmentPhilosophy.pdf

日本教科内容学会編 (2021)：『教科内容学に基づく教員養成のための教科内容構成の開発』あいり出版。

広島大学大学院教育学研究科 (2004)：『教科内容学の体系的構築に関する研究』。

松田愼也監修 (2018)：『社会科内容構成学の探求―教科専門からの発信―』風間書房。

下里俊行 (上越教育大学)

第3章　教科内容構成学の理論的根拠を問う

──教師の授業に大きな影響を与えるのは本当にPCKなのか──

はじめに──教育方法ばかり議論？：教科教育学への誤解──

　昨今、教員養成カリキュラム改革が文部科学省主導で行われているが、その関係者や協力者の少なくない人たちが教師を実際にほとんど育てたことのない人たち、例えば19世紀の教員養成制度の専門家やヨーロッパの教師教育学の動向を追いかけている旧帝大系教育学者であり、こうした人たちによって、この国の教員養成の実態について十分な理解もないままに進められていることに筆者は危惧している。例えば、中央教育審議会の委員でもあった安彦忠彦は、「『教科教育学』が教育方法に偏しているのはおかしい。もっと教科内容を主にし、教育方法を副にしたものとして、再構築すべき」という問題意識のもと、教科内容知識面を担う教科専門授業内容担当（歴史学者とか物理学者といった教科内容専門が担当すると思われる）と教科実践方法面を担う教職専門授業内容担当（教科教育学者もしくはベテラン教師）とを統合した新「教科教育学」構想をぶち上げている[1]。安彦氏は長年この構想を温めてきたのだそうだ。

　だが、筆者の研究[2]を踏まえるまでもなく、教科教育学者（少なくとも社会科教育学者）はむしろ「教育内容」の方を語る傾向にあり、教育方法は二の次としてしまう、というのが実態である──つまり内容が主で方法が副である。上の安彦の問題意識は、強いて言えば国語や外国語などの技能志向の教科になら、なんとか通用するといった程度の話である。物理や化学の内容に重点を置かない理科教育学者が多いとは到底思えないし、歴史の内容に重点を置かない社会科教育学者を筆者はほとんど知らない。中学校や高校の教員

養成を担うならなおさらだ。安彦の構想は、社会科を始め、ほとんどの教科においては、空想上の問題への対処法と言えるだろう。

　だが、こうした話が段々と真実かのように関係者たちの間では認識されるようになり、そして教師教育改革が進められているのが残念ながら昨今の現実である。

1　比較的健全な議論について──**教科教育学者はPCKが優れている**──

　安彦の議論よりもかなり良質な議論として、教科教育学者は教授法的内容的知識（Pedagogical Content Knowledge：PCK）が優れている、というものがある。PCKとは明治維新といった教科内容に関する知識でも、科学的探求学習といった教育方法に関する知識でもなく、その中間に位置づく知識であり、ざっくり言えば、ある特定の教科内容を教えるに当たって教師が有している授業構想のレパートリーに関する知識である。この知識は、明治維新なら〇〇という教え方もあるし××という教え方もあるぞ、といった感じで表現されることになり、この概念の提唱者である米国スタンフォード大学のショーマン（Lee Shulman）に言わせれば、教師の教科内容の理解の深さに強く左右される教師固有の専門知とされている。

　教科教育学者もしくはベテラン教師の教科内容についての専門性と、物理学者や歴史学者の教科内容についての専門性との間はどのような違いがあるのか、と問われたとき、この議論を展開する立場の人の回答は、前者の専門性はPCKにあり、後者は純粋に学問的な「内容的知識」にある、となる。つまり前者は「自分の県の中学校2年生に桃山文化をテーマとした授業を計画・実践する上で用いる知識」を語るのであり、後者は歴史学が明らかにした桃山文化の研究についての知識を語るのだ、というわけである。直接的に教師の授業実践に影響する知識は、もちろんPCKの方である。先の安彦の議論であれば、教科教育学者と教育方法学者の区別がつかないことになるが、このPCKの議論からであれば、教科教育学者と教育方法学者との間には明確な区分ができるし、教科内容専門（歴史学者や地理学者など）との間とも明確

な区分ができる。そのため教科教育学者たちの中には、PCK に関心を抱き、そこから教科教育学の存在を正当化しようとする動きが生まれても不思議ではない。またこの立場から見れば、教科教育学者が教科内容専門と共同で研究したり大学の授業を担当することは、それなりの合理性があるものと認識されるだろう。それは、教科教育学者が間違った内容的知識の上で PCK を築き上げていた場合、教科内容専門から指摘を受けることができるからである。より質の高い PCK に知識が成長するきっかけとなるヒント（情報など）を教科内容専門は彼らに提供してくれるとされるからだ。「教科内容（構成）学」の存在も、さほど違和感のないものとなるだろう。

2　授業は教科内容特性が決定するのか、目標特性が決定するのか──PCKをめぐる議論の落とし穴──

　安彦の議論に比べれば、PCK に教科教育学の存在根拠を求める議論は、かなり好意的に教科教育の関係者に受け入れられることだろうと思われる[3]。ただ、筆者は、一人の米国社会科カリキュラムを研究してきた者として、PCK をめぐる考え方や議論に（ショーマンやその後続の研究のものも、日本国内のものも供に）違和感を覚えている。それは教育哲学的な理由、実際的運営上の理由と、そして従来型の社会科教育学の議論を比較したところの理由からである。

⑴　教育哲学的な理由：教師にカリキュラムを作る力が生まれない

　筆者が PCK をめぐる考え方に大きな疑問を持つ第一の理由は、学問的な内容的知識に依存する性質を持つ PCK が教師の授業づくりにとって最重要である、と仮定することが私たちにもたらす結果によるものである。この仮説に立つならば、地理の授業と歴史の授業では、前提となる学問体系が異なるのだから、地理を教える教師と歴史を教える教師とは、別々に育成せねばならないことになる。それどころか、地誌と系統地理とでは学問体系や内容的性質が異なるのだから、これも別々にすべきということになるだろうし、

中世と近世、東アジアとアフリカでも、江戸時代前期、中期、後期でも内容的特質が異なるのだから、それぞれ別々に教師を育成せねばならないことになるだろう。キリのない細分化が進む。そして細分化にブレーキをかける基準を生み出せないのである。つまり、PCKの議論は、学問分化型カリキュラムを前提としてしまっており、さらに、内容精選の術をほとんど持ち得ていないのである。

　こうしたことになるのにはそれなりの理由がある。一つ目の理由は、ショーマンがPCKの存在を、主にスタンフォード大学近郊にある中等学校段階の教師を観察して導いたことにある。カリフォルニア州は80年代ごろから社会科のような統合型カリキュラムを否定し、学問分化型カリキュラムをどの州より率先して導入していた（歴史 - 社会科学フレームワーク）。中等学校段階は、地理・歴史・政治・経済の諸学問を系統的に教える教育となっていた。そうした中で行動する教師を観察した結果、学問の内容的知識→授業の流れが観察されることになった。そしてもう一つの理由は、ショーマンが教育の目的を（学問についての）「深い理解」それ自体に置いていることである。なお、これはショーマンに限らず、1980年代から現在までの学習科学や学習心理学の主流派に共通に見られる特徴である。

　だが、私たちは学問でやっていることのすべてを子どもたちに教えることはできない。そのため、何らかの基準を持って内容を精選せねばならない。そしてその基準は、（学問についての）「深い理解」からでは導きだすことができないのであり、「民主的で平和的な国家・社会を形成する主権者の育成」のような「人間目標（humanity objectives）」が別途に必要となる。こうした目標の選定と内容の精選、これこそがカリキュラムを考えること、議論することである。そして人間目標の中身次第では、学問分化型カリキュラムは合理的ではない、といった結論が導かれる可能性があり、実際、社会科はそうした議論から生まれた統合型カリキュラムを元来軸としてきた。

　PCKの議論は、事実上、こうしたカリキュラムの議論・考察については、行政や学者、教科書会社といった、学校や教師以外の存在に任せることを前提としている。つまり、教師にとって必要な能力として、「カリキュラム作

り」をほとんどカウントに入れていない（少なくとも重視していない）のである。このことは、カリキュラムを作る人（＝行政・学者など）とカリキュラムを実行する人（＝教師）の分断を招きやすく、後者が前者に隷属的な関係に置かれやすくなる。そしてこうした分断は明らかに国民を管理・統制したい人々（特に為政者）や文化的マジョリティにとって比較的に都合のよいものであり、逆に文化的マイノリティには不利益となりがちだ。

　実際、学問分化型のナショナル・スタンダードの開発が特に保守派によって推進されているような米国の各州では、スタンダードの内容はWASP文化を大きく反映したものとなっており、さらに新社会科運動期に社会科カリキュラムに加わるようになってきた社会学や文化人類学といった「社会常識に対して疑問を呈するような」学問がスタンダードから排除されてしまう動きも顕著になってきている。

⑵　実際運営上の理由：広領域教科である社会科は教師教育での質的保証ができない

　また、筆者がPCKをめぐる考え方に違和感を覚える第二の理由は、⑴の議論との連続したもので、すなわち、前節の仮説を前提にしていては、社会科のような広領域教科の場合は特に、いつまでも教師の質的保証のできる教師教育カリキュラムを大学は生み出すことができないことにある。学問は日々成長し、成果は無限に広がっている。そのすべての学問的内容についてのPCKを保証することは不可能である。ではどのPCKを保証するなら教師の質的保証となるのか。おそらく誰も明確に答えることはできないだろう。

　PCKを重視する教師教育を大学が展開する限り、大学の教師教育は、本来現場で必要となるPCKのほんの一部しか保証できないことを天下にも、学生たちにも晒すことになる。特に深刻なのは学生たちへの影響で、事実上、ほとんどの単元において授業をつくる知識を持たせていないまま卒業させていると彼らに言っているようなものであるのだから、彼らに自信をつけさせるどころか、不安をあおることになるだろう。

(3) 従来型の社会科教育学の議論と比較しての理由：授業は教科内容の特性よりも教育目標（とそれを実現するための授業理論）に大きな影響を受ける

　筆者がPCKをめぐる考え方に違和感を覚える第三の理由は、学問的な内容的知識に依存する性質を持つPCKが教師の授業づくりにとって最重要であるとの仮説が、これまでの我が国の社会科教育学（そして教師のカリキュラムづくりを大切にしてきた米国の社会科教育学）の考え方と異なる点にある。

　従来の社会科教育学は、社会科教師の授業は学問体系や個別具体の教科内容の性質にそこまで大きく左右されはしないし、学問体系や教科内容が違えば授業が全く違ってくる、といったことはあり得ない、と考えていたのではないだろうか。むしろ教育目標と、それを実現するために必要となる「授業理論」の違いこそ、授業に大きな影響を与えるものであるとみなしてきたのではないだろうか。

　このことがよくわかる事例として、全国社会科教育学会編『新社会科授業づくりハンドブック：中学校編』(明治図書、2015年)の中の特に草原和博の言説をひもといてみよう。草原氏はこの中で、同じ教科書を教えるにしても、教師にはいろいろな選択肢があると説明している（草原2015：9-12. 一部略）。

（教科書の記述）

> **第3節「人々によるアジアとのつながり」**
> 〈課題〉
> オセアニアは移民や観光に関してアジアとどのように結びついているでしょうか。
> 〈本文〉
> **見出し1「白豪主義からの転換」**
> ・イギリスの植民地だったオーストラリアはイギリス系移民が多い。
> ・19世紀後半に中国系移民が増えてイギリス系移民と対立が生じた。
> ・1970年代まで白豪主義が採られて、ヨーロッパ系以外の移民が制限された。
> ・その後政策を転換し、移民を積極的に受け入れている。
> **見出し2「多文化社会を目指して」**
> ・現在はアジア系移民が増えている。シドニーやメルボルンにはチャイナタウンがある。

・1993 年には先住民のアボリジニの先住権と土地の所有が認められた。
・多様な民族が共存し、文化を尊重する多文化社会を築こうとしている。
見出し 3「増大するアジアからの観光客」
・80 年代から 90 年代にかけて、日本企業はゴールドコーストに観光地を開発した。
・日本にとって時代の小ささと逆の季節が魅力となっている。
・タヒチやカレドニアに美しい自然環境を求めて観光客が増えている。
〈図版〉
・シドニーのチャイナタウン (写真)
・アボリジニの居住地域 (分布図)
・移民出身地別の割合 (1901 〜 2006 年の棒グラフ)
・ゴールドコーストのリゾート (写真)
・仏領ポリネシアのボラボラ島の海岸 (写真)
・ニコラスさんの語る日本のゲームや寿司、和牛の浸透、多言語標記 (インタビュー)

(選択肢)

① 　教科書の内容を重点化・焦点化し、補助資料を加えてリアルさを追求して教える
地理授業でのねらいは「生徒に分かりやすい授業をすること」。教科書の見開き 1 頁に
ついて、指導のポイントをキーワードで押さえ、図版でイメージを膨らまし、内容を
要素に焦点化して教える手法をとる。そして間接的に体験できるメディアを別途補う
などして、生徒に地域についての情報をリアルに伝えることにも拘る。
　例えば上の地理教科書「オセアニア州」の内容 (概要) だと、イギリスの植民地、中
国系移民、アジア系移民の増加とアボリジニ、多文化主義、観光地の開発、ゴールド
コースト、ニューカレドニア。これらの用語や地名が板書されるとともに、対応する
写真や地図・グラフと照らし合わせて知識の定着と意味の理解を図っていく。これに
教師自らがオーストラリア旅行をしたときに撮影してきた写真 (オーストラリアに住
む大橋巨泉、広い農場、コアラやカンガルー、多言語で書かれた標識など)、オース
トラリアでの和牛ブームを取り上げたテレビ番組 (5 分) を加える。

② 　選択可能性を補い、内容を論争化・複線化して教える
　本文記述を丁寧に読み込みながら、人々の議論と選択を再構成していく授業。本文
に登場する個々や集団の決断を取り上げ、そうなった経緯を分析させようとする。先
の教科書見開きの場合、例えば「1970 年代には白豪主義を採った」と記載されている
が、実際には移民制限に反対して運動を展開した人もいるだろう。後に「白豪主義は
撤廃された」と記載されているが、当然受け入れに反対した人もいるだろう。近年「オ
セアニアでは観光開発が進んでいる」というが開発に抵抗したり、環境の改変に不満
を表明したりする人もいるだろう。
　しかし実際の教科書ではオフィシャルな帰結のみが描かれ、対立や論争の構図は省
かれる傾向にある。そこで本文に埋もれた別の主張、別の選択肢 (サイドストーリー)
を補い、なぜ最終的には教科書が示す結果となったのか、あなただったらいずれの立
場を支持するかなど生徒に判断させてみる。未来に向けて政策的な議論に参加できる
力を養おうとするなら、社会は論争・対立の連続体として理解させる必要がある。

③ 　論理の飛躍を補い、内容を構造化・概念化して教える

　本文の記述の流れを追いかけながら、論理的に飛躍している箇所を説明させる授業。事象と事象の間をつなぐ概念的な枠組みを探究させる手法を採る。例えば、先の見開きの場合、中国系とイギリス系の住民はいつの間にか対立しているし、白豪主義を採用したかと思えば急に70年代に方針転換している。カレドニアは突如として観光地になっている。展開はあまりに早い。

　教科書では事実を一通り網羅することが優先されるため、全体の構造や体系が後回しになりやすい。だからこそ教師は、命題間のギャップを浮き彫りにし、そこに「なぜ・どうして」と問いかけることで、事象と事象の関係を説明する概念を探究させたいと思う。事象の因果に関心を寄せ、社会のしくみを究明する知性を育てようとするなら、社会は因果の連鎖として理解させる必要がある。

④　表象的排除を補い、内容を言説化・相対化して教える

　本文記述全体を対象として、記述の底に貫かれた立場や思想性を読み解かせる授業。教科書で過度に強調されたり排除されたりしているテーマに注目して、その妥当性を批評させる手法をとる。例えば先の見開きの場合、オセアニアを「アジアと移民と観光で結びついた」所として描いていた。この空間的結合ばかりを焦点化して、あえて論争色を配する見立ては教科書ならではの表象であり、媒体が異なれば別の見立てが示されるはずである。

　一般に教科書は、政治的に穏当な見解を国民の集合記憶に値するものとして選りすぐって展示している。例えば日豪の結びつきには、ウラン鉱山の開発や自衛隊との合同軍事演習などの面もあるし、友好的な関係に限らず、日本の調査捕鯨をめぐる応酬のように対立的な関係も存在する。だからこそ教師はそうした教科書が検定制度の下で政治的に権威づけて発信される言説であることを理解させ、教科書が私たちに伝えようとする真のメッセージを吟味させ、別の表象の可能性を探る力をつけたいと思う。この場合、社会は何者かがどこからの視点から解釈して表象した一つの言語表現として理解させる必要がある。

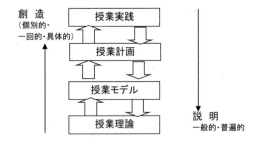

図4-3-1　仮説（授業）の重層性と研究方法　（草原2006）

　草原は左の**図4-3-1**を使い、授業に一番大きな影響を与えるのは、「授業理論」すなわち「社会科の理念・目的をめぐる多様な考え方と、その目的を実現する最も合理的な認識形成の方法論と授業展開の具体例、またそれぞれの方法論で指導したときに子どもに及ぼすであろう効果について説明した知識体系」[4]であり、そして教師はこの授業理論を実際に授業実践に転換するには、授業理論に具体的な内容を加えて授業モデルや授業計画に描き出す力、それらを教材や授業技術を用いて実践に還元する力が必要となることを説明している。そしてこの授業理論は、ある程度、地理や歴史といった学問領域や教材についての耐久性（汎用性）があるとされてきた[5]。実際、草原の示した①〜④の4つのスタンスの授業（＝授業理論）は、特に教科書にあるオーストラリアの事例ではなくても、そして地理領域でなくとも、だいたいの社会系教科目の教材に通用するのではないか。

　この草原に見られる従来型の社会科教育学の考え方に基づくなら、教師教育で重要となることは学問体系や個別の教科内容に左右される性質のPCKよりも学問体系や個別の教科内容の特性にあまり左右されない性質である授業理論を学生や教師たちに教えることであり、また教科教育学者の専門性はこうした社会系教科目固有の授業理論について深く知っている点にあることになる—この点で、教科教育学者の専門性は、教育方法学者や教科内容専門らの専門性と区別ができる。

　そしてこの草原に見られる考え方に基づくならば、教師は授業理論を知っていたら、「オーストラリア」も「東南アジア」も、一応、授業について展望を持てることになるので、PCKをめぐる考え方の時のように、「オーストラリア」の授業が作れることは「東南アジア」の授業を作れることとは全く別の話である（なぜなら別の教科内容だからだ）、といったことはなくなり、社会科のような広領域の内容を扱う教科であっても、大学での教師教育カリキュラムの質保証が理論上は可能となる。地理と歴史とで別の教師教育を展開する必要も、中世と近世、東アジアとアフリカとで別々に教師教育を展開する必要もないことになる。そして教師は、自身が教育において設定する目標を意識しながら、適切な授業理論や教授すべき教科内容についてある程度まで自

力で精選することができる。それはすなわち、カリキュラムを教師自身が生み出すことを可能とする基盤となるものである。

　PCKそれ自体は、確かに教師の中に存在する知識体系なのだろう。そして多くの教師にそれなりに影響を与えているのかもしれない。筆者も教師が授業理論を具体的に教材と結びつける際に、PCKが必要になってくると考えている。ただ教師本人が意識する意識しないは別として、各教師の有している授業理論の方が、ずっと彼らの授業作りに影響を与えているのではないか。その証拠に、大抵の教師は個体として見る限り、単元が「オーストラリア」であろうと「東南アジア」であろうと、似たようなところに重点を置いた、似たような発問をする授業を繰り返し展開する傾向にあるではないか―それは多くの教師が一つの授業理論に固執していることの結果と言え、授業理論の教師に与える影響の大きさを物語るものである。PCKは授業づくりにおいては授業理論のサポート役なのではないか。

　また、時に社会科教師は学習指導要領や検定教科書が想定していないような教材や教科内容を見つけ出して授業作りをすることがあり、それは必ずしも学問が関心を持っている内容や教材ばかりではないのだが、これについてPCKは何も説明してくれない。だが授業理論が教師の授業づくりに大きな影響を与えているのだと捉えるのなら、説明がつく。教師は自らの授業理論を授業実践へと翻案する中で、その最も適した事例が教科書等にない場合、自ら教材や内容を探し求めるのであり、それは時に学問がほとんど関心を持たないようなものにまで及ぶ―教師はその教材や内容についてのPCKを十分に有していなくとも、社会科授業になんとか仕立てることができるのである。

3　昨今の米国でのPCK研究の動向

　昨今の米国でのPCK研究を見ると、かつてよりも教師の持つ教育の目的やねらい、動機やビジョンが教授内容に与える影響を重視する方向に展開しており、興味深い。例えば高校国語教師を調査したグロスマンはPCKを構

成する要素的な知識として、①生徒理解についての知識、②カリキュラムについての知識、③教育方法についての知識、④教授目的についての知識を挙げている[6]。他にも小学校算数教師への調査をしたマークスは、①指導目的に合わせた教科内容についての知識、②生徒の教科内容理解についての知識、③指導教材についての知識（教科書など）、④教科内容に合わせた指導方法についての知識から構成されていると主張した[7]。社会科の分野においてもバートンが、高度な PCK が教師側にありながら、それを意図的に選択しない教師の行為の存在を紹介し、社会科教師の専門的判断に大きな影響を与えるのは教師が持つ意志や動機、教育のビジョンであり、それらが授業の具体的な目標や PCK を始め各種の知識の取捨選択に影響を与えていると主張している[8]。PCK の提唱者であるショーマン自身も先の知識偏重の姿勢から軌道修正している[9]。こうした動向と前述の草原の議論とはある程度シンクロしている。

　また、社会科領域での PCK 研究の難しさを指摘する声もあり、それは「社会科の定義には様々なものがあり、歴史を重要視するものもあれば、公民の重要性を強調するものもある。このように社会科の定義が対立しているため、この分野では共通して受け入れられる基準を策定することが難しい」ことに由来する[10]。クロッコとリヴィングストンは次のように指摘する。

　　社会科における専門性と PCK を考える上で、より難しい問題は、社会科の定義をめぐる長年の議論、つまり融合モデルと連合モデルに関連している。社会科は、社会諸科学を統合した学習であるべきなのか（融合モデル）。この場合、学際的な事業がすべてそうであるように、専門性の概念に取り組んでいくことは困難な仕事となる。それとも社会科を 4 つの主要な学問分野のアンブレラ・ターム（包括的な用語）とみなす方が良いのか（連合モデル）。この場合、専門性は 4 つの別々の学問分野の研究を通して調べることができる[11]。

　実際、社会系教科の教師の PCK に関する研究は社会科を連合モデル（学問

分化型カリキュラム)として捉えるワインバーグやその弟子たちに支持・推進される一方[12]、融合モデル(統合型カリキュラム)を支持するソーントンやバートンからは疑問視される傾向にある[13]。PCKを強調する議論を無批判に受け入れると、知らぬ間に連合モデルを前提として社会科の議論を進めてしまうことになるかもしれない[14]。

おわりに

　教師教育における教科内容専門と教科教育学者の連携は、多くの人々の常識的な感覚としては、受け入れるべき改革に思えるだろう。しかし、それがなぜ必要なのかと真剣に考える時、意外にはっきりと正当化できるだけの論拠がないのが実態ではないか。少なくとも従来型の社会科教育学の存在意義や課題が何であるのか十分に議論されることのないままに、なし崩し的に米国のPCKをめぐる考え方を導入してこの連携の動きを無批判に首肯することは、改良になるどころか従来型教科教育学の良い面を殺してしまう危険性が高い[15]。

　実際的に、教科内容専門(歴史学者や地理学者など)と教科教育学者が連携を組んで大学での教員養成を行う際に、教科教育学者は、しばしば教科内容専門の専門領域を前提に授業を語らなければならないような事態に陥っていると言う。教科教育学者は、供にタッグを組んだ教科内容専門の相手が中世ヨーロッパの騎士の研究を専門とする歴史学者と、老荘思想の研究を専門とする哲学者であった場合、どうしてもそれを主題にした授業作りをしていこうといった話になりやすいわけである。これはすなわち、民主的で平和的な国家・社会の形成をする主権者を育成することを教科目標とする社会科にとって危機的な状況を生み出す。主権者の育成を目的にする時、中世ヨーロッパ史や老荘思想をあえて題材にして語る人はいないだろう。もちろんこうした題材も工夫次第で主権者の育成に貢献する形に翻案することも可能だが、主権者の育成を教育目標として意識するならば、もっと扱うべき主題や内容があることだけは間違いない。

　教職大学院化と並行して、教科内容（構成）学の建設が話題となっているが、はっきりいって教科内容（構成）学は学問的議論から生まれてきたというよりは、教員養成大学大学院の教職大学院化という文部科学省の政策遂行上の必要から生じたと言ってよい。こうした改革が本当に必要であることを裏付ける有力なデータもほとんどないままに[16]、改革という聞こえの良い歌声を文部科学省が響かせることで、改革者としての文部科学省というイメージ戦略を展開しようとしている。大学は文部科学省のイメージ戦略に付き合わされているわけだ。ただ、実態を不正確に認識した上での改革案は、事態を改善するどころか、多くの混乱を生み出し、思いもよらない副作用も生じさせる危険性の方が、事態の改善を生む可能性よりも高いのではないか。

注

1　安彦忠彦・日下部龍太（2014）：「教科専門と教職専門をつなぐ新教科教育学の構想」『神奈川大学心理・教育研究論集』35。

2　特に次を参照のこと。渡部竜也（2019）：『主権者教育論－学校カリキュラム・学力・教師』春風社。

3　例えば上越教育大学の志村喬がその一人である。志村喬（2017）：「PCK論の教科教育学的考察－社会科・地理教育の視座から－」『上越教育大学研究紀要』37（1）、139-148。

4　草原和博（2006）：「教科教育実践学の構築に向けて－社会科教育実践研究の方法論とその展開」兵庫教育大学大学院連合学校教育学研究科『教育実践学の構築－モデル論文の分析と理念型の提示を通して』東京書籍、39。

5　例えば棚橋健治は、『社会科の授業診断－よい授業に潜む危うさ研究』（明治図書、2007年）において「網羅」「理解」「説明」「意思決定」の4つの授業理論を紹介しているが、その事例は地理、歴史、公民と幅広いものとなっている。

6　Grossman, P. L.（1990）. *The making of a teacher: teacher knowledge and teacher education.* New York: Teachers College Press, 5.

7　Marks, R.（1990）. Pedagogical Content Knowledge: From a mathematical case to a modified conception. *Journal of Teacher Education*, 41（3）, 3-11.

8　キース・バートン＆リンダ・レヴスティク著（渡部竜也、草原和博他訳）（2015）：『コモン・グッドのための歴史教育－社会文化的アプローチ』春風社、373-401。

9　リー・ショーマン（2017）：「教師は何をいかに学ぶのか―視座の転換」サム・

ワインバーグ著（渡部竜也監訳）『歴史的思考─その不自然な行為』春風社。

10　Grossman, P. L. & Schoenfeld, A.（2005）. Teaching subject matter. In Darling-Hammond, L. & Bransford, J.（Eds.）, *Preparing teachers for a changing world: what teachers should learn and be able to do.* National Academy of Education, 209.

11　Crocco, M. S. & Livingston, E.（2017）. Becoming an "expert" social studies teacher: what we know about teacher education and professional development. In Manfra, M. M. & Bolick, C. M.（Ed.）The Wiley Handbook of Social Studies Research, Wiley-Blackwell, 365.

12　ワインバーグ、同上書。

13　Thornton, S. J. & Barton, K. C.（2010）. Can history stand alone? Drawbacks and blind spots of a "disciplinary" curriculum. *Teachers College Record*, 112（9）, 2471-2495.

14　ソーントンやバートンは、教師のビジョンを豊かにする教師教育を模索しており、「ねらいについての議論（aim-talk）」を重視する。詳しくは拙著『主権者教育論』（春風社、2019年）第8章、第9章を参照のこと。

15　安彦の提案も、PCKをめぐる考え方も、程度の差はあれど、教科教育を学問準備教育（概論教育）と単純に捉え、教科内容については教育学者や現場教師ではなく、その教科（学問）の本質を知る教科内容専門が適任だ、という牧歌的な世界観が下支えしていることは間違いない。

16　むしろ「ねらいについての議論」が重要になることを裏付ける研究が国内でも多く登場している。以下はその一部である。

　・植原督詞（2019）：「対話的な歴史学習を成立させる教師の実践的知識とその形成要因：IRF連鎖構造分析及び教師へのインタビューを通した探索的研究」『中等社会科教育研究』38、19-32。

　・草原和博（2016）：「目標を意識して内容を構成できる教師のしたたかさ」『社会科教育』53（8）、12-15。

　・大坂遊（2017）：『大学生の社会科観・授業構成力の形成過程とその要因』広島大学大学院博士論文。

渡部竜也（東京学芸大学）

第4章　教職大学院における社会科教育
―「理論と実践の往還」という理念と現実―

はじめに

　国立大学の大学院教育学研究科は、全国的に修士課程から教職大学院へ移行している。このような改革の中で、筆者は憲法学を専門とする教科専門の教員として、2019年度の1年間、東京学芸大学教職大学院において社会科教育関連の授業を兼担することになった。その後、2020年4月からは名古屋大学法科大学院に、憲法学担当の専任教員として異動することになり、奇しくも、2つの専門職大学院を経験した。

　本稿では、これらの専門職大学院での経験を通して、教職大学院における社会科教育について、教科専門の立場から、検討したい[1]。この点、教科教育と教科専門との関係性については、教師教育学などおいて長い間、論じられてきたテーマであり[2]、より原理的な考察が必要であるところではあるが、本稿では筆者の経験に基づき論じることとする。

　なお本稿の射程を画す意味でも、筆者のプロフィールを紹介しておきたい。筆者は、法学系の大学院を修了したこともあり、教員免許状は取得しておらず、学生としては社会科教育学関連の授業も履修したことがない。もっとも塾や予備校などでの社会科の指導経験は有し、また15年半に渡り、東京学芸大学に勤務し、そのうち10年ほど社会科に所属した。東京学芸大学では、主として全学必修の日本国憲法を担当していた。社会科では初等教育社会科選修の科目である生活科研究、社会科研究、初等教育社会科選修・中等教育社会科専攻の法学政治学概説をオムニバスで担当し、憲法や教育法、法教育などの専門科目も担当した。同時に修士課程、博士後期課程も担当し、

小中高校の教育実習の連絡教員なども経験している。

　教育をめぐる議論は、広田照幸が指摘するように「シロウト教育論＋自分の狭い体験」から語られる傾向があるとされるが[3]、筆者の場合、「シロウト教育論」は克服しているものと思えるが、自らの「狭い体験」から逃れられていない可能性も高く、その点はお含み置き頂くこととしたい。

1　東京学芸大学教職大学院の特徴と社会科コース

　教職大学院は全国的に2008年よりスタートしたが、東京学芸大学教職大学院も同年に設置されている。2019年までは全体定員が319名中40名程度であったこともあり、大学全体としては一つの実践的な専攻が新しく出来たというイメージに過ぎなかった。修士課程も並行して存在し、社会科教育専攻については、学部と接続する形で、社会科教育学、歴史学、地理学、哲学、法学政治学、経済学、社会学にコースに分かれていた。東京学芸大学の特徴としては、各コースの自律性が高く、コースごとに入試や修士論文の審査が実施されており、社会科教育専攻全体での取り組みは少なかった。また各コースでは、それぞれの専門的な内容に基づく修士論文が執筆されており、教職大学院のように現場のニーズに応えるような修士論文は、とりわけ筆者が所属した法学政治学コースではそれほど多くはなかった[4]。

　2019年までの教職大学院では社会科に特化した授業はなかったが、院生からのニーズもあり、社会科教育学の教員が兼担教員として、社会科教育に関する授業を担当することがあった。また単位互換制度もなかったが、教職大学院の学生が修士課程の授業に自主的に参加していたこともあった[5]。

　その後、全国的な教職大学院の拡大政策に伴い、東京学芸大学教職大学院も、2019年度より全体定員を210名とし、教科領域指導プログラムを設置した。その中に2名の専任教員と23名の兼担教員（2019年度）からなる社会科教育サブプログラムを置いている。

　東京学芸大学における教職大学院拡大の構想段階では、従来の組織改編以上に、学長・理事・副学長を中心としたトップダウンで進められたことが特

徴として挙げることができる。実際、コース名、授業名やシラバス[6]も含め、すでに大枠が、当時の副学長によるトップダウンで決められ[7]、それらの根拠に関する十分な説明もなく、また教員間での十分な議論の時間も与えられず、スタートした。兼担の教科専門の教員が、教職大学院でどのようなことを実際にやるのかについて気が付いたのは、授業がスタートしてからと言ってもよい。峯明秀が大阪教育大学の教職大学院のケースについて指摘しているように、東京学芸大学の教職大学院の社会科教育サブプログラムも、「研究機能と高度専門職業人養成の機能区分は曖昧なまま」、「学校現場での実践力・応用力など教職としての高度の専門性を育成するための体系的な教育実践プログラムはいまだ無い」状態でのスタートだったと言わざるを得ない。

2　東京学芸大学教職大学院の入試及び入学者の特徴

　東京学芸大学の教職大学院では、2019年度入試では全体定員から20名の定員割れとなったが、社会科教育プログラムでは受験者26名中23名が合格し、21名が入学したことからすれば、予定数以上の学生が集まったと評価できる。内訳として、一般13名、協定校からの特別選抜5名、現職教員2名（1名は1年履修）、派遣教員1名であった[8]。

　一般入試は、専攻共通小論文（1時間）、小中高校の社会科・公民科の授業・単元・カリキュラムや評価等に関する共通問題1題、小中高の社会科・公民科の教育内容及びその指導に関する問題1題（90分）、面接からなる。修士課程の時代、法学政治学コースでは内閣提出法案の合憲性を問うなど、教員の各専門分野から出題されていたが、教職大学院では死刑制度を授業で教える場合の問題点などといったように、特定の専門領域の知識を有していなくても解答可能な問題に変更された。

　入学した学生の特徴として、従来の修士課程の学生よりも、教員を目指す意識の高い学生[9]が入学してきており、これは拡大前の教職大学院の学生に近いと言える。また修士課程時代には、中堅以上の大学出身者が多かったが、教職大学院拡大後は、入学者の幅が広がったことは確かである[10]。

　ところで、法科大学院は、法学部卒業程度の学力のある既修者、他学部出身の未修者向けの2つのコースに分かれている。既修者の中には2年間法科大学院に通わなくても司法試験に合格できるレベルの（後に述べる予備試験に合格して中退する）学生から、基礎的な知識が十分に定着していない学生まで存在する。また未修者といっても、多くは法学部出身者や司法試験予備校で基礎的なコースを履修済みの学生で、ある意味、既習者試験に合格できなかった学生であり、法学にまったく触れたことがないような純粋未修者はごくわずかであるというのが実態である。

　これに対して、東京学芸大学の教職大学院の社会科教育サブプログラムは、現職教員、東京学芸大学の教育学部出身者、他大学の教育学部出身者、文学部、法学部、経済学部などの専門学部の出身者といったように、多様な学生が入学している。この点、確かに教員免許状を有している点で基礎的な能力に差はないとは言えるが、現実的には素人からセミプロ、そしてプロまで揃っている感がある。しかし司法試験とは異なり、志望する学校種、目指す方向性も異なる中、同じ授業を履修し、チームを組んで授業作りをするという教職大学院の授業モデルは、「協働」と言えば言葉の響きはよいが、そもそも機能し得るのかという本質的な問題を抱えていることは事実として指摘しなければならない。

3　教職大学院での担当授業と教科専門教員の役割

　教職大学院で担当していた授業を一つ取り上げたい。春学期水曜6時限（18:30～20:00）[11]の「社会科の内容構成開発と実践A（公民）」である。受講学生は、24名おり、ストレートマスター21名、現職教員3名である。指導する側の教員構成は、社会科教育学2名（2名とも現職経験あり）、法学2名、政治学1名、経済学1名、社会学1名、哲学2名である。

　授業としては、全15回で、次のような構成となっている。すなわち1回目のイントロダクション後、2～5回は、教科教育の教員により、社会科教育学の視点からのレクチャーが行われた。その後、教科専門の教員の助言も

踏まえながら、水俣病に関する授業づくりを7グループで実施した。最後の4回で作成した各グループの指導案を全員で検討した。

　教科専門から見た今回の授業に対する考えをいくつか述べるとすると、次のようになろう。まず成果として学生が作成した指導案（多くは中高校生向け）について、筆者が見る限り、創意・工夫はなされてはいるものの、どれも標準的な枠の中に収まるものが多かった。専門職大学院の一つとしての教職大学院という位置づけからすれば、標準的な授業づくりができることが目指されるべきなのかもしれないが、従来の修士課程での、本来の意味での「高度な」研究をベースにした授業づくりと比較すると、このような標準化は危うさを内包している可能性もある[12]。

　また授業の中で、社会科教育学の教員のレクチャーを学生と一緒に受け、社会科教育学についての理解が深まったことは確かである[13]。そして学校現場での指導経験がある社会科教育学の教員と侃々諤々の議論を交わしたことにより、後で述べる「理論と実践の往還」の萌芽を感じ取ったことも成果と言える[14]。

　もっとも今回の授業内において、教科専門の教員としては、自らの専門を活かす機会があまりなかったというのが素直な感想である。たとえば水俣病の授業に関し、民法学の教員であれば、損害賠償などの知識を提供することができる。しかし、憲法学からは環境権といった抽象的レベルの説明は提供できるが、それ以上、水俣病に直接関係するような専門的知識の提供はなかなか難しい。

　加えて教職大学院の指導について、教科専門教員としては限界を感じたのも事実である。今回の授業では指導案を検討するというものであったが、教育実習の連絡教員の経験を10年以上有しているものの、譜面を読めないミュージシャンのごとく、指導案から実際の授業を想定するのはかなり困難であった。その上で教員として、学生の発表などに対して、質問や講評はするも、素人の域を出ていない感が拭えなかった。それゆえ素人的感覚で「頑張ってよい授業を作りましたね」といった励ましのコメントをした授業に対して、社会科教育学の教員から手厳しい批判がなされる場面もあった。なお

秋学期には当該授業と事実上、連続している科目を担当し、学生による水俣病に関する模擬授業を実施した。春学期の授業時よりも適切なコメントができたと考えてはいるが、心の中では果たしてどのような判断基準でコメントしているのかについて自問自答せざるを得ない場面が多かった。

　全体の印象として、第1期生の授業ということもあり、教員側が模索段階にあったことが否めないが、教員間にも温度差があり、教科専門の教員の中には、積極的な教員とそうではない教員に分かれたのも事実として指摘し得る。

4　教科専門教員から見た教育手法としてのチーム・ティーチング

　東京学芸大学教職大学院では、教科教育と教科専門の教員によるチーム・ティーチングが行われており、オムニバス形式は禁止されている。チーム・ティーチングと言えば聞こえはよいが、先の授業は学生24名と教員9名が一堂に会するという、今まであまり見かけたことがないような授業形態で行われていた[15]。

　このような手法は2017年8月29日の国立教員養成大学・学部、大学院、附属学校の改革に関する有識者会議報告書「教員需要の減少期における教員養成・研修機能の強化に向けて」[16]における「理論と実践の往還」という理念に基づいている。同報告書では「教職大学院は、『教科領域コース』を担当する教員について、一定期間以上の学校現場での指導経験がある教員に限る、あるいは教科専門と教科教育の教員がチーム・ティーチング(TT)で担当するなど、確実に教員の質を担保すること」とされている。おそらく本有識者報告書は、お互いの顔が見える少人数を想定しているものと考えられるが、今回の授業規模においても当該手法を維持するのはかなり無理があると考える。

　これに対して、法科大学院では、「理論的教育と実務的教育の架橋」が理念として存在し、名古屋大学法科大学院でも実務基礎科目として、たとえば法曹倫理は弁護士と法哲学の研究者教員、刑事実務基礎(主として捜査や公

判についての検察・裁判・弁護実務)は検察庁から派遣されている検察官と刑事法の研究者教員のチーム・ティーチングで授業が行われている。しかし、前者はオムニバス形式で、後者は実務家教員のリードによって授業が進められ、理論的な問題が生じた際に研究者教員によるレクチャーがなされているようである。とりわけ法学では、理論と実務がそもそも緊張関係にあることもあり、お互いに領分を侵さない関係が存在する。筆者が専門とする憲法分野で言えば、憲法学では日本国憲法 14 条 1 項の後段列挙事由(人種、信条、性別など)につき、区別を設ける公権力側に合憲の立証責任があり、立証ができない場合には違憲であるとする違憲の推定の議論が主流である。しかし、最高裁をはじめ実務では他の一般的な訴訟同様、区別が差別であると主張し、訴えている原告側が立証するものとされており、たとえ憲法学研究者教員と裁判官派遣教員、弁護士教員がチーム・ティーチングで授業を行ったとしても、その点は共通了解として存在し、それぞれの立場から、立場を踏まえた意見表明があるに過ぎないと予想される。

　ところで、一般財団法人教員養成評価機関の教職大学院評価基準[17]では、「教育の課程と方法」について、「大学院の制度並びに各教職大学院の目的に照らして、理論と実践を往還・融合させる教育に留意した体系的な教育課程が編成されていること」「教科領域を設けている場合は、教科内容に特化した教育にならないように、教科指導法や教材研究など教科指導力の育成に留意した教育課程編成となっているか」と記されているだけで、教科教育と教科専門の教員のチーム・ティーチングは必須となっておらず、オムニバス授業も禁止されていない。それゆえ、東京学芸大学教職大学院の場合、先の有識者報告書を踏まえ、大学独自の判断でオムニバス授業を禁止としている建前になっていると考えられる。しかし、分野が異なる教員が 9 名も揃う授業で、チーム・ティーチングを実施するのは、共通了解が確立していない以上、繰り返しになるが、その運営は困難なものとならざるを得ない。その意味では、教育手法としてオムニバス形式を一律禁止しているのは行き過ぎであり、憲法 23 条の教授の自由からも問題があり、教職大学院の現場サイドからの問題提起が必要であろう[18]。

いずれにせよ、多くの教員によるチーム・ティーチングを続けるとしても、半分のスケールで実施するなどの少人数化が必要であり、同時に社会科教育学の教員の中心的なリードが求められる。もっとも教科専門から見ると、社会科教育学において、何がよい授業とされているのかの基準が、授業内では筆者には見通せなかった。教科専門の筆者としては、つかみもよく、ストーリー性もあり、落としどころもしっかりしている授業に対して、社会科教育学の教員からは十分な評価が得られない授業もあった一方、社会科教育学の教員が賞賛した授業については、筆者の眼から見て、あまり面白い授業とは思えない授業もあった。そして特定の社会科教育学の立場からの批判が一方的に現職教員に対してなされていると捉えかねない場面もあった[19]。それゆえ、社会科教育学の教員には、とりわけ論争的な教科専門教員や現職教員を前にして、謙抑的(禁欲的)なリードが求められると考えられる。

5　教科専門からみた教職大学院という職場

教職大学院の中で、(現場経験のない)教科専門の教員はある種の居心地の悪さを感じている。先の有識者報告書では「実際の学校現場における教育活動と教育学を融合できる大学教員を確実に増やすこと」とされており、その一環として「研究者教員が一定期間、学校での教育実践経験の経験を積むこと」について、「時期や比率等に関する目標値を設定し達成状況をチェックすること」も求めている。すでに東京学芸大学では、東京都教育委員会へ半年間派遣されることが、学長補佐や副学長に登用されるコースの一つになっており、昇格にあたっても教育に関する業績が求められるようになった。これは国立大学の機能分化とも関係性を有するが、このような教育への特化という方向性は、教科専門の教員が国立大学の研究環境悪化のために私立大学へ脱出している状況に、さらに拍車をかけるおそれがあるのではないかと危惧され、今後、教員養成系学部では教科専門の分野の中での優秀な教員をスカウトすることができない可能性もある[20]。確かに国立大学法人化による予算削減により教員ポストが限られる中で、高校などでの現職経験を有した教

科専門教員は即戦力となり得るが、教員養成系大学も「大学」を名乗るのであれば、数年で転出するかもしれないが、高度にアカデミックな教科専門の教員がいる余地も残しておくべきである。このような多様な人材がいることが、とりわけ地方国立大学の教員養成系学部の隠れた意義であったであろうし、学生にも「学校の先生」という狭い枠に捕らわれないパースペクティブを与えることになることは、教員養成系学部に勤務する者の経験則からも明らかであろう。

　また教職大学院の授業では社会科教育学の教員がリードする前提で、十分な予習もなく、参加することができた。これとの裏返しかもしれないが、授業に参加していても、学問的な興味が駆り立てられることはあまりなかった。筆者自身、教職大学院に馴染むよう鋭意努力したにも関わらず、授業は「労働者性」を再確認する時間であったと告白せざるを得ない。ただし、教職大学院の授業で、一部、教科専門の教員の専門領域から、専門の観点からの社会科教育といった内容の講義があった際には、むしろ各教員の研究の奥深さを学生とともに感じ取ったことがあった。このような経験からしても、オムニバス形式禁止は、やはり教職大学院における教育研究に裏付けられたものではなく、特定の教育観が国家権力によりお墨付きを与えられたに過ぎず、その点を自覚の上、教育手法を再考する必要があるのであるのではないだろうか。

6　法科大学院からみた教職大学院の未来

　法科大学院は2004年に74校が設置されたが、合格率が2006年の48.25%から2016年の22.95%まで下がったこと、また2011年に法科大学院修了同等の司法試験の受験資格として予備試験が導入された後は、定員割れが恒常的になり、募集停止が相次ぎ、現在では35校となっている。

　2021年度の教職大学院全体の入学定員充足率は78.6%であるが、これは法科大学院の同年度の全体の入学定員充足率である77%とほとんど変わらない。もっとも入学試験時の全体の競争倍率について、法科大学院が2.21

倍であるところ、教職大学院は 1.07 倍に過ぎず、ほぼ全入に近い状態である。それゆえ、教職大学院はすでに恒常的な定員割れ状態であり、入学し易さによって、問題状況が見え難くなっていると言っても過言ではないであろう。

　また法科大学院では、5 年に 1 回の認証評価のほかに、文部科学省の法科大学院公的支援見直し強化・加算プログラム[21]により、入学者数、入学試験の倍率、標準修業年限修了率、司法試験合格率などに加えて、各法科大学院の強みや特色についての改革動向などが、単年度ごとに厳格に審査され、S から C までのランク付けがなされている。この評価に基づき、補助金の額が決定されるなど、厳しい競争環境に置かれている。これに対して、教職大学院の場合、認証評価や国立大学法人全体の評価があるほかは、法科大学院のようなランキング評価はないが、今後、「教員養成フラッグシップ大学」[22]という新たな教員養成系大学のランク付けにより、指定された大学は 5 年ごとの評価を受けることになるという意味では、場合によっては生き残りをかけた新たな競争環境に置かれることは間違いない。

7　研究者養成とグローバル化の中での教職大学院

　法科大学院の場合、大学によっては修士課程を廃止した大学もあるが、現在では修士課程を復活させている大学がほとんどである。これは法科大学院では、十分に研究者養成ができなくなったことからである。法学分野では、従来から修士課程では外国の法状況を調査し得る能力が求められており、法科大学院設置前までは、研究者を目指す学生は 2 か国語(主として英語、ドイツ語、フランス語)をマスターする能力が求められていた。修士論文においても、外国の法状況について言及することが必須となっていた。しかし、法科大学院生の興味関心はやはり司法試験合格であり、外国語文献講読などの授業があったとしても参加者は少なく、研究者への道、すなわち博士後期課程に進学する学生の数は激減した[23]。

　これに対して教職大学院においても、同様の懸念がないわけではない。まず東京学芸大学の教職大学院の社会科教育サブプログラムにおいては、外国

の文献を講読するような授業はなくなり、また修士論文ではなく、あくまで課題研究であることから、教員養成系の博士後期課程に進学は可能であっても、研究者養成型の博士後期課程に進学するのは難しいと予想される。

　さらにグローバル化の中にあっても、教職大学院の学生は学校教員になることを前提とした内向き志向が高く、在学中、留学などにチャレンジしようという意欲はあまり見られない[24]。この点、岩田康之は、自身が主宰する実践的な海外研修などの経験を踏まえてのことかと思われるが、教職大学院における実践研究の深化が「グローバルな視野での日本の教育の基本的な部分の捉え直しにつながり得るのではないかという期待」を抱いている[25]。しかし、とりわけ社会科教育学分野における筆者の経験に限って言えば、そのような大きな期待を抱くことはできないと考える。

おわりに

　教員の脱専門職化が進む中で、「学び続ける教員」が「研修を受け続ける教員」に矮小化されつつあると指摘されるところであるが[26]、その傾向は教職大学院教育にも当てはまると言わざるを得ない。学生自身の自覚も重要であるが、それをフォローする教員側もそのような全体の流れを受けた自覚的な取り組みが必要である。

　教科専門の教員としては、教育手法も含めた自律性を再び確保し、社会科教育学の教員の謙抑的リードの下、専門科目に根差した教育を実施すべきであると考える。あくまで「理論と実践の往還」は理念であって、その実現手法は多様であるべきである。

　筆者は教職大学院や社会科教育からは離れてしまったが、以上のような観点からの教職大学院の今後の発展を切に願っていることは、最後に記しておきたい。

注

１　2020 年度以降の東京学芸大学教職大学院の状況については、新型コロナウ

イルス感染症の関係で、遠隔授業に移行したこともあり、状況はかなり異なるようである。

2　たとえば三石初雄 (2021)：「教科専門科目の位置と教科内容論的研究から教師の専門性を探る」『日本教師教育学会年報』30、20 頁以下、とりわけ社会科については、坂井俊樹 (2020)：「教職科目と教科内容科目の架橋をどう考えるか」『日本教師教育学会年報』29、34 頁以下参照。

3　広田照幸『教育改革のやめ方』(岩波書店、2019 年) 218 頁以下。

4　所属した法学政治学コースでは、2011 年ぐらいから、法教育ブームもあり、法教育に関する修士論文を執筆する学生 (多くは他大学の法学部出身者) が増えてきた。その点では現場のニーズに即した内容となりつつはあった。

5　当時の教職大学院の学生ら (現職社会科教員) の本音としては、本来、修士課程で教科専門的な内容を学びたいが、派遣元の教育委員会があくまで教職大学院への派遣制度しか認めていないという話であった。

6　シラバスについては、一定程度確定した段階でも、東京都教育委員会の教職大学院派遣研修に関する協定との関係で修正することが求められたりと、かなり急ごしらえのものであった。

7　社会科教育サブプログラムについては、教職大学院専任教員 (2 名) の献身的な努力がなければ、スタートできてはいなかったであろう。

8　2018 年度の修士課程入試まではむしろ定員超過が問題になっていたが、教職大学院拡大後は、2020 年度入試では全体定員から 13 名、2021 年度入試では 19 名の定員割れとなっており、10％程度の定員割れが恒常的になってしまっている。社会科教育プログラムでは 2020 年度入試では、受験者 28 名中、23 名が合格し、22 名が入学となり、内訳として、一般 15 名、協定校からの特別選抜 5 名、現職教員 1 名 (1 年履修)、派遣教員 1 名 (1 年履修) であった。2021 年度入試では、受験者 24 名中、21 名が合格し、19 名が入学となり、内訳として、一般 12 名、協定校からの特別選抜 6 名、派遣教員 1 名 (1 年履修) となっている。

9　中学校・高校の教員を目指す学生がほとんどである。

10　とりわけ社会科の場合、教員採用試験において相応の知識量が求められ、学部入学段階での学力差が教員採用試験にもかなり反映しているように見受けられるが、この意味での入学者のレベルは下がったと言わざるを得ないであろう。

11　東京学芸大学教職大学院では、現職教員に配慮し、6・7 時限の授業のみでも修了できるよう、必修の授業でも 6 時限の設定があった。教職に就きながら通う学生がほとんどいない一方、昼の授業を中心として履修するストレートマスターの学生にとっては、この時間帯に授業が入ると、家庭教師や塾な

どで就業することが困難になりることもあり、不満も多かった。

12　標準的な授業となったのは、ストレートマスターが多い点、3 名から 4 名の グループで授業づくりをした点なども原因として挙げられる以上、確定的な 評価ではない。

13　学生の目線から見るに、社会科教育学の教員のレクチャーや講評には、 ジャーゴン（たとえば「安井実践」「歴教協」）が一定数含まれており、教育学部 社会科出身者以外の学生への配慮も求められると考える。

14　ただし、方法論の溝を再確認するにとどまり、むしろ学生を混乱させた感 がないわけではない。

15　教員数が多いのは、一部、修士課程を担当する教員を除いて、すべての教 員が教職大学院に参画するという制度設計になっていることが理由である。

16　https://www.mext.go.jp/b_menu/shingi/chousa/koutou/077/gaiyou/__icsFiles/ afieldfile/2017/08/30/1394996_001_1.pdf（2021 年 11 月 1 日閲覧）。

17　http://www.iete.jp/news/pdf/2018/kijun.pdf（2021 年 11 月 1 日閲覧）。

18　東京学芸大学では、2019 年の学長選挙で意向投票 2 位の候補者が、学長選 考会議で次期学長に選出された。学長の委嘱により理事、副学長が決定され るシステムということもあり、なかなか現場サイドから異議を唱えにくい風 土になっていることは、教職大学院の今後の発展を考える上でも重要な問題 である。この点、駒込武編『「私物化」される国公立大学』（岩波書店、2021 年） において、福岡教育大学の問題についても指摘されているが、教育系単科大 学についてのガバナンスについては、再考の余地がある。

19　当然のことではあるが、模擬授業者には一定の敬意を払うべきであり、と りわけ現職教員に対する配慮は、アカデミックハラスメントの問題もあり、 より慎重さが求められる。

20　名古屋大学では、著書や論文数もさることながら、科研費の獲得状況や海 外への発信なども、昇格に際に求められるようになっており、今後、教科専 門が教育学部に一旦、ポストを得ると、専門の学部へ転出はかなり困難にな るのではないかと予想される。

21　https://www.mext.go.jp/a_menu/koutou/houka/1366741.htm（2021 年 11 月 1 日閲 覧）。

22　https://www.mext.go.jp/a_menu/koutou/houjin/mext_01646.html 参照（2021 年 11 月 1 日閲覧）。なお法科大学院の公的支援見直し強化・加算プログラムとは異 なり、「本事業は予算措置を伴うものではありません」と明記され、特別の財 政措置は存在しないという奇妙なプログラムになっている。それゆえ、応募 のインセンティブはそこまでないと思われるが、2021 年度の公募では、東京

学芸大学のほか、北海道教育大学、上越教育大学、金沢大学・富山大学(共同)、福井大学、信州大学、静岡大学、大阪教育大学、兵庫教育大学、愛媛大学、熊本大学、玉川大学、常葉大学から申請があった。このうち東京学芸大学、福井大学、大阪教育大学、兵庫教育大学が 2022 年 3 月に指定を受けた。

23　憲法学専攻の博士後期課程学生の数も激減している。従来は、憲法学専攻のオーバードクターが、各大学の教職課程の日本国憲法を非常勤講師として担っていたが、今後、非常勤講師の確保は極めて困難になることが予想される。

24　東京学芸大学では、国際バカロレアに対応したプログラムが設置されており、プログラムとしてはかなり人気があったが、果たして国際バカロレア認定校に採用されるような人材が育成できているかは疑問がある。また 2 週間から 1 か月の短期留学プログラムがあるが、教職大学院の学生の中で関心が高い学生がいても、教職大学院のカリキュラム上、参加が難しく、とりわけ現職教員の場合は、派遣元の教育委員会との調整もあり、海外への赴くことにはかなり大きな障害が存在している。

25　岩田康之 (2021):「教師教育研究の研究倫理を考える―教職大学院を素材として―」『日本教師教育学会年報』30、187。

26　石井英真 (2021):「教職の専門性と専門職性をめぐる現代的課題」『日本教師教育学会年報』30、43。

斎藤一久 (名古屋大学)

第5章　現職院生は理論と実践にどう向き合うか
—— 兵庫教育大学教職大学院における学修上の課題とその改善 ——

はじめに

　兵庫教育大学（以下、本学）では、2008年4月に教職大学院が設置され、2019年には言語系、社会系、理数系の各教科教育分野が教職大学院に改組、移行している。改組、移行の背景として、新たな学びと複雑化する学校課題に対応した実践的指導力等の資質能力を身につけることにより、「学び続ける教員像」の確立と教員の高度専門職業人としての明確な位置付けの下、現職教員の再教育を含め、高度専門職業人たる教員養成の主たる担い手となることを目指した教職大学院の拡充策があげられる。教員としての力量をどのように育成するか。特に「理論と実践の融合」を実質化しようとした場合、単に学修した理論を実習で試すものではなく、闇雲に実践をし、理論を後付けするわけでもない。なぜその理論を用いて実践しようとするのか、なぜ、その実践は有効だとみなし得るのか、批判的に問い続ける営みを積み重ねていくことが、教職大学院への移行を機にその実現が問われている状況にある。

　本学は、現職教員のための新構想の大学院の一つとして創設された経緯から、ミッションの第一として「現職教員に対する高度な専門性と実践的指導力の育成」を掲げるなど、とりわけ現職教員に対し教育現場の課題を踏まえた学びの場を提供し、専門職として高度な専門性と実践的指導力を育成することが期待されている。とはいえ、学習指導要領を無批判に受け入れ、学習の枠組みについて見識を深めたり、授業技術を伝授したりする場にするのではない。社会科教育全般を展望する（少なくとも展望の視座を提示し、考える手がかりを得る）場が教職大学院での学修であると考え授業を展開する必要がこ

こにある。

　これまで、院生が専攻した分野(ゼミ)で研究を進め、教科内容の専門性を高めることを中心としてきた教員養成系の大学院では、「研究科で学んでいる特定の学問分野における専門的知識や授業理論を、実際に児童生徒に教授する場面においてどのように活用していくのかという教育実践につなぐ学修がない」という指摘[1]が度々なされてきたことに応えることが求められている。この指摘は教職大学院への改組、移行により、解決できるのか。結論を先んじていえば相当の困難が伴う状況にあることが想定される。現職院生でいえば、「教師としての経験や知識に基づいて考える習性を抱えており、個人差はあるものの、思い込みの強さを感じることが少なくない[2]」という実態に留意する必要がある。思い込みとして想定されるのは、入職以来の経験知や実践知、被教育経験である。実践知や経験知、被教育経験などによる思い込みがもたらす学修への影響はことのほか大きい。例えば、大学院の授業において協働関係の構築を行おうとした場合、「互いの経験(暗黙知)の差や学びたい内容や方法の違いがあることで、互いの関係を持てなかったり、場合によっては、互いに不満を募らせたりするなど、協働的な学びが構築されづらいこと」が明らかにされている[3]。こうした事態は、自己の学修が経験により閉ざされ、ルーチン化を引き起こすこと、つまり過剰学習を引き起こすことになる[4]。したがって、教育の目標・内容・方法がいかに変革を迫られようと調整は無視され、これまで通りの実践が維持されることになる[5]。経験知や実践知を批判的に捉えて学び続け、質的な向上を図るためには、暗黙知としての実践(と理論)や被教育経験を大学院の授業、実習で得た知見をもとに省察し、再構成するサイクルに身を置き、「実践を通して新たに得た知見から、自己の経験を組み立て直すこと[6]」が必要であると考えたわけである。

　そこで、本稿では、現職院生にスポットを当て、理論と実践のはざまで、どう学びに向き合うか、筆者が担当する授業を手がかりに、まず、上記の課題を克服しようと考え構想、実践した授業を示し、次に実践した成果と課題を分析検討する。最後に教職大学院での学修の改善について考察する。

1　社会系教科マネジメントコースにおける学修の位置づけ

(1)　カリキュラムの全体像

　現在、本学大学院教育実践高度化専攻(教職大学院)では、教員のキャリア、学びのニーズに対応して、9つのコースが設置され、教科教育にかかわるコースの一つとして社会系教科マネジメントコース(以下、本コース)が位置づけられている。本コースでは、家庭から世界に至る様々な問題を取り上げ、それを学問的に深め、実践化することを目指して次の4点を目標に掲げ、各授業科目が設定されている。

　　①児童生徒が主体的に授業を作り上げる授業による社会認識の形成
　　②これからの社会を生き抜く力を育む社会系教科の創造
　　③社会科学、人文学、社会系教科教育学の土台を踏まえた授業づくり
　　④児童生徒、学校、地域の状況に合わせた教育活動の改善

　総じて、児童、生徒の主体性を育みつつ、社会科教育の目標として大方の合意ができるであろう、社会認識形成を通して市民的資質の育成に寄与できる教育が創造できる教員の養成を行うことが目指されることになる。

　コースの専門科目として次の7科目、Ⓐ「現代社会の課題とその教材化」、ⒷⒸⒹ「社会系教科の授業デザインの理論と方法(1)(2)(3)」、Ⓔ「社会系教科におけるカリキュラムの変遷とマネジメントの実際」、Ⓕ「社会系教科の授業研究」、Ⓖ「社会系教科教育実践研究」が設定されている(図4-5-1)。2年間の学修を通して①〜④の目標を達成していくコンセプトである。専門科目の全体を通して、「社会科教育観、実践の在り様を再構成し、他者と協調しながら自己成長を行うことのできる教員の養成を行うこと」を目標としている(社会系教科マネジメントコース「コース概要」)。

　上記の授業のうち、筆者が担当するのは、ⒸⒺⒻⒼの各科目である。本稿では、特に社会科の授業にかかわる理論を類型化し、他の理論との比較を通して、カリキュラムまでを視野に入れて相対化を図る「授業理論相対化カリ

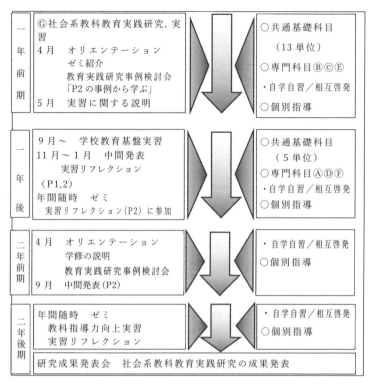

図4-5-1 社会系教科マネジメントコースの学びのプロセス（2020年の例）

※丸英字は本文中の授業名に対応している

キュラム[7]」の適用により構想した⒠「社会系教科におけるカリキュラムの変遷とマネジメントの実際」、⒡「社会系教科の授業研究」を取り上げる。

⑵ 学修上の課題と対策

　目標①②の育成に寄与する授業として位置づけた前者「社会系教科におけるカリキュラムの変遷とマネジメントの実際」では、社会系教科におけるカリキュラムの変遷及びデザイン（構想・開発）とその運用、推進体制に関する理論及び方法・技術を習得することを目標としている。一方、受講生の立場から授業を構想すると、授業者側が新たな理論、方法、技術を紹介するだけでは、学卒院生にとっては被教育経験、現職教員にとって自己の実践文脈

と合致しない理論を容易には受け入れない「洗い流し」が起きることを懸念していた[8]。そこで、先行研究 (論文) の分析レポート発表と議論により、「自己の社会観を問い直す」ことをコンセプトとして自己の教科観、実践経験のとの比較考察することを中心に展開していくことにした (**図 4-5-2**)。現職院生には、実践知、経験知、学卒院生には被教育経験を自明視したままにすることがないよう、加えた手立ては次の点である。第一は授業後「学んだこと・考えたこと」の記入にあたり、取り上げた論文に関してのコメントを求め、次時の冒頭で紹介と対話を行うことである。第二は授業コメントと同時に、発表者に対してのコメントを要求し、発表者には次時の数日前に自身へのコメントを開示して、次時にコメントにコメントをすることを求めた。やりとりを意図的に往復させることによる建設的相互作用をねらったものである。この 2 点に留意して授業構成理論を概観し、今後の実践に寄与する理論が参照できる手がかりを得ることをねらいとした。

　目標の②④の達成を目指す授業である後者「社会系教科の授業研究」では、授業研究を教師教育の視点からどのように捉えればよいのか、社会系教科における授業評価と授業研究のあり方の両面から考察することを企図した。

　課題としていたのは、研究授業に関わる検討会が「授業の細部に目が向きやすく授業の全体構造から議論することが困難[9]」な状況にあるのではないか、十分議論ができないことに伴う現職員生と学卒院生による建設的相互作用が十分に行えない現状という 2 点であった。前者については、長いスパンでの目標達成に向けて方策を考えることも加味していくことで課題の解決にかかわる選択肢の増殖につながる。しかし、後者の対話が組織しにくいという問題が阻害要因として機能してしまうのではないかという懸念があった。

　そこで、授業の冒頭でそれぞれの教科観 (ビジョン) を確認し (前者の授業「社会系教科におけるカリキュラムの変遷とマネジメントの実際」の最後で確認した教科観を想起させることも目論んだ)、各ビジョンをもとに授業への気づきをそれぞれが語る場を設定することで授業の細部に偏った議論を避けると同時に、長いスパンでの対話も促すことにした。具体的には、ねらいについての議論 (aim-talk)、ALACT モデル[10]を援用した授業検討を事例として取り上げた。

講義回	テーマ	主な内容（MQ）・引用論文
第1講	社会系教科教育のマネジメント上必要なことを探索する	社会系教科カリキュラム・マネジメントに必要なことは何か。川口（2017）
第2講	社会科授業の諸理論を知り、論の類型から教科観を検討する	社会科授業の諸理論をふまえると、望ましい授業像・単元像・カリキュラム像はどうありたいと考えるか。豊嶌（2001）、参考論文：星（2019）
第3講	歴史を手がかりに、分野における理論の多様性を知り、自分の立ち位置を検討する	通史学習のデメリットを改善する方法として最適だと思われる授業構成は何か。佐藤、桑原（2006）、参考論文：渡部（2017）
第4講	社会参加（参画）、体験的活動の研究を検討する	社会科にサービス・ラーニングを導入する意義は何か。3つのC（Creativity、Critical Thinking、Collaboration）を誘引する問いや指示にはどのようなものがあるか。唐木（2009）
第5講	評価を行う際どのような要素、方法・手段があるかを概観し、評価についての課題を把握する	社会科では、評価を行う際どのような要素、方法・手段を取り入れることが望ましいと考えるか。具体的に評価要素とすることができるのは何か。峯（2014）、参考論文：井上（2009）

○最終レポート　①社会系教科の教科観、②マネジメントについてコメントする

○授業で使用した文献
第1講：川口広美（2017）「『ねがい』を『ねらい』に変えよう」『社会科教育』695、明治図書、20-23
第2講：豊嶌啓司（2001）「意思決定の過程を内省し、認識の社会化をはかる社会科授業」『社会系教科教育学研究』13、9-19、星瑞希（2019）「生徒は教師の歴史授業をいかに意味づけるのか―『習得』と『専有』の観点から―」『社会科研究』90、25-36
第3講：佐藤育美、桑原敏典（2006）「現代社会科歴史授業構成論の類型とその特徴」『岡山大学教育実践総合センター紀要』6、1-10、渡部竜也（2017）「歴史的思考の民主的で平和的な国家・社会形成への貢献可能性」サム・ワインバーグ著、渡部竜也監訳『歴史的思考その不自然な行為』春風社、226-231
第4講：唐木清志（2009）「社会科にサービス・ラーニングを導入する意義―"CiviConnections"における認識と実践の統合を手がかりとして―」『社会科研究』70、31-40
第5講：峯明秀（2014）「社会科の学力評価論の批判的検討―学習の事実に基づく授業改善研究の必要性―」『社会科研究』80、33-44、井上奈穂（2009）「社会系教科における評価法開発の論理―『科学的知識の形成』を目標とする授業の場合―」『日本教科教育学会誌』32（2）、49-58

図4-5-2　「社会系教科におけるカリキュラムの変遷とマネジメント」の授業概要

講義回	テーマ	主な内容 (MQ)・引用論文
第 1 講	教科観（ビジョン）から授業を検討する（歴史的分野）	「ねらいについての議論」は授業検討に有効か。バートンら、渡部監訳 (2014)、北田 (2014)
第 2 講	対話型により授業を検討する（歴史的分野）	研究授業事後検討会に対話型 ALACT モデルを用いることで、どのような省察を促すか。渡辺 (リーフレット版) (2020)
他の教員担当の授業を 2 コマはさむ		
第 3 講	ALACT モデル」を用いた授業検討会の特質と課題を検討する コーチングによる人材育成の有効性を検討する	ALACT モデルを用いる利点、改善するとしたら何をどうすればよいのか。改善アプローチの一般化できるか。奥村ら (2020) コーチングは教員間にどのような影響を及ぼすか。伊藤 (2005)
第 4 講	OJT とコーチング、メンタリングを生かした研修会の可能性を検討する	OJT への期待と課題は何か。校内研究を充実したものにするための研修方法にはどのようなものがあるか。阿部 (2009)、石川 (2017)
第 5 講	ファシリテーションの有効性を検討する	ファシリテーションは授業研究 (校内研修) に寄与するか。ちょん (2009)
第 6 講 第 7 講	模擬研修会を実践。検討する	対話により認識のズレを埋めることができるか。省察は可能か。

〇授業で使用した文献
第 1 講：渡部竜也「訳者あとがき」(2014)『コモン・グッドのための歴史教育』春風社、411-412、北田佳子 (2014)「校内授業研究で育まれる教師の専門性とは一学習共同体における新任教師の変容を通して一」『教育方法 43 授業研究と校内研修』図書文化、22-35
第 2 講：渡辺貴裕 (監修) (2020)「院生が答える対話型模擬授業検討会 Q & A」(https://note.com/nabetaka/n/na1cefb6d209c) 2022 年 2 月 20 日アクセス
第 3 講：奥村好美ほか (2002)「より深い省察を促す模擬授業検討会のあり方に関する一検討—F. コルトハーヘンの ALACT モデルを参照して—」『兵庫教育大学研究紀要』57、85-94、伊藤守 (2005)『図解コーチングマネジメント』ディスカバー 21
第 4 講：阿部一也 (2009)「OJT の 4 つの方法」淺野良一編『学校における OJT の効果的な進め方』教育開発研究所、43-46、石川照子 (2017)「日本史教師のカリキュラムデザインを支援するメンタリング・プログラムの開発」『学習システム研究』5、15-27
第 5 講：ちょんせいこ (2009)『学校が元気になるファシリテーター入門講座』解放出版社

図 4-5-3　「社会系教科の授業研究」の授業概要

この2つの授業研究にかかわる理論を用いて、授業研究の課題を指摘できるようにすること、実際の社会科授業研究をコーディネートできること、模擬的な研修を通して教科観を捉え直すことを学びの射程とした。

授業は大きく3つのアプローチから構想した（**図4-5-3**）。第一が歴史的内容に関する授業研究にかかわる演習、第二が授業研究会における指導・助言の課題と改善に関わる演習、第三が模擬研修会の実践に関わる演習である。この3つのアプローチに通底するのは、「（研修では）何が本当に必要なのか」を問い、（社会系教科教育）教師の資質能力の向上に寄与するであろう「省察」の在り方ついて探索、対話することである。

双方の授業に共通している手だては、教科観を省察する習慣をつけること、例えば「自らが携えてきた教科観やねらいは何であって、実践にどのような意味や価値をもたせようとしてきたのか」と問い続けること、すなわち、実践知や被教育経験を省察により問い直し続けることに意味を見出すことである。このことは経験に閉ざされない学び、過剰学習を回避した開かれた学びにより社会科教育観を問い直すサイクルを求めたことに他ならない。特定の理論に固執するのではなく、自身の教科観、望ましいと考える授業の枠組みをも再構成し続ける学びを構築したいと考えた。

2　学修の実際と課題

1節で示した授業について、その効果と課題を院生の学びの履歴を手がかりに明らかしていきたい。ここでは、紙幅の都合もあり、本稿作成にあたって協力の快諾を得た現職院生（1名、院生A）の学びを中心に質的に把握していく。以下に示すのは、授業のうち直接的に教科観、授業観を尋ねている授業の概略と、授業で用いたワークシート記述の一部である。

(1)　授業「社会系教科におけるカリキュラムの変遷とマネジメント」の場合

授業を始めるにあたり、「社会科の授業において大切にしていること」を尋ねた。院生Aは「導入で生徒をひきつける。自分の意見を自由記述すること。

生徒が主役になる授業」と答え、授業の展開をふまえた教師の構えを重視していることが読み取れる。現職院生 5 名のうち、2 名が授業観、3 名は学習者につけさせたい資質に言及していたことから、授業観や身につけさせたい資質・能力に関心を寄せていることが読み取れる。

　第 1 講では、はじめに事前課題「現時点であなたが考える社会科のねらいは？」に対する回答を出し合う活動を行った。その上で、社会科授業観が多様であることを改めて知り、社会科教育観の共有化と内省をする (学修 1)、ねらいをもつこと、ねらいについて議論することの有用性について検討する (学修 2) 時間と位置づけ、ねらいをもち、ねらいについて議論することの効果として考えられることは何かを問い、それに答えさせていく形で授業を展開した。授業後の「本日学んだこと・考えたこと」に関する記述では、「現任校では、なかなかしっかりカリキュラムを立てていなかったと反省していました。経験などに頼っていた部分がありました。自分の力でカリキュラム化することで、目の前の授業の目標や振り返りが明確化できると思いました」と答え、これまでの実践は十分にカリキュラムを意識したものではなかったことに気づけたことを打ち明けている。

　学修 2 では、院生それぞれが所持していると考えられる多様な教科観を引き出し、対話によって類型化していくことを構想していたものの、実際は子どもの主体性の拡充、望ましい教師の技術や授業展開といった授業の方法、授業観を答えていた。「学んだこと・考えたこと」の回答、例えば「どの校種でも、年間やその先を見通したものを運用することは現状では難しい」「1 時間単位でのねらいになってしまい、量を捌くことを優先することはある」(いずれも現職院生) といった指摘をふまえるならば、そもそも、教科観は漠然としており、短期的なスパンで授業を捉えている実態がかがえる。

　第 2 講では、社会科授業論の諸類型について解説し、前回のリフレクションの一部を取り上げて、子どもにとって切実な内容とは何かを問い、参考文献として星 (2019) 論文を紹介した。次に、「意思決定の過程を内省し、認識の社会化をはかる社会科授業」レポート発表と討論を行った。豊嶌 (2011) の論を手掛かりに、望ましい授業像・単元像・カリキュラム像について考察す

ることを求めたところ、「(前略)例えば、自分の意見を書いた後、近くの人と意見交換を簡単にするだけでも効果はある。『マッチ(試合)』ではなく、『前段階の部分練習』でも多様な視点は獲得できる。」と記述していた。豊嶌氏の主張のうち「相互作用的社会認識」の効果について関心を寄せ、自己の実践知を問い直していることが示唆される。

　第3講では、歴史教育を概観した論文である佐藤・桑原(2006)のレポート発表の後、歴史教育に対して問題提起がなされていることを渡部(2017)論文から読み取り、歴史教育で実現させたい学習のねらいと授業構成について提案することを求めた。「学んだこと・考えたこと」には「中国との関係は、これからも大事にしていかなければならないが、領土問題など多くの課題も抱えています。そのなかで『歴史和解』は大事であり、両国が共通した歴史認識を持つことが、問題解決の一助になるのではないかと思います」と記述していた。ここでは、渡部が指摘した「歴史和解」が民主主義社会の建設に貢献することの意味を読み取り、実践知の更新を行っていることが示唆される。

　第5講を終えた段階で、社会科のねらいについてどのようにとらえているかを尋ねたところ、院生Aは「民主主義社会を支える自律的市民の育成。自律的市民とは、探究活動や議論を通して社会の枠組みを問い直すことができる開かれた発想と批判的理性を備えた市民のことである」と答えている。この段階では、本授業で得た知識ばかりではなく、民主主義社会、自律的市民、批判的理性といった様々な理論を組み合わせて言及している。

⑵　授業「社会系教科の授業研究」の場合

　本授業で教科観、授業観を問いかけたのは、第1講、第3講であった。第1講では、模擬授業を行った後、「ねらいについての議論」にかかわり「民主主義への貢献」の観点から得た気づきとしてどのようなことが得られたかを出し合い議論した。院生Aは気づきとして「民主主義への貢献という視点から見ると、ねらいを達成できている授業だと考えます。私の民主主義のイメージは、自分の意見を発言し、周りからも受容されるというイメージでした。池野先生やBさんの議論のイメージと近いと思います。Cさんの授業は、

御成敗式目を全文扱うことで、生徒たちによる多様な解釈を生み出し、たくさんの意見を発表させているので、民主主義への貢献を達成できています。条文の数を絞るという提案もありましたが、それでは教師のゲートキーピングの色合いが強くなってしまう気がするので、このままでも良いと思います。Dさんの民主主義を、法と秩序に置き換える意見も示唆的でした」とワークシートに記述している（B〜Dは院生）。民主主義について、先行研究や他者の見解をふまえ、自己の解釈を位置づけていること、その解釈を授業にあてはめて議論しようとしていたことが読み取れる。ただし、どういった部分で民主主義に貢献できるのかについては詳らかでない。このことは民主主義にどういった貢献をするのか、どの部分で貢献しないのかについて筆者が問い返すことをしていないことに起因すると考えられる。

　第3講では「ALACT モデル」を用いた授業検討会の特質と課題について、本質的な諸相への気づきとは何を指すのか、改善アプローチの一般化はできるかを課題として議論する展開であった。院生Aは授業後のポートフォリオ記述において「現場に戻った時は、ALACT モデルを研修のなかで取り入れてみたいと思っています。教育現場は変革を嫌う風潮がありますが、これからの時代は様々なことに挑戦していく必要があると思います。シングルループではなく、ダブルループ。カリキュラムや単元という大きな視点で改善していくこともこれからの時代は非常に大事なことだと感じます」と回答していた。ここでは単元レベル、カリキュラムレベルでの省察（ダブルループ）に言及している。言い換えれば毎時の授業におけるねらいと同時に教科観を省察することの重要性の指摘に至っているといえるだろう。

⑶　聞き取り調査

　上記の授業が院生にどのような影響を及ぼしたのか、受講者の視点から把握することを目的として聞き取り調査（半構造化インタビュー）を行った。質問項目は①調査協力者の経歴②協力者（院生A）が考える社会科の目標と課題（受講開始時と受講後、現在（⑵の授業から10ヶ月後））、③⑴⑵の授業の意義と課題（授業の印象、有益だと感じたこと、改善してほしいこと）、④今後取り組

みたいこと (どのような取り組みをしたいか) である。以下に概要を示す。

①調査協力者の経歴

　院生Aは大学 (歴史学科) を卒業した後、E県の公立中学校に6年勤務し、その後本学に入学している。経験を積んでいくにつれ指導が楽な講義型の社会科に限界があり、自分には足りないところがあると思っているところへ本学教員の書籍を手にしたことをきっかけとして、入学に至っている。

②社会科の目標と課題

　入学時の社会科の理想像として、生徒が主役になるような授業の実現であったこと、ただし、その具体像はなく、部活指導で理論を練習に取り入れて成功したことで、社会科にも理論があるのではないかと考えるようになり理論を学びたい動機につながったという。大学院での学びを経ていく中で、今までの自分の経験が理論と重なり合い腑に落ちたこと、当てはまったことが特に前期の社会系教科マネジメントコース以外の授業も含めて何度もあったと述べている。現在抱いている社会科の目標を「生徒が主役・教師がファシリテーター役として問いと資料を整理し、ある程度の方向性を決めておいた上で、あとは生徒が主導で事象を深く掘り下げていくこと」が重要だと考えている。

③授業の意義と課題

　(1) の授業「社会系教科におけるカリキュラムの変遷とマネジメント」、第2講と第3講で理論を学ぶ中で教師のねらっている部分と実際の生徒との間にズレがある点をいかに縮めるかという点に関心があったこと、第4講で唐木 (2009) を手がかりにサービス・ラーニングについて発表したことにより、目指していた教科観に近いことに気づけたと述べている。発表した後で、総合的な学習に近いのではないかなど、様々な校種の現職院生、ストレートの院生たちからも指摘を受け、いろいろな気づきを得て、フィードバックできたことがこの授業のよさだったとしている。一方、課題としてファシリテー

ターとしての力量を高める模擬的な体験を取り入れてほしいことをあげている。(2) の授業「社会系教科の授業研究」では、教員研修など教師教育という観点からの学びがあったが、答えを引き出していくという点で、一般的に授業でも使えることだと考えている。

④今後取り組みたいこと

デザイン思考が重要ではないか。1 つの理論をきっかけによりよいものを求め実践に磨きをかけていくことであり、これからの社会を生き抜くためには大切なことと考え、そのためには発信し対話し続けたいと考えている。

3.　教職大学院での学修上の課題とその改善

　一連の記述、インタビューから理論と実践のはざまで現職院生が直面している課題を捉えるならば次の点が指摘できよう。第一に授業観、教科観は理論によってゆさぶられ、再考を迫られながらも、信念として形成されていくことが措定できる。このことは、岡島 (2018) がいう「教科の研究を本格的にかかわっている教師であれば、現在の生徒たちにこうあってほしいという生徒観を含む教科観は既に形成されている」という指摘にほぼ合致する[11]。ただし取り上げた院生の学びの履歴に典型的に見られるように、入学当初より強固な教科観をもっているというより、授業観と教科観が入り交じった状態であること、大学院における様々な学びを通して授業観、教科観に沿う理論が取り込まれていくと考えられる。したがって、自分の理想とする授業を実現させたいという欲求が学ぶ動機となっていることを想定し、院生が携えている信念や教科観と対比させながら理論の特質と課題について検討できることが教職大学院のカリキュラム、各科目の構成上重要な要素となる。

　第二に、一連の学修により自己の授業観なり教科観と親和性が高い理論を取り込んで実践に適用する傾向がある点である。理論と実践は一対のものとして往還させているというより、自己の授業観、教科観にとって都合のよい理論をパッチワーク的に適用させ、実践化しようとすると想定した方がよ

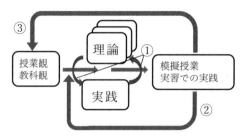

①理論と実践知の相互検討　②実践と理論、実践知の省察　③実践と授業観、教科観の省察

図 4-5-4　ダブルループの学修イメージ

さそうである。特に様々な理論を紹介し、相対化を図ろうとすればその傾向
は顕著になるであろう。よって、授業で取り上げた理論について相互検討し、
特質と課題を明確にできる場が必要である。さらに、模擬授業や実習での実
践では取り入れた理論が本当に適用可能かどうか、妥当性を吟味する学修を
求めたい。その役割を担うのが省察的な学びである。対象は時に自己の授業
観、教科観に及ぶ。つまり ALACT モデルを用いた授業１時間単位での省察
に加えて、暗黙の前提としている授業観、教科観をも省察するダブルループ
の学修(学習、**図 4-5-4**)を構想したい[12]。

　第三にフィードバックが重要であるという指摘から、授業内外においても
も対話が組織できるよう促すことが必要ではないか。とりわけ現職院生の学
びの場として位置づけられる本学の状況を生かそうとするならば、「同僚性」
を求めてよいだろう。授業に限定せず、他者との対話による建設的相互作用
を促すことで授業観、教科観が問い直され、省察が繰り返される必要があろう。

おわりに

　様々な授業理論を批判的摂取し自己の実践知と対象化して捉え直したこ
とが、実践に新たな意味づけ、価値づけを行うことを可能にしたことが示唆
される。それを可能とするのが省察的な学びであり、大坂、渡邉が指摘す
るところの「自律的合理的実践家」モデルに近似する[13]。授業だけではなく、

授業前後の対話も誘発することで授業観、教科観に照らし合わせながら理論を実践化（実習前でいえば計画）していくという営みにおいて第一に実践知と理論の相互検討、第二に実践と理論、第三に実践知、実践と授業観、教科観の三層で学修されていくことが、教職大学院ならではの学修となろう。

　今回の論考は科目間のつながりが不十分で、本稿で示した内容も筆者の担当に限定され、結果として断片的な考察にとどまっている。科目横断的な教職大学院の授業改善は緒に就いたばかりである。

注

1　教員の資質能力向上に係る当面の改善方策の実施に向けた協力者会議（2013年）：「大学院段階の教員養成の改革と充実等について（報告）」（https://www.mext.go.jp/b_menu/（https://www.mext.go.jp/b_menu/shingi/chousa/shotou/093/houkoku/attach/1340445.htm）2022 年 2 月 20 日アクセス。

2　竺沙知章（2016）：「これからの人材育成と教職大学院の課題」日本教育経営学会『日本教育経営学会紀要』58、24-35。

3　伊藤博之他（2020）：「教職大学院における現職院生と学卒院生間の『シナジー効果の創発過程モデル』の構築」『兵庫教育大学研究紀要』56、105-115。

4　三品陽平（2012）：「省察的実践論における『行為の中の省察』と『行為についての省察』の関連性」『日本デューイ学会紀要』52、117-126。

5　スティーブン・S. ソートン著、渡部竜也ほか訳（2012）：『教師のゲートキーピング―主体的な学習者を生む社会科カリキュラムに向けて―』春風社、36。

6　松木健一（2013）：「教師の専門性を問う」『スクールリーダー研究』4、3-13。

7　渡部竜也（2010）：「カリキュラム・授業理論と教師教育論の連続的探求の必要性―教科内容専門領域改革に向けた研究方法への提言：社会科を事例として―」『社会科教育研究』110、69-81。

8　大坂遊（2017）：「教職課程後半期における教員志望学生の社会科観・授業構成力の形成過程―『洗い流し』はいつどのように起こるのか、あるいは回避されるのか―」学習システム促進研究センター『学習システム研究』5、88-102。

9　渡部竜也（2012）：「『授業研究』からみた社会科研究の方法論と国際化の課題」『社会科教育論叢』48、48-51。

10　フレット・コルトハーヘン編著、武田信子他訳（2010）：『教師教育学―理論と実践をつなぐリアリスティック・アプローチ―』学文社。

11　岡島春恵（2018）：「中学校社会科教師の教科観の形成に関する事例研究― 教

科観形成の多層性と多面性に注目して —」『社会科研究』88、13-24。

12　吉水裕也他 (2021)：「教職大学院の学びとその成果—この 10 年の課題と今後の展開可能性—」『兵庫教育大学研究紀要』58、1-14。

13　大坂遊、渡邉巧 (2018)：「社会科教師教育者は駆け出し教師の成長をいかに支援しうるか—米国社会科における『Rationale Development』研究に注目して—」『徳山大学論叢』87、97-110。

山内敏男（兵庫教育大学）

第6章　教職大学院における教科教育カリキュラムの検討
──山形大学教職大学院・教科教育高度化分野の場合──

はじめに

　本稿の目的は2つある。第一は、山形大学大学院教育実践研究科・教科教育高度化分野において、教職大学院のカリキュラムに教科教育学や教科専門の科目をどのように位置付けているかを示すことである。第二は、現職教員学生が、この分野で何を学び、その学びを修了後にどう活かしているかを報告することである。前者を江間が担当し、後者を高橋が担当する。これらをもとに、教職大学院における教師教育の課題を最後に述べたい。

1　山形大学教職大学院の設立経緯とカリキュラム

⑴　教職大学院の発足と組織換え

　まず、山形大学教職大学院の背景を説明する。2005（平成17）年に、山形大学教育学部は、一般学部の地域教育文化学部に転生した。4年後、2009（平成21）年に、教育学研究科を廃止し、学部に接続する大学院として地域教育文化研究科が発足した。同じく2009年に、独立研究科として教育実践研究科（教職大学院）が発足した。学校力開発と学習開発の2コース制で、定員は20名（学部新卒学生10名、現職教員学生10名）であった。

　この経緯には次の3点を指摘したい。

　第一に、2009年に教育学研究科を廃止したことで、社会科教育講座という講座組織がなくなったことである。2022年の現在は、社会系教科の教員免許をだすカリキュラムを担う教員の集まりとして存続している。

　第二に、2009年の発足時点から、学習開発コースの選択科目に、教科内容に関する専門科目を設けていたことである。「教材開発のための教科内容研究（○○）」（括弧内は地理学など諸科学の名称が入る）という授業科目は、この時に生まれた。教育学研究科の廃止に伴い、廃止後も大学院の授業科目の担当を希望する教員がこれらの授業科目を担った。

　第三に、独立研究科であったため、人文学部や理学部、工学部など山形大学の他学部からの進学者が一定数を占めたことである（2010〜2020年で定員の11%）。あわせて、教職大学院の授業科目に、他学部教員（人文学部、理学部、農学部、工学部、医学部）が出講する「教材開発のための先進研究」が生まれた。この科目は、6学部を擁する総合大学ならではの授業科目である。

　そして、教育実践研究科（教職大学院）は、2014（平成26）年に組織換えを行っている。それまでの2コース制を廃し、教職実践専攻のもとに新たに「学校力開発」「学習開発」「教科教育高度化」「特別支援教育」の4分野を設けた。これは、特に他学部からの入学生や中学校・高等学校の校長会から教科専門へのニーズが強かったことや、地域社会から特別支援教育へのニーズがあったことに対応したものである。教科教育高度化分野は、「教科内容に関する特段の専門性とその教科内容を授業や教材に具体化する力を有する国語・社会・数学・理科・英語の教員を養成する」分野である（音楽・美術・体育の教科を学びたい院生は、「学習開発分野」で学べるようになっている）。2022年2月現在、教育実践研究科の専任教員は、研究者教員8名と実務家教員8名の16名である（本研究科の授業に協力する学部の兼担教員は38名である）。

　以上のように、山形大学教職大学院は、2012（平成24）年に文部科学省が教員養成系の修士課程を教職大学院に移行させる方針を示したことと直接関わらない部分で、現在に至っている。

⑵　カリキュラムと指導体制

　教育実践研究科の修了単位は、46単位である。このうち、5領域の共通科目（教育課程、教科指導、教育相談、教育経営、教員の在り方）で20単位、学校における実習科目で10単位（現職教員学生の免除なし）、分野別選択科目が16単

位である。カリキュラムは、「理論と実践の往還・融合」を理念として 2 つの協働を位置づけている。一つが、研究者教員（8 名）と実務家教員（8 名）の協働である。例えば、各院生の指導教員は、研究者教員と実務家教員がペアで担っている。もう一つは、学校における実習科目を現職教員学生と学部新卒学生のチームで行うなど、双方の学び合いを位置づけていることである。江間は、共通科目では、教科指導領域で「授業実践の記録・分析と校内研修」を担当している。社会科を中心に、ビデオを再生しながら各自の授業記録をつきあわせ、取り出した事実のちがいとその解釈可能性を吟味している。

　院生は、入学後 4 月に、分野と指導教員の希望を提出する。分野選択は、自分が学びたい授業科目がその分野にあるかで考える。一方、指導教員は自分の研究テーマとの関係で選ぶ。学部の兼担教員から教科専門の担当教員を指導教員に選ぶ院生もいる。教科教育高度化分野は、2015 年から 2020 年までで 31 名が修了している。このうち、社会系を履修したのは 3 名である。

2　教科教育高度化分野・社会系教科の分野別選択科目

(1)　科目構成

　教科教育高度化分野で社会系教科に関わる分野別選択科目は、**表 4-6-1**のものである。この表の授業科目は、大きく 3 つの部分から構成されている。

　第一は、分野で必ず履修する科目である。「教材開発プロジェクトの課題と方法」（以下、課題と方法と略す）と「教材開発のための先進研究」（以下、先進研究と略す）である。「課題と方法」は、各教科等における教材開発研究の方法と課題を理解することを目的とする。授業の前半は、各教科教育の担当者が、各々の教材開発研究の最前線での課題と方法をオムニバスで講述する。院生は、自分の専攻する教科と共に他の教科での研究を概観し、その共通点と相違点を考察することで、自らの教材開発に必要な基礎的概念と方法を考えることになる。授業の後半は、自分の専攻する教科の教材開発に取り組む。この「課題と方法」は、2 年次の「教材開発プロジェクト実習」につながる。この実習科目は、その教科の専門科目と教科教育の担当者が全員関わる科目

表 4-6-1　教科教育高度化分野・社会系教科関連

科目名	学年	単位	備考
教材開発プロジェクトの課題と方法	2	2	選※
教材開発のための先進研究	1	2	選※
教材開発のための教科内容研究 (歴史学領域)	1	2	選
教材開発のための教科内容研究 (哲学・倫理学領域)	1	2	選
教材開発のための教科内容研究 (経済学領域)	1	2	選
教材開発のための教科内容研究 (地理学領域)	1	2	選
社会・地歴・公民科授業構成の実際と課題	1	2	選
社会・地歴・公民科教材開発プロジェクト実習	2	2	選
教職実践プレゼンテーションⅠ (教科教育高度化分野)	1	2	選
教職実践プレゼンテーションⅡ (教科教育高度化分野)	2	2	選

・選択した分野では、※のある授業科目を必ず履修することになっている。

である。「先進研究」は、1節の(1)で述べたように、山形大学の他の5学部の教員が出講する科目である。この科目については、2節の(2)で後述する。

　表4-6-1を構成する第二の部分は、社会系教科に関わる教科専門と教科教育の科目群である。「教材開発のための教科内容研究」は、歴史学、哲学・倫理学、経済学、地理学について開講している。「社会・地歴・公民科授業構成の実際と課題」は、教科教育法担当の教員が、授業構成の原理と授業デザインについて扱う科目である。この「実際と課題」の授業科目について、修了生(経済学部からの進学者)は、「学部時代、専門的に学んだ『経済学』の考えを中学生でもわかりやすく理解できる教材の作成に取り組むことができた。」とコメントしている。

　最後に、第三の部分は、教職実践プレゼンテーションⅠとⅡである。本研究科は、修士論文の代わりに「実践研究報告書」を課している。この教職実践プレゼンテーションの科目は、その「実践研究報告書」を準備し、発表会を行うものである。院生は、自らの実践的研究課題に即して、「実践の探究と省察」に取り組む。修了生の一人は、「自分の研究テーマについて、実践や文献講読、ゼミ生との議論を通して明らかにすることができた」と、この

科目をふり返っている。この科目で対象とする実践の多くは、「教職専門実習Ⅱ」(1年次後期)と「教職専門実習Ⅲ」(2年次後期)という「学校における実習科目」で取り組まれたものである。院生は、毎年度の2月に開催される「教職実践プレゼンテーションⅠ発表会」と「教職実践プレゼンテーションⅡ発表会」で口頭発表を行い、質疑応答を受ける。この発表会には、山形県教育委員会の担当者が参加し、講評を行っている。

⑵ 「教科」を考える──「教材開発のための先進研究」での学びから──

　科目「先進研究」は、各学部の最先端の研究の取組を知ることで、教材開発を創造的に推進できる資質能力を向上させることを目的としている。授業に登場する内容は、例えば、次のものである。菌と微生物(発酵)、生物多様性、林産学、有機エレクトロニクス、3Dゲルプリンター、高次脳機能障害、脳外科手術、附属病院の医療安全、和算、植物の遺伝子解析、宇宙科学、宗教学、地理情報システム、ナスカの地上絵である。これらは、おそらく院生が一度も聞いたことがない話が多い。しかし、そのどれもがこの世界と暮らしに深く関わった探究である。院生には、「答えの見えない」世界を実感し、そこに挑戦を続ける研究者の姿勢にふれてほしいと伝えている。

　この授業を履修した院生は、次のようにコメントしている。

　　世界を見る目が変わったように思う。例えば、宗教の講義の後は、アニメや文学作品にでてくる宗教的なモチーフを考えるようになったし、発酵食品の講義の後は、食品に含まれている微生物がどんなものか気になるようになった。私は、学問を学ぶことの意義の一つはこれであると思う。学問というメガネをかけることで、世界が今までとは全く違って見えることがある。…私は、数学教員志望なので、数学の視点から世の中を見られるようになる授業実践を行っていきたい。研究者の方々の話を聞いていると、結構なご年齢の方もいらっしゃるのに、新たなことに挑戦しようという姿勢が見られ、素直にすごいことだなと思った。(学部新卒学生)

　私自身がまだまだ学ぶ余地があるということを実感した。特に、私が学んでいる教育分野の授業は、「教える」という立場に特化した授業が多くある。教育についての学びは、幅広いようでピンポイントの学びなのかもしれないと思った。今回の講義で、私は踏みこんだことのない領域の内容を多く学び、こうした経験が教育現場に出た時に役立てられたら、子どもたちの学びにも広がりが生まれると思った。(学部新卒学生)

　何より知的好奇心が刺激されとても楽しく学ぶことができた。身近にあるものでも様々に研究されていて、その内容は驚きにあふれている。…知らないものや驚きがあるものは、それだけで素晴らしい教材である。しかし、その教材に価値を見出し課題にしていくことは、教師の仕事である。…そう考えれば、教師に求められているのは、表面的な知識を教える(または伝える)ことではなく、子どもたちが物事の本質を学べるようにすることである。(現職教員学生)

　これらの院生のコメントには次の2点を指摘できる。

　第一に、院生が、最先端の研究に取り組む研究者に誘われて、各々の学問が対象としている現実とそれを解明する豊かな世界に「入り込んでいる」ことである。例えば、「世界が今までとは全く違って見える」「身近にあるものでも様々に研究されていて、その内容は驚きにあふれている」とある通りである。もちろん、院生は、個々の学問について、ほぼ素人で未熟である。しかし、院生は、研究者の姿に「素直にすごいこと」と共感しつつ、未熟なりにその研究の「おもしろさ」を垣間見ている。そして、自らの学ぶ教育分野について「『教える』という立場に特化した」「幅広いようでいてピンポイントの学びなのかもしれない」と捉え直している。

　第二に、最先端の研究にふれることで、院生が、教師独自の役割の捉え方を広げていることである。例えば、「数学の視点から世の中を見られるようになる授業実践」や「教材に価値を見出し課題にしていくことは教師の仕事」とある通りである。教師の仕事は、「子どもたちが物事の本質を学べるよう

にすること」「子どもの学びに広がりが生まれる」ようにすることとしている。
　こうした「先進研究」の授業について、学部新卒学生は、次のように言う。

　　学部1年生の時にも一般教養として様々な授業を受けたが、教育につ
　いての学びより前だったため、教育に活かすという視点で考えることが
　できなかった。教育のあり方を学んでから、こうした授業を受けること
　ができたことは、私にとって貴重な経験だった。

　では、学部で教育について一通り学んでから、こうした幅広い学問的実践
に接する授業科目を教職大学院のカリキュラムに位置づける意味は何か。認
知心理学者の佐伯胖は、教科のあらゆる内容を「それを通して文化を見る」
窓（ガイド）だと述べている。佐伯は、次のように言う（佐伯 1987：125）。

　　「教科」とは、窓のことである。窓を通して見る富士山は、私たちの
　文化である。「あっ。富士山が見える」というのが教師で、目をあげて、
　窓を見て、窓の外を見るのが、教師に教えられる子ども、思わず口をつ
　いてでてきた「夕日に映えて、きれいだね」ということばは、彼の「学び」
　のあらわれ（表現）である。

　ここで「富士山」とは、「ホンモノ」の文化本来の姿を象徴的に表すもので
ある。佐伯のあげている例でいえば、「九九を覚えさせる」のではなくて、「九九
表のなかに潜むさまざまな法則や秩序の意味のおもしろさ、生活での便利さ、
あるいは、九九を覚えやすくする昔ながらの人々の知恵…こういう『九九文
化』といえるものに触れ、それを味わい、『いいな』と実感する」（p.128）こと
である。もちろん、子どもが窓の開いている部屋にいれば、自発的に勝手に
「窓の外」に目を向けるわけではない。そうした時には、教師が、「あっ。富
士山が見える」と呼びかけ、子どもに窓の外を見るように促す必要がある。
　この佐伯の議論に照らせば、「先進研究」の授業で、院生は、最先端の研
究という「ホンモノ」の世界とそれに「誘われる」ことを経験し、それをふま

えて教育と教師の仕事を捉え直していると言える。通常、「教科」とは、学校で子どもに教えるコンテンツ（内容）を整理した「箱」「区分」と見なされている。それは、当然、学問的実践から見ればごく一部にすぎないものである。院生は、「先進研究」の授業を通して、そうしたコンテンツ（内容）を、より広い「文化」の世界に子どもの目を向けさせる「きっかけ」として捉え直していると見ることができる。これは、教科内容の文化的価値やそれを子どもが学ぶ必然性や意味を、教師として改めて明確にする内容研究の重要性を示すものと言える。では、次に、教科教育高度化分野で学んだ現職教員学生の「学び」をみてみよう。

江間史明（山形大学）

3　教科教育高度化分野で学んで

　高橋は、山形県公立高等学校の教員で、公民科（倫理、政治・経済、現代社会）を担当している。2014年4月から2016年3月まで、山形大学教職大学院教科教育高度化分野（社会）に在籍した。大学院修了後、3年間、勤務校であった山形県立山形西高等学校に引き続き勤務した。その後、山形県教育庁高校教育課や山形県教育センターの指導主事を経て、現在、山形県立寒河江高等学校に勤務している。ここでは、教職大学院で学んだことや学校現場で活かしてきたことについて述べたい。

⑴　山形大学教職大学院で学んだこと

　一つ目は、教職実践プレゼンテーションⅠ・Ⅱである（以下、プレゼンⅠ、Ⅱと略す）。特に、プレゼンⅡ「高校『倫理』におけるロールプレイング－生徒による哲学的対話の試み－」では、ロールプレイングの手法を用いた哲学的対話によって〈考える「倫理」教育〉の実践に取り組んだ。生徒が思想家の哲学的対話の只中に身を置き、生徒が哲学的思考を追体験できるようにした。ここで開発した教材は、プラトンの対話編のテキスト『アルキビアデスⅠ』である。肉体を愛することと、魂を愛することについての、ソクラテスとア

ルキビアデスの対話を途中まで示し、その対話の続きをペアで生徒が考えるという教材である。生徒による哲学的対話が終わった後に、ソクラテスとアルキビアデスがどのような対話をしたのかを生徒に示した。生徒による哲学的対話と、哲学者による哲学的対話を比較した。この教材を用いた時の生徒の思考の特徴は、以下の 2 つである。

- テキストが生徒による哲学的対話のモデルとなる。
- 思想家による哲学的対話をなぞる形で生徒の対話が進み、生徒が哲学的思考を追体験できる。

例えば、次のような生徒のふり返りがあった。

　　　肉体を愛する者と魂を愛する者は愛しているものが違うということ。同じ人を愛しているといっても、実は同じものを愛しているわけではない。また、肉体を愛する者は花盛りが過ぎてしまったら、肉体はどんどん老いてゆくから、愛することを続けるのは困難であると思われた。

　この生徒は、実際の対話では「心」を問題としていたのだが、ふり返りでは「肉体」を問題としていた。愛の対象について「心」と「肉体」という 2 つの点から考察していた。生徒が、対話篇のテキストを手がかりに、哲学的なテーマについて思考活動を活発に行っていた。

　このようなプレゼン I と II では、理論と実践の両側面から、教材開発や授業実践について具体的に研究することができた。プレゼン II は、教職専門実習 III（4 週間）の成果をふまえている。実習校と勤務校で同じ教材で授業をして、生徒の学びの姿を比較することができた。同じ教材であっても、例えば、対話の在り方に違いが生じていた。対話形式を用いる教材では、「問いかけ－応える関係」が交替した時と、交替しなかった時があった。また、相手の問いかけを受け入れる発言（「ええ、そうですね」、「そうだと考えられます」）があることで、それにより問いかける側が問いかける内容を発展させることができていた。これらのことから、同じ教材であっても、生徒の学び方に違いが生じることが明らかとなった。

　教職大学院で学んだことの二つ目は、教職大学院共通科目の「授業実践の記録・分析と校内研修」と「カリキュラム開発の実践と課題」での学びである。これらの科目では、生徒の学びの姿に注目することの必要性と大切さを学んだ。筆者のこれまでの授業観や生徒観を一変させた衝撃的な科目であった。大学院入学前までは、生徒の学びの姿よりも教師の姿に注目していた。生徒の学びの姿に注目するという視点はほとんどなかった。生徒の学びの姿に注目することで、生徒の学びのメカニズムや、教材開発について具体的に研究することができた。生徒が、その教材に出会い、具体的にどのような思考活動を行っていたのか。このことについて、生徒の実際の学習活動（対話の内容やふり返り）を分析することで明らかにすることを学んだ。

　教職大学院で学んだことの三つ目は、教科教育高度化分野の専門科目で学んだことである。例えば、「教材開発のための先進研究」である。この授業は、人文科学、社会科学、自然科学の研究者が、それぞれの学問領域の最先端の内容を扱う授業である。各教科・科目の本質を探究する授業を実現させるために、教材研究にとどまらず、さらに教科内容研究が不可欠であることを学んだ。具体的には、生徒が公民科の各科目で何を学び、そして、その学習内容が生徒にとってどんな意味があるのか。このことをふまえた教材開発を行うことが必要であることを学んだ。

⑵　大学院修了後の実践

　大学院修了後も、ロールプレイングという手法を軸として、「主体的・対話的で深い学び」のための教材開発を続けた。大学院で開発した教材は、勤務校で4年間使ってみて、ふり返りの記述内容を比較したり、教材内容を修正したりした。また、この研究内容を活かして、勤務校で新たな教材を開発した。それは、平塚雷鳥と与謝野晶子の母性保護論争を扱った教材開発である。学習テーマは「平塚雷鳥（らいてふ）と与謝野晶子の『母性保護論』－2人は現代の日本をどう見るだろうか－」である。この教材では、生徒が、平塚雷鳥と与謝野晶子の母性保護論争をふまえて、女性の在り方生き方について主体的・対話的に学ぶことと、現代社会における女性の在り方生き方につい

て考えることを目的としている。この教材の特徴は、平塚雷鳥と与謝野晶子の論争形式のテキストを用いて、ペアになった生徒が、「問いかけ−応える」という関係性を築き、哲学的対話による学びを実現させる点にある。ペアになった生徒が、それぞれ平塚雷鳥と与謝野晶子になり、それぞれの主張に反論するという形式をとった。

　授業の終末では、「今日の授業で、あなたが学んだことや気づいたことを一つ取り上げて説明してください」と指示している。この授業では、高橋（授業者）が「ちょうどこれは100年前の論争です。では、二人の魂がよみがえって、現代の日本社会を見たらどう思うだろうか、論争してみてください」と生徒に問いかけて考えさせた。このこともあり、生徒が平塚雷鳥と与謝野晶子の母性保護論争と現代の日本社会を関連づけながら、女性の在り方生き方や社会の在り方を考察したふり返りが見られた。以下は、ある生徒のふり返りである。

　　　これまで、男女共同参画社会など、男女の平等をかかげた活動が多かったおかげで、今の世の中は、以前と比べて、男女平等によく配慮できていると思った。また、女性社長など、女性の地位も向上していると感じた。でも、昔から言われている「男は仕事、女は家庭」という考えは今も根強く、それは少なからず平等と独立を妨げていると思う。だから、この考えを取り除くことが課題だと思う。

　この生徒は、男女共同参画社会を取り上げて、男女平等という視点から、現代社会における男女の在り方生き方について考えている。また、女性の地位向上について注目し、女性の新しい在り方生き方について言及している。そして、「男は仕事、女は家庭」という風習が、現代社会において根強く残っていることを指摘している。その風習が、女性の平等や独立を妨げているとし、女性の在り方生き方について考察している。この点で、「人間としての在り方生き方についての見方・考え方を働かせ」た学びが行われている。

　この授業を見学していた大学2年生は、次のようにコメントしている。

　　与謝野さんと平塚さんの役に分かれて、それぞれ反論する。(中略) 最
　　初は、二人の主張を「確認」する作業に留まっていたのが、役割を交代
　　し2回目を体験することで、「役になり切って」論争し出していた。最
　　後に、「二人が現代に生き返ったら」という設定になった段階で、現代
　　の女性の在り方生き方を問い直す機会になっていた。

　公民科「倫理」の目標である「人間としての在り方生き方についての見方・
考え方を働かせ」る学びを実現させるために、ロールプレイングを用いた授
業は有効である。自分の準備したシナリオが不完全でも、生徒は、実際に対
話をしながら自分の考えをその場でつくっていくことができる。
　教職大学院で学んだ、教材開発をする際の視点や方法を活かして、上述
のような教材を自分で開発することができた。このことから、教職大学院で、
教材開発の理論と実践について十分に学ぶことができたといえる。

⑶　教師としてのキャリアと教職大学院で学んだこと

　最後に、大学院修了後の勤務校等における自分の役割について述べたい。
勤務していた高校では、大学院2年目から3年間はクラス担任として、その
後の1年間は教務副主任として、授業研究や教員研修、「総合的な学習の時
間」の主担当となった。勤務校の先生方に最も訴えたのは、授業を見る時に、
生徒の学びの姿を見ることである。生徒の発言、つぶやき、ふり返りの記述
内容など、生徒の様子に注目して、生徒の学びの姿を具体的に記録していく
ことである。このことに関わる校内研修も年3回企画し、先生方の授業研究
に対する興味関心が徐々に高まってきた。例えば、研修会という形をとらな
くても、高校の職員室で、生徒の名前を出しながら授業中の生徒の学習の様
子を語る先生が出始めてきたのである。そして、生徒の発言やふり返りなど、
生徒の学びの姿から、授業の中で生徒が何をどのように学んでいるのかとい
うことや、授業のやり方について先生方同士で議論するようになってきたの
である。このような成果があった一方で、このような研修会が大学受験にど

のように役立つのか、授業のやり方を大きく変更しないといけないのか、といった疑問の声もあった。

　教職大学院での学びを自分一人のものに留めておくのではなく、学校現場に広めていくことが必要である。教職大学院での学びをもとに、授業研究や授業参観、校内研修会の実施、ICT 環境の整備、「総合的な学習の時間」や「総合的な探究の時間」の企画立案、関係外部機関との連携など、学校全体に関わる業務に携わることができた。以上のことは、筆者一人の力でできたことではなく、管理職の強力なバックアップがあったからできたものである。さらに、管理職が、教職大学院での私の学習成果に対して一定の評価をしていたこともある。

　山形県教育庁高校教育課や山形県教育センターで指導主事として勤務していた頃は、学校経営計画指導や教員研修の時に、教職大学院での学びを活かすことができた。授業研修や学習指導、進路指導など、学校教育全般において、生徒の学びの姿に注目して生徒や授業、学校の在り方について具体的に考えることを伝えてきた。先生方からは、生徒の学びの姿から授業について具体的に考えることがとても新鮮だ、という声が多く聞かれた。

　現在の勤務校では、教務情報課の専任として勤務している。教育課程や学習指導、授業研修などをはじめとして、教務全般の業務を担っている。本校では、学力向上が急務となっている。しかし、学校全体で「学力」について議論する機会がなく、学校全体として学力向上についての課題や方策を共有していないのが現状である。生徒の学びの姿から、授業や生徒の学びについて日常的に議論できる職員室になればと考えている。

高橋実（山形県立寒河江高校）

おわりに──教職大学院における教師教育の課題──

　教職大学院の教育課程について、文部科学省（2013）の「大学院段階の教員養成の改革と充実等について（報告）」は、次のように指摘している。

　　教職大学院では、自らの教育実践を理論に基づき振り返ることができ
る実習を教育課程の中心に置くことにより、理論と実践の往還を持続的
に発展させていくことを基本的な教育方法とする。(4の(2))

　大学院での学習と学校における実習との連動については、高橋の報告にあ
る通りである。では、本研究科の修了生は、教職大学院の教育課程をどのよ
うに受け止めているか。本研究科は、2019年に修了生アンケートを実施し
ている。第1回(2010年度)から第8回(2018年度)までの修了生181名を対象
としている(有効回答数134、回収率74.0％)。教職大学院で学んだことによって、
修了生がスキルアップしたと思える領域・事柄について、上位3つは、「学
習指導」「児童・生徒理解」「学習指導要領の改訂など、教育改革や制度変化
への対応」であった。これらのスキルアップに役だった、大学院での学習や
経験についての回答が、**図4-6-1**の通りである。

　図4-6-1について、次の3点を指摘できる。

　第一に、「同級生同士の関わり」をあげる修了生が最も多いことである。1

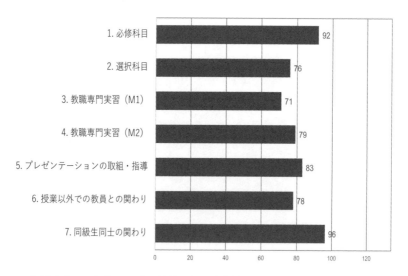

図4-6-1　スキルアップに役だった、大学院での学習や経験（複数選択）

学年の同級生 20 名には、学部新卒学生と現職教員学生の違いや現職教員学生でも校種の違いがある。これらの特性の違いを生かした集団での活動や学習、チーム制での教育実習が、自らの教育観の問い直しや教員としての資質能力の向上につながったとしている。この点は、前述の文部科学省の報告でも、「学部新卒学生と現職教員がお互いの特性を生かし協働しながら学修していくことができる工夫が求められる」とある通りである。

　第二に、必修である共通科目をあげる修了生が二番目に多いことである。これらの共通科目は、教職大学院の教育課程の基盤である。本研究科の共通科目には、子どもの実際の学びのプロセスに注目したり、学校防災を地理学と結び付けたりした特色ある科目がある。これらの共通科目が、各分野での院生の実践的研究課題の追究を支える構造になっている。

　第三に、教職実践プレゼンテーションの取組・指導をあげる修了生が三番目に多いことである。このプレゼンテーションでの実践研究は、分野における教科専門科目や教職専門実習と連動するものになっている。

　こうした現在の本研究科（教職大学院）における教師教育の課題は、学校における実習科目の充実をさらに図ることである。実習における理論と実践の往還を進めるうえで二つの課題がある。一つは、院生の実習への臨ませ方である。院生が自分の単元プランを実験授業にかけるだけでは、教育実習は不十分である。それは、実習に臨む際の課題の一つにすぎない。これに加えて、教師として高めたい個別の資質能力や、各々の実習校で取り組まれている実践研究に参加して学ぶという課題もある。そうした院生個々が教育実習に臨む課題意識を明確化し、実習内容を整えるという課題がある。

　もう一つは、教育実習を行う中で院生が気づき立ち上げる課題への対応である。教育実習に臨むことで、院生は、自分の「わかっていなかった」点に気付く。例えば、授業で扱う教材を精査していると、何を教えればよいかが不明確だとわかってきて、そもそもこの教科でこの単元内容を位置づける意味がどこにあるかといった内容研究水準の問いが生まれる。そうした実習で気づいた院生の課題を大学院の教育課程のどこで引き受けて、発展させるかという課題である。特に、教科専門科目へのフィードバックが課題となる。

　発足以来、本研究科は、修士1年の前期3週間、後期3週間、修士2年後期の4週間という集中方式で教育実習を実施してきた。ここで述べた課題は、これらの集中方式の教育実習の一部を、通年もしくは半期の教育実習に組み換えることを検討する課題を示している。

江間史明（山形大学）

文　献

江間史明・森田智幸（2014）：「授業を撮る」、江間史明・吉村敏之編著『教師として生きるということ』ぎょうせい、175-185。

佐伯胖（1987）：「教科を見直す」『岩波講座　教育の方法3　子どもと授業』岩波書店、113-148。

高橋実（2016）：「高校『倫理』におけるロールプレイング：生徒による哲学的対話の試み」『山形大学大学院教育実践研究科年報』7、144-151。

高橋実（2021）：「公民科『倫理』の本質に迫る授業の展開」『新教育ライブラリPremier Ⅱ』3、ぎょうせい、80-83。

文部科学省（2013）：「大学院段階の教員養成の改革と充実等について（報告）」https://www.mext.go.jp/b_menu/shingi/chousa/shotou/093/houkoku/attach/1340445.htm、最終閲覧日：2021年11月6日。

第7章　私立大学教職課程から見た社会科教員養成
——大学全入時代と開放制原則から考えるべきこと——

はじめに

　筆者は、2006年から私立大学の教職課程において教員養成に従事している。最初に勤務した清和大学では教職課程の立ち上げに携わり、現在勤務する高千穂大学では一貫して教職教務に従事してきた。

　この約15年間の私立大学教員、教職課程教員としての人生は、教員養成制度改革に翻弄され続けたといってもよい。正直にいえば、社会科教育における専門性について考えて実践するよりも、さまざまな制度変更に対応するのが精一杯であった。これは、勤務したいずれの大学も小規模大学である一方、ギリギリの教員数で回すため、担当講義科目数も多くなってしまうことに起因しており、社会科のこと以外も考えなければならなかったためでもある。そして、多くの私立大学教職課程は設置最低人数しか専任教員がいないことにくわえて、任期付き教員（特に実務家教員は任期付きになることが多い）が増加しており、各専任教員の負担は増加している。このため、矢継ぎ早に行われる教職課程改革、近年でいえば教職課程コアカリキュラムの登場と新教職課程カリキュラムへの変更、いわゆる再課程認定に加えて教職インターンシップの設置、さらに2022年度からは教職課程自己点検評価に加え、新科目「情報通信技術を活用した教育の理論と方法」の開設が義務づけられることなどの変更のたびに、教職課程専任教員がその作業に従事することになる。

　現在の勤務先である高千穂大学は、2005年1月28日の中教審答申「我が国の高等教育の将来像」による設置緩和を受け、2007年に教養部を改組する形で人間科学部を開設、児童教育専攻を小学校教員養成課程として設置した

(定員各学年 20 名)。また、戦前から続く商業大学でもあることから、商学部・経営学部では、高等学校商業科を中心に高等学校情報科、そして中学校社会科・高等学校公民科・地理歴史科の課程を設置している (開設は 1977 年)。

　筆者が大学の職務に従事できるようになったきっかけは、2000 年代の規制緩和による教職課程の設置・拡大によるものが大きい。このとき、多くの私立大学が志願者の減少に加え、就職者の減少に悩まされたため、教員養成を生徒募集の起爆剤にしようとした。このように、私立大学における教職課程は、生徒募集におけるプラスの効果が期待されるだけでなく、開設後には、教員として就職できるように育てることも期待されている。よって、私立大学教職課程教員に求められる振る舞いは、生徒をかき集められる魅力ある教職課程を創ること、すなわち教員就職できる学生を育てることである。この点において、教職課程の質保証を考える上で避けて通れないのが、「教員採用試験に合格させること」ということである。このことは、多数の私立大学教職課程では、教員採用試験によって教員養成の質を確保するというおかしな状況になっているといえるかも知れない。その結果として、私立大学では教職課程内外で実施される「教員試験対策」のさまざまな取り組みが、実質的な質保証として機能しているという状況であるともいえる。

　もちろん、このような本末転倒な状況に対し、ただ手をこまねいているわけではない。担当する講義の、それも多くて 4 単位 (中・高等学校)、あるいは 2 単位 (小学校) の教科指導法科目の中においてさまざまな工夫を行ってきた。しかし、それには限界があるのも事実である。

　本稿では、中等教育段階における社会系教科の教員養成を中心に、1 では、私立大学を中心とした社会系教科の教職課程が抱える養成上の問題点を明らかにした上で、2 では、私立大学の教職課程が抱える内部的な課題を示し、3 では、それへの具体的対応例を示すこととする。以上の作業を通じて、私立大学教職課程が抱える社会系教員養成上の課題について示したい。

1　教職課程が抱える制度的課題

⑴　社会系教科教員養成上の課題

　実際に中学校社会科・高等学校公民科・地理歴史科（以下、中社・高校公民・高校地歴と略すことがある）の教員を養成している私立大学はどのような大学だろうか。ここでは、文部科学省が公開している「令和 2 年 4 月 1 日現在の教員免許状を取得できる大学」一覧を元に議論を進める[1]。

　同公表データによれば、全国で中社・高校公民・地歴の教員免許状が取得できる大学は、国立大学 64 大学・120 学部、公立大学 23 大学・35 学部、私立大学 225 大学・522 学部となっている[2]。これらのデータからは、社会系教科教員養成は私立大学、そして教職課程での養成にも大きく依存していることがわかる。一方、同データからはその養成における地域偏重も見て取ることができる。北海道、千葉・埼玉・神奈川・東京、愛知、京都・大阪・兵庫、福岡などの人口集中地域においては、私立大学もその養成において大きな役割を担っている[3]一方、富山・福井・三重・滋賀・和歌山・鳥取・島根・高知・佐賀では私立大学での養成は行われていない。

　つまり、都市部における教員養成は私立大学教職課程での養成に依存しているのに対し、地方では国立大学の教育学部が大きな役割を占めているということを意味している。ただし、都市部私立大学が地方出身者も吸収していることから考えれば、卒業後地元へ戻り、採用される教員も多いであろうことは容易に想像がつく。つまり、社会系教科養成においては、私立大学、特にその教職課程も大きな役割と責任を負っているといえる。

⑵　免許状授与数と就職者数

　しかし、中学校社会科普通免許状授与件数は、一種・二種・専修総合計で 7,511 件（2019 年度）に加え、合計 312 大学・677 学部という数字から見ると、社会系教員が乱造されているという批判をあびそうではある。北海道を例に取ると、社会系教科教員養成課程を持つ学部収容定員は合計で 5,993 人というとてつもない数[4]であるが、実際にはどれぐらいの学生が免許を取得

し、就職しているのだろうか。ここではある程度数が特定しやすい青森県を元に見ていきたい。

　まず、青森県では、国立が①弘前大学が教育学部学校教育教員養成課程と②人文社会学部社会経営課程及び文化創成課程、公立は③青森公立大学経営経済学部経済学科、私立は④弘前学院大学社会福祉学部社会福祉学科、⑤青森大学社会学部社会学科、⑥青森中央学院大学経営法学部経営法学科で免許状が取得可能である。このうち①の教育学部では、中社・高校公民・地歴の 3 教科が取得できるのに対し、②では社会経営課程では中社と高校公民、文化創成課程では中社・高校地歴のみしか取得できない。③では高校公民しか取得できない。④の弘前学院大学では中社・高校公民・地歴 3 教科すべてが取得できるが、⑤・⑥では、中社・高校公民のみで、地歴の免許状が取得できない。

　免許状の取得状況と就職状況について見ていく[5]。

　①弘前大学教育学部は定員 140 名中、他教科の取得者と合計で中学校 130 名、高等学校 133 名であり、ほとんどの学生がなんらかの免許状を取得していると考えられる。②は定員が 265 名であるのに対して、中高国語・英語、高校商業と合わせ、中学校 8 名、高等学校 10 名が免許を取得している（2019 年度データ）。就職状況は他教科と合わせ、①が中学校 21 名、高等学校 7 名、②が中学校 3 名、高等学校 2 名となっており、免許状取得者数と比較すると社会系教科での就職者は多くなさそうである。

　一方、公立の③は、学科定員が 130 名中、高校商業と合わせ 17 名が免許を取得（2017 年度データ）し、そのうち教員就職者は 2 名であった。私立の④は、社会系 3 教科全ての免許状が取得できるが、中社・高校地歴取得者がそれぞれ 2 名、実人数も 2 名の取得（2015 年度データ）となっている。同大学の免許状取得学科定員は 50 名だが、取得者の 2 人とも教員として就職している。⑤では、中社が 2 名、高校公民が 4 名で、学科定員は 70 名（2020 年度データ）。就職状況は他教科と合わせ、中学校 1 名、高等学校 4 名である。⑥では、卒業者 109 名のうち、中社が 4 名、高校公民が 5 名、その他商業を含め 6 名の実学生が免許状を取得し、中学校に 1 名が採用されている（2015 年度データ）。

このように見ていくと、中学校社会科・高等学校公民科・地歴科の教員養成においても、私立大学の教職課程が大きな役割を成していることは理解できる。また、免許状取得にまでこぎ着けた学生はそれなりに就職しているといえる。しかし、データを見ると、必ずしも採用にはつながっていないこと、コロナ禍の影響があるとは思われるが、免許状取得者がゆるやかに減少していることも見て取れた。このことは、私立大学における教職課程は今後、経営判断による縮小へとつながる可能性が否定できないことを意味する。

⑶　採用の現状と課題

　中学校社会科・高等学校公民科・地理歴史科、社会系 3 教科すべての教員免許が取得出来る大学は、青森県の場合、①弘前大学教育学部と④弘前学院大学のみであることは先に述べた。このことは、社会系教科教員養成において大きな問題を引き起こす。

　一昨年から突然、複数免許の取得が叫ばれるようになったが、社会系教科における免許状所持の実態を見ていく。2016 年度の免許外教科担任の許可件数を教科別にみると、高校では免許外教科担任の上位 5 教科は順に、情報科 1,248 件、公民科 394 件、工業科 336 件、地理歴史科 242 件、福祉科 191 件となっている[6]。つまり、高等学校公民科と地理歴史科においては、免許外教科担任が横行しているという疑念が浮かび上がってくる。教員免許の取得が、一定の質を保証するにもかかわらず、このことは質保証された教員を採用できていないことになり、このことは、専門性を考える上で重大な疑念となることはいうまでもない。

⑷　「学科等の目的・性格と免許状との相当関係」とは

　ここまで社会系教科という言い方で高等学校公民科・地理歴史科を大くくりしてきたが、このような動きは制度的に加速しつつある。新学習指導要領を受けた共通テストでは「地理総合・歴史総合・公共」の試験が実施される予定である。高等学校教育は大学受験に依存しているとも言われる一方で、なぜか大学側が「社会科」というくくりを復活させつつある。

　しかし、実際の教科内容においては、公民科と地理歴史科には大きな違いがあることは言うまでもない。それどころか、学問分野からみれば教科間の違いだけでなく、さらには科目ごとにも専門性が異なる。だからこそ、教職課程の設置審査を行う中教審課程認定委員会は「学科等の目的・性格と免許状との相当関係に関する審査基準」（2011年1月20日）を出したのではなかったか。

　この決定は、教職課程設置においては「学科等の目的・性格と免許状との相当関係が十分であるか」どうかを吟味し、特に「2.　上記1に関して以下の点が達成されているか⑴認定を受けようとする免許状についての教員養成が十分に可能か。」という審査基準を明確化したものである。ただし、実際には「一学科一免許種」ともいいかえられることがあるように、各学部学科では学校段階ごとに、一免許種の開設のみを認めるという原則となっている。この決定以降、学部に設置されている教職課程においては、教育学部を除き、高等学校では公民科、もしくは地理歴史科の免許課程のみの設置とするよう事実上の指導が入ったのである。このため、私立大学教職課程の多くが複数免許種の継続設置を断念し、さらには教職課程を返上する動きも相次いだ。

⑸　教員採用がもたらす専門性のズレ

　しかし、筆者の勤務先である高千穂大学では上記「一学科一免許種」の指導があったが、社会系3教科免許状を保持し続けた。学部カリキュラムにおいては「日本史A・B」といった表記を改め、「日本史（古代・中世・近世）」「日本史（近代・現代）」などと通史学習が実現できるように科目名を変更、さらにシラバスも変更した。このような大幅な学部カリキュラム変更をしてまで教職課程を維持したのは、教員採用段階での問題があるためである。

　たとえば、東京都教育委員会における教員採用は、中・高共通採用となっており、受験段階において中学校社会科と、高等学校公民科か地理歴史科の免許状が求められる。このことは先述③の青森公立大学では、東京都教員が養成できないことを意味する。神奈川県では、中学校社会科単体での採用がある一方で、高等学校は、地理歴史科・公民科共通採用となっており、採用

条件として高等学校地理歴史科・公民科双方の免許状が必要とされる。先の青森県の例では、②・③・⑤・⑥の大学学部の学生は受験すらできない。他の県では、そもそも公民科の教員募集がない場合もある。2020年の採用試験では、公民科では秋田県、新潟、富山、福井などでの募集がない、あるいは公民科でも「倫理」、「政治・経済」の科目しか募集していない県（たとえば山梨など）もある。

　以上の教員採用体制からすれば、地方出身者も多数かかえる都市部の私立教職課程では、社会系3教科の免許状が取得できる課程にする必要がある。なお高千穂大学では、高等学校情報科・商業科の免許取得課程も用意しているが、教科専門での採用はほとんど期待できない。商業科の場合、商業高校の減少もあり、そもそも採用が長期的に減少している。情報科も、商業科あるいは社会系教科などの複数免許を持つ者が採用されやすいなどの課題が存在しており、そもそも採用数が極端に少ない。

2　私立大学の教職課程が抱える課題

　ここまで、教職課程の置かれている状況から、社会科教員の養成問題を見てきた。そこでは社会系教科教員養成は、私立大学教職課程も大きな役割を果たしていること、一方でこの間の教職課程改革によって社会系3教科免許状が取得できる私立大学が減少し、現場での採用（需要）との齟齬が生じ、多くの困難を抱えていることを示してきた。しかし、多くの私立大学の教職課程が抱える問題、特に質保証の問題には制度面とは大きく異なる側面がある。それは、学生側が持つ課題であり、一般的には基礎学力と言われる課題である。

　ここでは神奈川県の例から検討する。神奈川県の私立大学では、10大学・23学部30学科に社会系教科の教職課程が設置されている。この10大学の中で偏差値50を超えている大学はあまり多くない。偏差値で大学教育を語ることは大きな問題があることは事実だが、中には、BF（ボーダーフリー）と呼ばれる、いわゆる全入大学・学部も存在しており、教育上さまざまな課題が生じうることは言うまでもないだろう。

　このような基礎学力不足は、多くの人からは社会系教科教員養成以前の問題と言われるかも知れない。しかし、現実に私立大学教職課程で生じている課題でもある。たとえば、都道府県名を知らない、あるいは忘れている、最悪学習機会がなかったなどの状況の学生が存在していて、そのような学生すら教職課程を受講している。一般に国立大学の教育学部は、共通テストで全教科を受験することが求められており、このことは幅広く知識を備えていることが入学の条件になっているとも言い換えることができる。ところが、私立大学の場合、文系なら3教科、国語・英語・社会系教科の入学試験が行われることが多く、さらに2教科の大学もある。また、小論文と面接のみといったAO入試、あるいは推薦入試など入試の多様化によって、いわゆるペーパー試験を一度も受験したことのない学生も増加している[7]。このような学生は、一流と呼ばれる私立大学においても、内部進学の形で一定数存在する。このため、おおよそ教職履修者に求められているレベルの「知識」が欠落している場合がある。

　これまで教職課程においては、開放制の原則に従い、基本的に履修者制限を課すことを行ってこなかった。このため、多くの私立大学においては、学生自らが教職課程履修を断念することによって質保証を実施してきたと言わざるをえない。この点においては、2000年代における教職課程の拡大がさまざまな問題を生んだことは否定できないし、教職課程必履修科目の増加によって質保証を図ろうとした文科省・中教審の一貫した改革案を一概に否定することはできない。だが、多くの私立大学の学生は、学部の講義と教職課程の講義・実習、そして学費を稼ぐためのアルバイトに従事している。この現実を踏まえると、これ以上、学生に負荷をかけることによる質保証は限界を迎えている。解決策として、修士レベル化などによる長期履修を確保すること、教職大学院修了を教員免許状取得条件にすることなどが考えられるが、学生負担ばかり増大するこれらの改革案ではもはや学生側が耐えきれなくなり、教員確保はさらに困難を極めることになるだろう。

　しかし、このような困難な状況に自ら打ち勝ち、教員として採用され、現場でも高く評価されている者がいる。そして、私自身そういう学生を育てて

きたと自負している。私立大学の教職課程においては入学時にはさまざまな条件から学力が不足し、学び直し（リカレント教育）が求められた学生が、学部教育や教職課程の教育を経て、教員採用試験に合格し、教員として多数活躍していることもまた事実である。

3　教職課程における実践

ここでは、私立大学における教職課程、特に社会科教育法といった教科指導法が抱える課題を中心に、自身の体験・実践を踏まえながら議論を進める。

⑴　講義そのものに「演習」を取り入れ、質を高める

高千穂大学では、教職課程を設置以来、教職課程履修を2年生からとし、1年間は学部講義の履修に専念することを求めてきた。さらには、履修前には全員に面接を課し、その履修意欲と意思の確認にも努めている。くわえて、一定の単位数を毎年取得しない限り履修停止の措置を行う、教育実習派遣時の段階では、108単位以上の取得（卒業単位数124単位）、A（優）評価が全科目において半分を超えていることなども要求し、質保証に努めている。このような考え方は、開放制の原則からすると課題があると同時に、小学校教員養成課程においては初年次からの教職課程科目履修ができないという課題を抱えている。しかしながら、学部の講義に加えて教職課程を履修することで、オーバーキャパシティをすることについては防ぐ効果が期待できる。

一方、教師としての専門性確保については、現在では残念ながら各担当教員の取り組みにまかされている。このため、筆者の場合、社会系教科教育などの講義においては、積極的に地域巡検などの演習的な内容を取り入れるなどによって、講義の改善に努めてきた。

コロナ禍前までは、大学周辺の巡検と大学近郊の巡検を組み合わせ、東京における地理的特徴などについて示してきた（**写真4-7-1**）。大学敷地からはかつて古墳跡が見つかったこと、古墳や隣接する大宮八幡神社の存在は古代より人が住んでいた証拠であること、その理由としての「水」の存在がある

写真 4-7-1　巡検先例「明治大学和泉校舎」

写真右側には橋の欄干が残存しており、暗渠の存在を示唆している。加えて左側明治大学の正門と歩道橋間に不自然な距離があり、通行の妨げになっている。これは、なんらかのもの（この場合は玉川上水）が歩道橋と大学を直接つなげることを阻害していたことが想定できる。「見えないものを見えるようにする」ことが社会科教員には求められると筆者は考えており、その具体的実践として巡検を実施している。

ことなどである。大学脇には、善福寺川が流れており、かつて洪水多発地帯であったこと、上水の存在についても触れるようにしている。また、大学近郊の巡検では大学から明大前駅までを移動しながら、暗渠化された玉川上水の存在について探す取り組みをしている。大学からの徒歩圏内には、玉川上水の暗渠だけでなく、荒玉水道道路ともよばれる都道 428 号線や井ノ頭通り（これらも水道管敷設のために道路がほぼ直線になっている）も存在している。このような、暗渠や埋設水道管を見つける活動を通して、東京における水や川から見た地域の歩き方、そして教材発見の方法についての講義を実施してきた。

　他にも、近隣の商店街での聞き込みとそのマッピング作業を実施するなどの活動を通して、自ら素材・教材を見いだし、授業化する試みについて試行

錯誤を繰り返している。このような地域を歩く講義は、学生には概ね好評のようである。それは、座学・暗記といった社会科系教科のイメージを突き崩す効果も期待できるようであり、「社会科は楽しいものだ」という、社会科研究者や実践者が持つ社会科のイメージに、学生たちを近づける効果によるものと考えられる。

　私立大学教職課程の場合、社会科教員になろうという学生であったとしても、小学校では多くて2科目4単位、中・高等学校では4科目8単位までが必履修となっており、履修制限によってそれしか関わることができない。さらに講義は15回という制約がある。その中で社会科教員に求められる専門性を示し、教員としての質向上を図ることは容易ではない。そこで巡検、あるいは授業見学やいわゆる社会科見学に類することなどを実施することで、講義にも演習的な性格も持たせ、実際の教員の教材研究の手法を体験することが肝心であると考えている。

　しかし、このような試みは、教職コアカリキュラムによるシラバスの制約により、実施しにくくなっている。教職の質保証・質向上の試みが、講義担当教員の裁量を失わせることによって、各教科担当教員としての質向上に制約を加えているとすれば、それは残念なことである。

⑵　学習指導案の作成という課題

　教育実習段階において課題となるのが、学習指導案の作成である。

　実際には教材研究と授業の組み立ての問題であると言えるが、教育学部において養成された学生と比べると、その点において教職課程の養成では不十分なのは否めない。くわえて教職課程では、教職コアカリキュラムの影響もあり、模擬授業を実施する講義が増えてきた一方で、模擬授業において必須とされる学習指導案については、不十分な内容で留まる学生が多い。

　以下、学習指導案作成上の課題について、多くの学生にみられる課題について挙げておきたい。

　まず、形式面における問題である。学習活動の欄を教師の発言で埋め尽くしてしまう、「生徒に発言してもらう」などへりくだった記載をする、単元

のねらいに本時のねらいを書いてしまうなどである。これは全教科・領域共通の課題であるといえる。

　次に、内容面における問題である。単純な事実の社会的事象に関するミスはさておき、子供の思考にあった授業展開になっていない、発問が十分にねられていない、目標と評価が一致していないなどの問題である。特に、一単位時間の授業と単元全体の構成関係がバラバラという例が目立つように感じている。

　実際、東海大学教職資格センター所属の斉藤仁一朗の講義用資料（斉藤 2019）を見ると、その指導に大変苦慮しているのではないかと感じられる。内容は 24 ページにわたる学習指導案作成時の補助資料となっているが、「フォント」についての注意といった些細とも思えることから、単元全体の各項目、そして本時の展開までを事細かく説明している。斉藤の 2019 年の講義[8]では、第 8 回までが社会科理論等の説明に充てられているのに対し、第 9 回からは教材研究・授業デザイン論そして、学習指導案の作成とその改善、模擬授業として構成されおり、授業づくり及び学習指導案の作成が、教科指導法の講義では大きなウエイトを占めていることが理解できる。

　一方、筆者が担当する講義では、学習指導案については説明、スライド資料を配付するだけでなく、ICT 機器を活用して、その場で学生の作成した指導案を講義中に添削する活動を実施している。iPad を利用することによって、電子黒板に学生の指導案を投影し、筆者が赤ペンを入れながら全学生の前で吟味を行うようにしている。さらに、この添削を受けた学習指導案を、模擬授業前に再提出させ、授業実施後に再々修正して提出させている。何度も学習指導案を吟味させることで、書き方だけでなく自らの授業を振り返り、改善することができるように工夫を行っている。

　そもそも、学習指導案の作成は、構想している授業を他人にもわかる形式で表現することでもある。さらに、教科指導法科目については学部 2 年生から受講できる現行法定教職課程カリキュラムでは、教科内容についてもまだ十分に大学では学習していないといえる。つまり、専門性における「教科内容か教育方法か」という問い以前の課題として、現在の教職課程カリキュラ

ムでは、教科内容についての理解が高等学校までの学習に依存していて、教材研究の学問的な方法については教職課程履修以降で身につけることが期待されている。このことは、教職課程における社会科専門性教育とはなんなのかについて、大きな課題を突きつけているともいえるだろう。

⑶　リメディアル教育と教職課程をつなげる試み

先に私立大学教職課程においては、基礎学力が十分とは言えない学生も教職課程を履修することとなると述べた。このことは一概に否定されるべきものではないが、多くの人において質保証への疑念を抱かせていることは事実である。ここでは、清和大学での取り組みを紹介することで、社会科専門性育成への回答としたい。

清和大学は、法学部のみの単科大学であり、2006 年に中学校社会科・高等学校公民科及び情報科の教職課程を開設した。その後、高等学校地理歴史科課程も設置し、短期大学部や他大学と連携することで小学校免許も取得できる体制を整えている。

一方、開設当初から、基礎学力不足とおもわれる学生も教職課程に抱え込むこととなった。このため、教職課程とは別に中学校社会科 3 分野毎に基礎講座を開設して、受講を促すなどのリカレント教育を行ってきた。しかし、このような授業外での試みは、学生の意欲に依存しているなどの課題もあった。

課程設置当初はこのような対策を行っていたが、筆者が清和大学を離れた翌年、2012 年度には大学として社会科検定を開始、さらに 2013 年度以降は、同検定を講義科目として「教科又は教職に関する科目」に組み入れて単位化を図り、学生に対し基礎学力をつけようとしている。この検定と講義との往還によって、学生の受講状況や学力について把握し、教職課程における指導に役立てているとのことである。近隣の教員からは社会科検定について高い評価がなされており、「教科書の内容を理解する力がないと教えられない」「基礎知識は授業を行ううえでとても大切」「教師として知識の豊富さはとても重要なものである。その定着をプログラムに入れてあることはすばらしいと

思います」(小松 2014) と評価されているとのことである。

　このような取り組みに対しては批判もあると思われる。しかし、この取り組みが『私立大学の特色ある教職課程事例集』に掲載され、全国私立大学教職課程協会(現在)によって紹介、配布されている事実に着目してほしい。実際には、多くの私立大学の教職課程が同様の悩みを抱えていることの反映である。

　筆者も社会科教員の専門性については、さまざまな論争があることは承知している。授業方法、あるいは教科内容についての深い理解など、教職大学院の設置を機に改めて議論しそれを示していくことは、社会科教員養成に携わる身としても歓迎したい。しかし、大学全入時代と言われて久しい昨今、授業の組み立て以前に、従前は大学入学前に身につけていたと想定される「社会科の基礎知識」が欠落しているが故に、講義について行けなくなる学生も存在しているのではないか。

　このことは小貫悟の「授業の UD 化モデル」[9] から考えてみるとよい。

　授業の UD 化モデルでは授業の階層として、下から「参加」「理解」「習得」「活用」が設けられている。このうち、「理解」以上の 3 階層をこれまでの教員養成においては考えれば良かったといえる。「理解」のための前提となる知識を教授しなくとも、学生は大学入学までに身につけていると想定されていたのである。一方、現状の私立大学の教職課程においては、授業に「参加」するための前提となる基礎知識が不足していて、そもそも教職課程の講義について行けない学生が散見されるようになっている。もちろん、このような学生のほとんどは教育実習までに履修を辞退していくこととなるため、大きな問題にはなっていないが、質保証を考える上でも、教職課程における講義の質を高める上でも「やる気はあっても、基礎学力が不十分な学生に対して何を提供するか」についても考えなければならない。

おわりに

　社会科教員養成は、特に中等教育段階のそれでは、私立大学がその多くを

担ってきた。そして教育学部以外の学部でもその養成が行われてきた。その
とき、社会科教員養成にはどのような課題が存在するかについて、データ及
び自身の教育歴も踏まえつつ検討した。

　教職大学院の登場などにより、社会科教員の専門性について厳しく問われ
るようになったのは事実である。しかし、その議論は国立大学中心でなされ
てはいないだろうか。そして、マージナル大学などと呼ばれるような全入
大学が増加していることを受けた教員養成の改善など、教育学部外での改善、
特に私立大学でのそれについては、あまり目を向けられていないと感じる。

　私自身、私立大学の法学部で学び、教職課程において社会系教科の免許を
取得し、教育学大学院に進学、私立大学の教職課程で教員養成に従事してき
た人間として、開放制原則に基づき、教員養成の裾野を広げることこそが重
要だと考えている。そこでは、15回の講義で授与できる、あるいは教職課
程履修期間中に育てるべき、あるいは育てられる社会科教師の専門性につい
て考えなければならない。そうでありながら、学生の持つ「社会科の基礎学力」
が、中学校や高等学校の教科書に準拠しているようだとは言えても、はたし
てそれは何かについては明らかにできていない。これについては本稿ではし
めせなかったことをお許し願いたい。

　一方で、さまざまな諸条件の悪化の中でも教師になることを夢見て、教
職課程を履修する学生は後を絶たない。このような学生に対して、教員就職
まで含めて、その道を保障することも教師教育の役割でもあると感じている。
そのとき、まず言えることは「授業づくりの力」をなんとしてでも身につけ
てもらうことであり、同時に、学部の存在を前提とした教職課程として、ま
ずは学部でその学部の教育内容をしっかりと学び、学問の筋道、いわば教材
研究の一手法を身につけた上で、教師として、特に社会科教員として必要な
資質・能力を身につけてほしいと願っている。

　それは、学問を究めるという方向性であると同時に、子供達に対して良い
授業を提供しようという教師としての姿勢のあらわれであるといえるかもし
れない。つまり、教科内容についての深い理解も、それを子供がどのように
受け取るかについての洞察などの力も、どちらも重要であるということであ

り、教職課程教員はそのために日々尽力しているのである。

※本稿において使用したデータは、2021年の原稿執筆段階に入手できたデータに基づいている。このため、免許状取得可能な学部・学科名が変更、あるいは消滅している場合がある。また、学部・学科定員などについても変化している可能性がある。加えて、免許状取得者数等は、大学自身による公開時のデータのため、最新データとは異なる場合がある。

注

1　文部科学省「令和2年4月1日現在の免許状を取得できる大学」（2021年11月30日入手）に基づく。2022年5月3日現在、本データ入手ページでは「令和3年4月1日現在の免許状が取得できる大学」https://www.mext.go.jp/a_menu/shotou/kyoin/daigaku/1286948.htm が公開されている。

2　なお、令和元年度（2019年度）の免許状総取得件数は、中学校社会科一種教員免許状が6,575件、高等学校公民科一種教員免許状が5,358件、地理歴史科一種教員免許状が5,219件である。文部科学省「令和元年度教員免許状授与件数等調査結果について」https://www.mext.go.jp/a_menu/shotou/kyoin/1413991_00002.html（2022年3月30日確認）

3　たとえば東京都の場合、国立5大学12学部、公立1大学2学部、私立48大学157学部。

4　注1参照。

5　現在、各大学の教職課程は教育職員免許法施行規則第22条の6に基づき、免許状取得状況や卒業生の教員就職状況をホームページ上において開示することが求められている。各大学でデータ年が異なるのは開示資料の差異による。

6　教育新聞「免許外教科担任の実態（1）高校情報では倍増に」2018年5月2日 https://www.kyobun.co.jp/commentary/cu20180502/

7　このことは、教員採用試験における筆記試験忌避をも生んでいる。福岡市における2022年以降の筆記・面接試験廃止には批判の声も多いが、私立大学教職課程の人間としては、現状をよく理解した決断だと判断したい。

8　講義内容については斉藤仁一朗のサイト https://jinichiro15.com/ を参照した。

9　授業のUD（ユニバーサルデザイン）とは「学力の優劣や発達障害の有無にかかわらず、すべての子どもが、楽しく『わかる・できる』ように工夫・配慮された通常学級における授業のデザイン」であるとされる。そもそも社会科授業を苦痛と思って受講してきた学生も多く、講義を苦痛ではなく楽しいもの

であることを示さなければ社会科教員養成に入れないという課題も存在する。村田辰明 (2016 年 5 月執筆)「小学校社会科の授業のユニバーサルデザイン (第 1 回)」参照。 https://www.kyoiku-shuppan.co.jp/textbook/shou/shakai/document/ducu2/syakai-ud-01.html より入手 (2021 年 11 月 30 日確認)

文　献

小松伸之 (2014)：「『清和大学社会科検定』を通じた協業体制の確立と学生の基礎学力の向上」全国私立大学教職課程研究連絡協議会『私立大学の特色ある教職課程事例集』60。

斉藤仁一朗 (2019)：「学習指導案の書き方に関する考え方 (社会科・公民科教育法 2019 年・春版)」https://jinichiro15.com/wp-content/uploads/2019/06/%e3%80%90%e8%b3%87%e6%96%99%e3%80%91%e5%ad%a6%e7%bf%92%e6%8c%87%e5%b0%8e%e6%a1%88%e3%81%ae%e6%9b%b8%e3%81%8d%e6%96%b9%e3%81%ab%e9%96%a2%e3%81%99%e3%82%8b%e8%80%83%e3%81%88%e6%96%b9%e7%a4%be%e4%bc%9a%e7%a7%91%e3%83%bb%e5%85%ac%e6%b0%91%e7%a7%91%e6%95%99%e8%82%b2%e6%b3%951%e3%83%bb2019%e5%b9%b4%e6%98%a5%e7%89%88.pdf (2021 年 11 月 30 日確認)

若松大輔・石井英真 (2021)：「教師教育をめぐる改革動向」南部広孝編著『検証日本の教育改革：激動の 2010 年代を振り返る』学事出版。

鈴木隆弘 (高千穂大学)

あとがき

　日本社会科教育学会では、学会の研究成果を広く社会にアピールする目的で、これまですでに何冊かの書籍を刊行してきた。私が出版委員会の委員長を仰せつかった 2018 年度から、当時の出版委員会（土屋武志副委員長、鈴木隆弘、鈴木允、日髙智彦、渡部竜也の各委員）で新たな出版物の構想について議論を重ね、教育関係者にとって関心の高い「教師教育」をテーマとした書籍を刊行することになった。その後、本テーマは 2020 年度からメンバーが交代した出版委員会（野口剛副委員長、磯山恭子、梅澤真一、大髙皇、鎌田和宏、鈴木隆弘、田中暁龍、渡部竜也の各委員）に引継がれ、このたび無事に本書が刊行される運びとなった。出版委員会では、書籍の内容を充実させるには「社会科教育学と教師教育」についての議論をさらに深める必要性があると考え、2019 年度から「教職大学院における教師教育」「学生・教師の実態からみた教師教育」「採用側からみた教師教育」という 3 つの視点から教師教育にアプローチするシンポジウムを開催した。また、本学会の大会時に行われる「課題研究」でも、これまで教師教育に関するテーマがしばしば取り上げられてきたため、それらの研究成果も加えて、改めて社会科教育（社会科教師）に焦点をあてた教師教育のあり方を考えることになった。本書の執筆者の多くは、これらのシンポジウムで発表して頂いた先生方から構成されている。

　これまでの社会科教育学における議論を振り返ってみると、教師教育に関する議論が活発化した時期がいくつかあることに気づく。1 つ目の時期は 1950 年代後半から 1960 年代の前半で、国立の教員養成系大学・学部の態勢がちょうど確立した時期であった。この時期に教員養成を担う大学において新たに各教科の「教材研究」や「教科教育法」などの授業が必修となったが、当時は教科教育学を専門とする研究者はほとんどいなかったため、例えば「社会科教育法」の場合、歴史学、地理学、経済学等を専門とする教員が、まさに手探りで授業を担当しなければならないような状況であった。そのた

め、当時は「教材研究」や「教科教育法」の授業をどのように構成したら良いのか頭を悩ませる担当者が多く、これらの授業のあり方について活発な議論が展開された。2つ目の時期は1980年代後半から1990年代の前半で、この時期には小学校低学年の社会科が廃止され、生活科という新たな教科が登場するいっぽう、高校では社会科が廃止されて地理歴史科と公民科が新設されることになった。そのような「社会科の危機」と言っても良いような状況の中で、「社会科教師として必要な資質とは何か」という根本的な問題を改めて問い直す必要性が生じ、この時期にも教師教育に関するかなり活発な議論が展開されることになった。そして、3つ目の時期がまさに現在であると考えられる。それまで専ら大学に任されていた教師教育の内容に対する批判もあり、教育委員会が設置した「教師養成塾」や「教員養成セミナー」など教員を採用する側によって教師教育のあり方が問い直される状況が生まれるほか、大学院教育学研究科の教職大学院化の動きが加速化する中で、改めて教師教育についての議論が活発化しつつある。とくに教職大学院における教師教育の中での社会科教育学の役割や位置づけをめぐっては、すでに社会科教育学を専門とする研究者から様々な疑問や批判の声が上がっている。この問題は、社会科教育学にとどまらず教科教育学全体にとって極めて重要性の高い問題であり、まさに教科教育学の将来を左右する大事な局面を迎えているように思われる。

　出版委員会では、社会科教育学に焦点をあてた教師教育について多様な視点からアプローチできるような書籍の刊行を目指してきたが、幸いにも社会科教育学の研究者のみならず、教科専門の研究者、学校現場で教師教育に携わってこられた先生、教育方法学など他分野でご活躍の先生方にもご執筆いただくことができた。ご多忙な中ご執筆いただいた執筆者の先生方には感謝の言葉しかない。管見の限りでは、これまで社会科教育学の立場から教師教育の問題について正面から取り組んだ書籍は皆無であり、恐らく本書がその先駆けであると思われる。そのため、本書では扱いきれなかった視点や、議論を深めきれていない面があることは否めないが、今後の教師教育を考える上で重要な視点を可能な限り網羅するよう配慮したつもりである。本書が、

今後の教師教育に関する議論の1つの起爆剤となり、教師教育についての議論がさらに深まって行くことを期待したい。

　末筆ながら、厳しい出版状況のなか、本書の意義をご理解いただき出版をご快諾いただいた東信堂の下田勝司社長をはじめ、編集部の皆様に心より感謝申し上げる。

日本社会科教育学会　出版委員長

池　俊介（早稲田大学）

事項索引

288

人名索引

執筆者一覧

井田仁康（いだよしやす）　　　　（まえがき）　　　　筑波大学　教授

池野範男（いけののりお）　　　　（第 1 部第 1 章）　広島大学　名誉教授

小林宏己（こばやしひろみ）　　　（第 1 部第 2 章）　早稲田大学　教授

木内　剛（きうちごう）　　　　　（第 1 部第 3 章）　成蹊大学　名誉教授

渡辺貴裕（わたなべたかひろ）　　（第 2 部第 1 章）　東京学芸大学　准教授

大坂　遊（おおさかゆう）　　　　（第 2 部第 2 章）　周南公立大学　准教授

中村怜詞（なかむらさとし）　　　（第 2 部第 3 章）　島根大学　准教授

村井大介（むらいだいすけ）　　　（第 2 部第 4 章）　静岡大学　講師

西川健二（にしかわけんじ）　　　（第 3 部第 1 章）　関東学院大学　准教授

髙岡麻美（たかおかまみ）　　　　（第 3 部第 2 章）　玉川大学　准教授

大久保俊輝（おおくぼとしき）　　（第 3 部第 3 章）　亜細亜大学　特任教授

樋口雅夫（ひぐちまさお）　　　　（第 3 部第 4 章）　玉川大学　教授

岩田康之（いわたやすゆき）　　　（第 4 部第 1 章）　東京学芸大学　教授

下里俊行（しもさととしゆき）　　（第 4 部第 2 章）　上越教育大学大学院　教授

渡部竜也（わたなべたつや）　　　（第 4 部第 3 章）　東京学芸大学　准教授

斎藤一久（さいとうかずひさ）　　（第 4 部第 4 章）　名古屋大学　教授

山内敏男（やまうちとしお）　　　（第 4 部第 5 章）　兵庫教育大学　教授

江間史明（えまふみあき）　　　　（第 4 部第 6 章）　山形大学　教授

髙橋　実（たかはしみのる）　　　（第 4 部第 6 章）　山形県立寒河江高等学校　教諭

鈴木隆弘（すずきたかひろ）　　　（第 4 部第 7 章）　高千穂大学　教授

池　俊介（いけしゅんすけ）　　　（あとがき）　　　早稲田大学　教授

教科専門性をはぐくむ教師教育

2022年4月30日　　初　版第1刷発行

〔検印省略〕
定価は表紙に表示してあります。

編　者Ⓒ日本社会科教育学会／発行者　下田勝司　　　　印刷・製本／中央精版印刷

東京都文京区向丘 1-20-6　　　郵便振替 00110-6-37828
〒 113-0023　TEL（03）3818-5521　FAX（03）3818-5514

発　行　所
株式
会社 東 信 堂

Published by TOSHINDO PUBLISHING CO., LTD.

1-20-6, Mukougaoka, Bunkyo-ku, Tokyo, 113-0023, Japan
E-mail : tk203444@fsinet.or.jp　http://www.toshindo-pub.com

ISBN978-4-7989-1783-2　C3037 Ⓒ Japanese Association for the Social Studies

東信堂

〒113-0023　東京都文京区向丘1-20-6　TEL 03-3818-5521　FAX03-3818-5514　振替 00110-6-37828
Email tk203444@fsinet.or.jp　URL·http://www.toshindo-pub.com/
※定価：表示価格（本体）＋税

東信堂

キー・コンピテンシーとPISA ―ネオリベラル期教育の思想と構造2	福田誠治	四八〇〇円
ネオリベラル期教育の思想と構造 ―書き換えられた教育の原理	福田誠治	六二〇〇円
世界の外国人学校	末藤美津子・福田誠治編著	三八〇〇円
日本の異言語教育の論点 ―「ハッピー・スレイヴ症候群」からの覚醒	大谷泰照	二七〇〇円
才能教育・2E教育概論 ―ギフテッドの発達多様性を活かす	松村暢隆	三六〇〇円
アメリカの才能教育 ―多様な学習ニーズに応える特別支援	松村暢隆	二五〇〇円
才能教育の国際比較	山内乾史編著	三五〇〇円
韓国の才能教育制度 ―その構造と機能	石川裕之	三八〇〇円
学生エリート養成プログラム ―日本、アメリカ、中国	北垣郁雄編著	三六〇〇円
アメリカ教育例外主義の終焉 ―変貌する教育改革政治	青木栄一監訳	三六〇〇円
文部科学省の解剖	青木栄一編著	三三〇〇円

東信堂ブックレット

①迫りくる危機『日本型福祉国家』の崩壊 ―北海道辺境の小規模自治体から見る	北島滋	一〇〇〇円
②教育学って何だろう ―受け身を捨てて自律する	福田誠治	一〇〇〇円
③北欧の学校教育とWell-being ―PISAが語る子どもたちの幸せ感	福田誠治	一〇〇〇円
④CEFRって何だ ―インクルーシブな語学教育	福田誠治	九〇〇円
⑤戦後日本の大学教育の回顧と展望 ―自分史と重ねて	絹川正吉	一〇〇〇円
⑥教養と大学スタッフ ―豊かな大学の未来を	絹川正吉	一〇〇〇円

〒113-0023　東京都文京区向丘1-20-6　　TEL 03-3818-5521　FAX03-3818-5514　振替 00110-6-37828
Email tk203444@fsinet.or.jp　URL·http://www.toshindo-pub.com/

※定価：表示価格（本体）＋税

東信堂

非常事態下の学校教育のあり方を考える ―学習方法の新たな模索　土持ゲーリー法一　二〇〇〇円

社会に通用する持続可能なアクティブラーニング ―CEモデルが大学と社会をつなぐ　土持ゲーリー法一　二〇〇〇円

ポートフォリオが日本の大学を変える ―ティーチング/ラーニング/アカデミック・ポートフォリオの活用　土持ゲーリー法一　二五〇〇円

ティーチング・ポートフォリオ―授業改善の秘訣　土持ゲーリー法一　二〇〇〇円

ラーニング・ポートフォリオ―学習改善の秘訣　土持ゲーリー法一　二五〇〇円

「主体的学び」につなげる評価と学習方法　S・ヤング&R・ウィルソン著　土持ゲーリー法一訳　二〇〇〇円

主体的学び ―カナダで実践される―CEモデル　別冊　高大接続改革　主体的学び研究所編　一八〇〇円

主体的学び 7号　主体的学び研究所編　二一〇〇円

主体的学び 6号　主体的学び研究所編　一八〇〇円

主体的学び 5号　主体的学び研究所編　一八〇〇円

主体的学び 4号　主体的学び研究所編　二〇〇〇円

主体的学び 3号　主体的学び研究所編　一六〇〇円

主体的学び 2号　主体的学び研究所編　一六〇〇円

主体的学び 創刊号　主体的学び研究所編　一八〇〇円

越境ブックレットシリーズ

主体的・対話的で深い学びの環境とICT ―アクティブ・ラーニングによる資質・能力の育成　新潟大学教育学部附属新潟中学校研究会 編著　二三〇〇円

附属新潟中式「主体的・対話的で深い学び」をデザインする「学びの再構成」 ―教科独自の眼鏡を育むことが「主体的・対話的で深い学び」の鍵となる！　新潟大学教育学部附属新潟中学校 編著　二〇〇〇円

⓪教育の理念を象る―教育の知識論序説　田中智志　一二〇〇円

①知識論―情報クラウド時代の"知る"という営み　山田肖子　一〇〇〇円

②女性のエンパワメントと教育の未来　天童睦子　一〇〇〇円

③他人事＝自分事―教育と社会の根本課題を読み解く ―知識をジェンダーで問い直す　菊地栄治　一〇〇〇円

④食と農の知識論―種子から食卓を繋ぐ環世界をめぐって　西川芳昭　一〇〇〇円

〒113-0023　東京都文京区向丘1-20-6　TEL 03-3818-5521　FAX03-3818-5514　振替 00110-6-37828
Email tk203444@fsinet.or.jp　URL:http://www.toshindo-pub.com/

※定価：表示価格（本体）＋税

〒113-0023　東京都文京区向丘1-20-6　　TEL 03-3818-5521　FAX03-3818-5514　振替 00110-6-37828
Email tk203444@fsinet.or.jp　URL:http://www.toshindo-pub.com/

※定価：表示価格（本体）＋税

東信堂

〒113-0023　東京都文京区向丘1-20-6　　TEL 03-3818-5521　FAX03-3818-5514　振替 00110-6-37828
Email tk203444@fsinet.or.jp　URL:http://www.toshindo-pub.com/

※定価：表示価格（本体）＋税

東信堂

書名	著者・訳者	本体価格
責任という原理—科学技術文明のための倫理学の試み（新装版）	H・ヨナス　加藤尚武監訳	四八〇〇円
主観性の復権—心身問題から『責任という原理』へ	H・ヨナス　盛永・木下・馬渕・山本訳	二四〇〇円
ハンス・ヨナス「回想記」	H・ヨナス　宇佐美・滝口・佐藤・ロス訳	四六〇〇円
生命の神聖性説批判	H・クーゼ著　飯田・石川・小野谷・片桐・水野訳	四六〇〇円
生命科学とバイオセキュリティ—デュアルユース・ジレンマとその対応	河原直人編著	二四〇〇円
医学の歴史	今井道夫監訳	二七〇〇円
安楽死法：ベネルクス3国の比較と資料	盛永審一郎監修	四六〇〇円
死の質—エンド・オブ・ライフケア世界ランキング	石渡隆司監訳	二二〇〇円
バイオエシックスの展望	丸祐一・加奈恵・小野谷・飯田亘之訳	三三〇〇円
死生学入門—小さな死・性・ユマニチュード	松坂・浦・昭宏編	二二〇〇円
生命の問い—生命倫理学と死生学の間で	大林雅之編著	二二〇〇円
生命の淵—バイオシックスの歴史・哲学・課題	大林雅之	二〇〇〇円
今問い直す脳死と臓器移植【第2版】	大林雅之	二〇〇〇円
キリスト教から見た生命と死の医療倫理	澤田愛子	二三八一円
動物実験の生命倫理—個体倫理から分子倫理へ	浜口吉隆	四〇〇〇円
医療・看護倫理の要点	大上泰弘	二〇〇〇円
テクノシステム時代の人間の責任と良心	水野俊誠	三五〇〇円
原子力と倫理—原子力時代の自己理解	H・レンク　山本・盛永訳	一八〇〇円
科学の公的責任—科学者と私たちに問われていること	Th・リット　小笠原道雄編	一八〇〇円
歴史と責任—科学者は歴史にどう責任をとるか	Th・リット　小笠原・野平訳	一八〇〇円
〔ジョルダーノ・ブルーノ著作集〕より		
カンデライオ	加藤守通訳	三二〇〇円
原因・原理・一者について	加藤守通訳	三二〇〇円
傲れる野獣の追放	加藤守通訳	四八〇〇円
英雄的狂気	加藤守通訳	三六〇〇円
ロバのカバラ—ジョルダーノ・ブルーノにおける文学と哲学	N・オルディネ著　加藤守通監訳	三六〇〇円

〒113-0023　東京都文京区向丘1-20-6　　TEL 03-3818-5521　FAX03-3818-5514　振替 00110-6-37828
Email tk203444@fsinet.or.jp　URL·http://www.toshindo-pub.com/

※定価：表示価格（本体）＋税

東信堂

オックスフォード キリスト教美術・建築事典	P&L・マレー著 中森義宗監訳	三〇〇〇〇円
イタリア・ルネサンス事典	J・R・ヘイル編 中森義宗監訳編	七八〇〇円
美術史の辞典	P・デューロ他 中森義宗・清水忠訳他	三六〇〇円
涙と眼の文化史——中世ヨーロッパの標章と恋愛思想	徳井淑子	三六〇〇円
青を着る人びと	伊藤亜紀	三五〇〇円
社会表象としての服飾——近代フランスにおける異性装の研究	新實五穂	三六〇〇円
書に想い 時代を讀む	河田悌一	一八〇〇円
日本人画工 牧野義雄——平治ロンドン日記	ますこ ひろしげ	五四〇〇円
イギリスの美、日本の美——ラファエル前派と漱石、ビアズリーと北斎	河村錠一郎	二六〇〇円
美を究め美に遊ぶ——芸術と社会のあわい	荻野厚志・田中佳編著	二八〇〇円
バロックの魅力	小穴晶子編	二六〇〇円
新版 ジャクソン・ポロック	藤枝晃雄	二六〇〇円
西洋児童美術教育の思想	前田茂監訳 要真理子監訳	三六〇〇円
——ドローイングは豊かな感性と創造性を育むか？ ロジャー・フライの批評理論——性と感受 新しい種 性の間で	要真理子	四二〇〇円
レオノール・フィニ——境界を侵犯する	尾形希和子	二八〇〇円
【世界美術双書】		
バルビゾン派	井出洋一郎	二三〇〇円
キリスト教シンボル図典	中森義宗	二三〇〇円
パルテノンとギリシア陶器	関隆志	二三〇〇円
中国の版画——唐代から清代まで	小林宏光	二三〇〇円
象徴主義——モダニズムへの警鐘	中村隆夫	二三〇〇円
中国の仏教美術——後漢代から元代まで	久野美樹	二三〇〇円
セザンヌとその時代	浅野春男	二三〇〇円
日本の南画	武田光一	二三〇〇円
画家とふるさと	小林忠	二三〇〇円
ドイツの国民記念碑——一八一三—一九一三年	大原まゆみ	二三〇〇円
日本・アジア美術探索	永井信一	二三〇〇円
インド・チョーラ朝の美術	袋井由布子	二三〇〇円
古代ギリシアのブロンズ彫刻	羽田康一	二三〇〇円

〒113-0023　東京都文京区向丘1-20-6　　TEL 03-3818-5521　FAX03-3818-5514　振替 00110-6-37828
Email tk203444@fsinet.or.jp　URL:http://www.toshindo-pub.com/
※定価：表示価格（本体）＋税